CHINA GREAT
大国来了

金灿荣 著

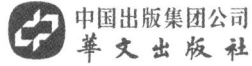
中国出版集团公司
华文出版社

图书在版编目（CIP）数据

大国来了 / 金灿荣著． —— 北京：华文出版社，2017.1 （2023.4重印）

ISBN 978-7-5075-4642-2

Ⅰ．①大… Ⅱ．①金… Ⅲ．①国家－形象－研究－中国 Ⅳ．①D6

中国版本图书馆CIP数据核字（2016）第304698号

大国来了

责任编辑：杨艳丽
出版发行：华文出版社
地　　址：北京市西城区广外大街305号8区2号楼
邮政编码：100055
网　　址：http://www.hwcbs.cn
电　　话：发行部 010-58336262　编辑部 010-58336191
经　　销：新华书店
印　　刷：三河市航远印刷有限公司
开　　本：787×1092　1/16
印　　张：18.5
字　　数：220千字
版　　次：2017年1月第1版
印　　次：2023年4月北京第17次印刷
标准书号：978-7-5075-4642-2
定　　价：48.00元

版权所有，侵权必究

代序

序言说明：1991年12月25日苏联解体，冷战结束，人类进入后冷战时期，国际格局也随之进入了一个被中国学者称为"一超多强"的时代。从1991年到2001年，这个以美国的强大国力为核心的"一超多强"格局稳定了10年。但是，以2001年的"9·11事件"为起点，这个格局开始受到冲击，此后，俄罗斯复兴，中国崛起，在更大的意义上冲击着美国的独霸地位。当然，真正让"一超多强"格局出现松动的还是美国自己出现了问题，那就是IT泡沫破灭和2008年由雷曼兄弟公司倒台引发的华尔街金融危机。上述事态导致21世纪的国际关系特别复杂，前景特别不明朗。在国际形势混沌迷离的背景下，中国的崛起显得相当突出。

因此，近年来关于国际形势及中国外交的讨论特别热烈，社会关注度相当高。本人不揣浅陋，带着我的学生也参与了不少上述话题的讨论。

华文出版社的有关领导和同仁鼓励我将近年来的一部分言论集结成册，于是在华文社资深编辑杨艳丽女士的帮助下产生了摆在读者诸君面前的这本小书。

从外交角度看，中国实现完全崛起的第一难题还是要处理好与当今世界第一强国美国的关系。西方学界将新兴大国和现成大国的天然紧张关系称作"修昔底德陷阱",中美两国能否超越"修昔底德陷阱"是中国能否和平崛起的关键,这不仅事关中美两国的利益,而且决定世界的前途。本人曾经有一篇关于"修昔底德陷阱"的小文章,在此发出,权作为本书的序言。

"修昔底德陷阱"及其当下启示

"中国迅速崛起后,必将挑战现有国际秩序,与美国这一传统大国发生冲突"的论调,目前在国际社会中已有相当市场。与之相呼应,"修昔底德陷阱"这一古老话题再度被舆论激活,成为人们关心的一个焦点,引起各方高度关注势所必然。

中美到底会不会落入"修昔底德陷阱"

"修昔底德陷阱"的说法,源自于2500年前古希腊大历史学家修昔底德。他在总结伯罗奔尼撒战争爆发的起因时指出,使战争不可避免的真正原因是雅典势力的增长和因而引起的斯巴达的恐惧。于是就得出结论,"新兴大国"和"守成大国"必有一战。这样,"修昔底德陷阱"似乎成为历史演进中的一条悲情"铁律",后来西方历史就不断重演这一悲剧。从过去500年西方大国的激烈争霸,到近现代英德、美日、美苏的剧烈冲突,都可见其踪影。

对照历史经验,今天的中美关系所处的境况与"修昔底德陷阱"看起来有些相像。结构上,美国是当今世界唯一的超级大国,主导国际体系，属于守成大国；中国在2010年超过日本成为世界第二大经济体，经济发展成就举世瞩目，属于新兴大国。战略上，中美双方的基本面其实是矛盾着的，战略利益冲突远比西方史学意义上的"修昔底德陷阱"还要复杂得多。除了地缘政治和经济竞争外，两国还在价值观念、政治制度、意识形态、文明发展等方面存在较大分歧差异，此外，美国国内某些势力试图操纵中美关系以从中牟利，一定程度上加剧了中美关系的紧张。

那么，中美关系是不是已经落入"修昔底德陷阱"了呢？人们对此莫衷一是，有些认为是，而有些认为否。但有一点可以肯定，就是中美领导人双方都有意愿摆脱"修昔底德陷阱"的困境，告别传统大国冲突的历史"铁律"，朝着"不冲突、不对抗、相互尊重、合作共赢"的方向努力。

中美怎样才能避免"修昔底德陷阱"

中美两国虽然未必能成为好朋友，但双方并不必然沦为敌人，两国关系的未来是开放的。中美应厚植共识，相向而行，坚守底线，不能发生正面冲突，同时控制利益分歧，增扩合作空间，夯实中美关系良性互动发展的基石，走出"修昔底德陷阱"的阴霾，开辟一条新型大国关系之路。

对美国来说，虽然对中美避免冲突是支持的，但其做法却还停留于旧思维。这就是美国近些年强力推行的"亚太再平衡"战略，突出军事性，强化对抗性，介入争端，在中国周边特别是海上"煽风点火"，遏制中国之心昭然若揭。总的看，美国对中国崛起的反应疑虑重重，应对手段原始传统，折射现实主义的考量，实际上是在将中美两国往"修昔底德陷阱"

里推而不是拉，不益于缓和、改善局势。

而对中国来说，做得则要更得当、更真诚，从而避免了两国间矛盾激化、对抗升级。这就是习近平主席倡导提出的构建中美新型大国关系。中国提出来的解决方案，本质上是一种战略思路创新，开历史先河，它是与美国摆脱"修昔底德陷阱"的崭新范式与必然选择。

战略判断要正确而不能误判。 习近平主席强调，世界上本无"修昔底德陷阱"，但大国之间一再发生战略误判，就可能自己给自己造成"修昔底德陷阱"。中美之间固然存在诸多结构性矛盾和摩擦分歧，但更有着高度相互依存的经济关系，利益密集交织，往来互动频繁，如此多的共同利益联结使得中美关系已"难解难分"，形成了有别于以往新兴大国与守成大国的新型大国关系。况且，中国既无足够实力也并无意愿与美国进行全面抗衡。美国应该全面准确地观察中国的发展，客观理性地看待中美关系存在的问题，抛弃二元对立观，避免因误读误解造成错估误判，最终酿成悲剧。

矛盾分歧要控制而不能扩大。 国家之间存在这样那样的分歧实属正常，若是没有任何分歧那才是异常。所以，中美之间出现矛盾分歧并不可怕，关键是要正视分歧、开诚布公、防止激化、逐步化解。目前中美之间各个层级有上百个对话机制和相关管道，起到了沟通交流、增信释疑的作用。正如李克强总理指出的，只要是出于诚意，管控好分歧，中美共同利益还会不断扩大。通过密切有效沟通，加强政策协调，以建设性方式管控分歧，防止小问题酿为大麻烦，为中美关系不断"拆雷"除险。当然，涉及中国的核心利益，我们一定要坚守底线，理直气壮地维护我国利益。与此同时，注意防止产生正面冲突。

务实合作要深入而不能止步。 合作共赢是中美新型大国关系的基本原则，也是摆脱"修昔底德陷阱"的根本途径。要开展双边、地区以及全球层面合作，不断扩大中美关系的积极面，持续积累两国发展的正能量。在双边层面，增强经济相互依存，中美BIT谈判要力图实现实质性进展，加强战略界、军方的互动交往，探清彼此红线和底线；密切企业、民间人文交往，做到提质增效，厚筑两国关系的民心基础。在地区层面，针对朝核、伊核问题、"伊斯兰国"、阿富汗重建、中东问题等地区热点难点问题，展开建设性合作，致力于推动问题的解决。在全球层面，围绕公共疾病传染、全球贸易、网络安全、反恐、打击海盗、气候变化、新能源开发、消灭贫困、世界经济和国际金融稳定、防核扩散等方面，携手应对解决这些全球性问题，多想"一起做些什么"，共谋人类社会福祉。在即将到来的第四届核安全峰会以及G20杭州峰会、APEC秘鲁峰会上，中美最高领导人将会有三次会晤，相信这对全球治理改善、中美关系发展是一个有力促进。

作为世界上最重要但又最复杂的双边关系，中美关系发展走向绝非一方所能设计，其最终能否摆脱这一"陷阱"，取决于双方的共同努力，取决于中华民族伟大复兴的坚强信心，取决于我们"任尔东西南北风"的战略定力。中美关系一路走来，历经风风雨雨，对此我们保持谨慎乐观。

2016年12月18日

目 录

大国责任：重在担当 /001

  无论从地理、人口或经济、资源上，中国都是一个天然大国。随着近几年中国力量和影响力的增长，讲好中国故事、承担大国责任成为必然：不管是国际体系的和平稳定、新的世界经济体系的构建，还是对外援助的国际责任、世界发展的机遇和动力，中国正在各个层面贡献着自己的能量。

大国外交：主动而全方位 /073

  拿破仑曾经说过："只要了解了一个国家的地理，就能判断出一个国家的外交政策。"复杂的国际地缘格局，使得中国的外交变得复杂而敏感。二战后，世界格局的几经改变，以及近几年中国影响力的不断提升，中国的外交政策和方式也在与时俱进。目前，利用境内外交舞台，开展的"主场外交"模式，成为中国外交一大特色。与此同时，"全方位"的平衡外交政策，正让中国成为外交焦点。

中美关系：博弈中共生 /131

作为世界舞台上两个最活跃的主角，中美两国的双边关系及其发展趋势对全球局势的影响不言而喻。要建立"前无古人，但后启来者"的中美"新型大国关系"，中美双方应努力做到"分享与分担"，即美国与中国分享"国际权力"，尊重中国作为大国的地位，尊重中国所选择的发展模式和发展道路；中国与美国分担国际责任，共同维护世界和平，促进世界协调发展。

美国政治的"怪圈" /169

2016年年底，美国进行的第45届总统角逐，激烈而跌宕起伏，全世界的目光都集中到了美国。其实每届美国总统的选举，都会为全世界所瞩目。因为作为目前世界"老大"的美国，谁当总统，很可能影响到世界格局的走向。对于特朗普，他是商人，而中国人最会与商人打交道。

世界有点焦虑 /195

现在全球好像都有一点焦虑，中国、日本、美国和欧洲，印度除外，可能是因为有宗教的精神因素吧。20世纪90年代的时候，世界秩序比较清楚，美国和小伙伴（G7）制定一切规矩。现在，G20很大程度上逐渐取代了G7，老体制打破了，新体制又没有完全建立，似乎世界有点乱了。公共疾病传染、全球贸易、网络安全、反恐、打击海盗、气候变化、新能源开发、消灭贫困、世界经济和国际金融稳定、防核扩散等一系列世界问题，需要全球治理。如果我们尽量把家里的事处理好，外部挑战就不再是问题。

大国未来：机遇与复兴 / 247

习总书记指出："实现中华民族伟大复兴，就是中华民族近代以来最伟大的梦想。""而中国梦与包括美国梦在内的世界各国人民的美好梦想都是相通的。"面对未来，中国要充满自信，为成为超级大国做好准备。首先中国自身的"规模禀赋"，使其具有无与伦比的"抗危机"能力。其次，中国的历史厚度、近代和现代的坎坷以及经验、物质积累，为下一步的现代化推进奠定了良好基础。最重要的是，中国社会当前所包含的现代性因素足以确保其现代化进程的不可逆转。

大国责任

重在担当

无论从地理、人口或经济、资源上,中国都是一个天然大国。随着近几年中国力量和影响力的增长,讲好中国故事、承担大国责任成为必然:不管是国际体系的和平稳定、新的世界经济体系的构建,还是对外援助的国际责任、世界发展的机遇和动力,中国正在各个层面贡献着自己的能量。

中国影响力正持续提高

从当前国际关系角度看，国家之间的竞争主要体现在三个层面：产品竞争、技术竞争、话语权竞争。经过30多年的改革开放，中国取得了举世瞩目的发展成就，前两个层面的国际竞争力已经大大增强。在产品竞争方面，2009年中国的出口总额就已经超过了"制造业王国"——德国，这从一个侧面反映出中国的产品门类已经相当丰富并且规模巨大。在技术竞争方面，中国同国际先进水平的差距日渐缩小。从目前情况看，中国国际竞争力较弱的方面主要在话语权上。这样的局面，对中国而言是很不公平的。比如，中国目前是世界上很多大宗商品的主要生产国或消费国，但对大宗商品恰恰没有定价权，这导致中国买什么什么就贵、卖什么什么就便宜。这种现象已严重损害了中国的利益。改变这种局面，不但对中国有利，对世界经济健康平衡发展也有益。

那么，如何改变这种局面和争取中国应有的话语权呢？一个办法是利用已有国际合作机制与国际社会进行有效对话。2016年中国首次担任二十国集团轮值主席国，这对中国而言是一次机遇。在刚刚举行的"二十国集团领导人杭州峰会"上，中国作为东道国把"构建创新、活力、联动、包容的世界经济"作为峰会主题，向世界宣示了中国的全球治理理念。许多人认为，这次峰会之后，二十国集团这一国际合作平台所产生的活力和效力能够迈上一个新台阶。二十国集团的发展反映出的当今国际社会变化主要有以下几个方面：

一是国际经济力量分布不断变化。原来世界经济可以说由G7（西方七国集团）主导，1991年时这七个国家的GDP占世界的2/3多，因此G7的主张在国际社会很有分量，在当时主导着世界经济话语权。而到2015年，这七个国家的GDP总量占世界一半还不到，下降幅度非常之大。反观同一时期的中国，GDP占世界总额的比重从4%上升到15.5%，其他金砖国家的比重也不断上升。因此，新兴市场国家作为一个群体，对在世界经济政治方面的发言权有了更大需求。总体看，国际经济政治实力对比由原来的发达国家"一家独大"发展为发达国家力量与新兴市场国家力量趋于均衡的局面。

二是新兴市场国家的战略影响力明显提升。近些年，作为金砖国家的中国、印度、俄罗斯、巴西和南非相互之间展开了一定的合作，其中中国的表现尤为抢眼。比如，原来的"上海五国"发展为"上海合作组织"，国际影响力进一步扩大。可见，以中国为代表的新兴市场国家不但经济实力增强，政治影响力也在不断提升。

三是世界形势变化必然对国际秩序提出新要求。原来G7是国际经济金融的主要协调平台，这一平台现在显然已经捉襟见肘。由发达国家与新兴国家一起共同组成一个协调平台，是国际社会发展到当前阶段的大势所趋。随着经济全球化进一步发展，中国的角色会越来越重要，中国坚持的全球治理理念将对世界经济复苏起到不可忽视的作用。

虽然近来中国经济发展有所放缓，但中国的经济增长仍属强劲。随着经济总量的不断增长，中国在国际经济事务中的地位和影响力必然随之提高，在国际经济合作协调机制中的作用肯定会持续增强，开始扮演一个主导性角色。中国倡导的新机制，是对现有国际协调机制的有益补充和完善，目标是实现合作共赢、共同发展。作为一个负责任的大国，中国在更大范围、更深层次、更高水平参与全球经济治理的同时，会积极为全球经济治理贡献中国理念、中国智慧。

（载于《人民日报》2016年10月13日版）

崛起的中国如何面对"大国责任"

无论从地理、人口或经济、资源上，中国都是一个天然大国，历史悠久、国情复杂，遭受过民族的苦难，经历了从贫穷落后到欣欣向荣的发展历程。伴随着改革开放政策的实施，中国正加速融入到国际体系的进程当中。

崛起效应与"中国责任论"的提出

从近代国际关系的历史经验来看，一国领导能力必然伴随着国际责任的内在要求和外在需要。在走向国际舞台中心的过程中，如果不能积极参与国际事务，帮助国际社会解决实在的问题，是很难赢得尊重、获得认可的。21世纪初，中国的发展已经引起了国际社会的持续普遍关注，各种舆论焦点汇聚于此，五音杂论不绝于耳，古老的"新星"再次为世界所瞩目。

在众多的对华舆论中，"中国责任论"无疑是国际社会的主导性声音。自2005年时任美国副国务卿佐利克发表《中国向何处去？》的著名演讲以来，"负责任的利益攸关方"成为国际社会谈论中国的一个时髦话题。霎时间，"中国责任论"迅速取代一度兴盛的"中国崩溃论"和"中国威胁论"，外部世界对中国的兴趣和关切纷纷向"大国责任"靠拢。"金融责任""人道主义责任""全球治理责任""国际安全责任""气候责任""汇率责任""债务责任"等各种责任的要求令人眼花缭乱，食品安全、气候变化、能源消耗、人道主义危机等众多世界难题似乎突然之间都变得和中国有关。在这纷繁复杂的责任清单中，既有国际社会对于中国迅速崛起的合理期待和困惑，也有外部世界根据自我中心逻辑形成的误解和偏见，更不乏敌对势力别有用心的捧杀陷阱和阴谋设计。如何对待国际舆论中的"责任论"挑战已经成为中国外交面临的战略性问题，并将伴随着中国崛起的整个进程。

其实，中国并不担心外部世界提出的责任要求，因为中国人历来责任心强，所谓"天下兴亡、匹夫有责"，认可"不只问世界为你做些什么，而更要问你能为世界做些什么"。无论从历史和现实来看，中国显然都是一个乐于担负责任的大国，努力承担与自身国力、身份和地位相匹配的国际责任。只是由于中国一向做的多、说的少，再加之国际话语权缺失，外部世界对中国的国际责任承担情况知之甚少。更重要的是，西方国家往往根据自己的利益诉求和价值偏好来为中国规定责任内容，并以此为标准来看待中国的国际行为。符合其愿望的东西，他们会大加鼓励、积极诱导，进而产生不切实际的幻想，期望中国做出更大的"贡献"；而一旦中国强调自身的特殊性时，他们就大为恼火，将中国视为"超级搭便车者"，数落中国种种"不负责任"的行为，使中国处于道德上的尴尬境地。因此，对中国而言，至关重要的事项不仅在于继续承担力所能及的国际责任，更应该将中国责任承担的状况、标准和限度传递给世界。

国际责任承担建构中国大国形象

那么，中国在国际社会中到底承担了哪些国际责任呢？在政治层面，中国为国际体系的和平稳定做出了重要贡献。自改革开放以来，中国的国际身份发生了根本性的变化,从现有国际体系的激进革命者转变为积极参与者,不再寻求通过世界革命另起炉灶,而是坚持走和平发展道路实现自身发展。随着融入世界程度的加深,中国加入了几乎所有的国际条约、文件,并在履行国际法义务方面保持着良好纪录。不仅如此,作为联合国安理会常任理事国,中国始终遵循《联合国宪章》的基本原则,以维护世界和平为己任,在参与国际事务、解决地区争端、维护世界和平与稳定方面发挥着越来越大的作用。比如,中国主动参加联合国的维和行动,以实现地区和平与安全;坚决维护国际核不扩散体制的权威性,推动全球核裁军进程;积极斡旋,主张通过对话协商来解决朝核、伊核等国际热点问题;在不干涉内政的前提下出面调解一些国家的内部纷争,以缓解国际人道主义灾难。

在经济层面,中国崛起为世界发展提供了难得的机遇和新的增长动力。一方面,持续30多年的经济高速增长使得中国4亿人脱离了绝对贫困,解决了占世界约21%人口的生存发展问题。中国努力发展经济和消除贫困的成就,本身就是对国际社会负责任的表现;另一方面,中国经济的增长对于改善人类整体的生活质量无疑是个福音。中国对世界资源和大宗商品的持续需求改变了初级产品在全球贸易格局中的从属地位,许多国家的财政状况和外汇收入因此而大大受益;中国庞大的国内市场也为不少国家商品出口和增加就业提供了新的选择。更重要的是,中国逐渐成为推动世界经济增长的重要引擎,对世界经济增长的贡献率在不断提高。2009年,中国对全球GDP增长贡献率超过50%,这是50年来发展中国家首次引领世界经济增长。

中国还通过对外援助的形式来履行其作为大国的国际经济责任。新中国成立初期,中国在自身经济非常落后的情况下就开始了对外部世界的援助，甚至超出了当时中国国民经济的实际承受能力，对于推动第三世界国家的民族解放事业和经济社会发展做出了积极的贡献。改革开放以来，中国的对外援助政策进行了调整，突出了"平等互利、形式多样、注重实效、共同发展"的内容，不仅有利于受援国的经济发展和社会进步，而且也达到了共同发展、共同繁荣的目的，树立起"南南合作"的典范。截止到2010年，中国已经向亚洲、非洲、东欧、拉美和南太平洋地区的160多个国家提供了援助，帮助受援国建成了近2000个与当地人民息息相关的各类项目，约10万名各国官员及管理技术人员来华参加培训和研修，中国还向7万多名来自发展中国家的留学生提供了政府奖学金。中国多次对遭受重大自然灾害的国家及时提供人道主义援助，近6年来中国政府累计开展对外紧急救援行动近200次。2000年以来，中国先后5次宣布免除有关重债穷国和最不发达国家对华到期无息贷款债务，已经与50个国家签署了免债议定书，免除这些国家对华到期债务380笔，等等。所有这些都显示中国对发展问题的关切和对国际责任的担当。特别需要指出的是，中国的对外援助所带来的杠杆效应还撬动了老牌发达国家和俄罗斯、印度等新兴大国对发展中国家的关注，进而带动落后地区的快速发展。

除此之外，中国还与其他新兴经济体一道推动世界经济治理机制的改革，使全球经济决策权更加平等和均衡。长期以来，美日欧是世界经济格局的主导力量，它们的发展态势及相互间的博弈关系决定了世界经济的基本图景。反映在决策机制上，八国集团、国际货币基金组织以及世界银行等组织主导着世界经济事务的规则确立。然而，面对国际金融危机的不断蔓延，西方主导的治理机制反应迟钝、行动缓慢，既不能阻止世界经济的迅速恶化，更难以提供果断及时的危机应对方案，其合法性和有效性受到双重质疑。正是在此背景下，具有更广泛代表性的 G20 异军突出，适时从财政会议升级为首脑峰会，迅速成为应对国际金融危机的首要论坛，这无疑大大增加了发展中国家在世界经济事务中的发言权。作为传统决策体制核心的世界银行和国际货币基金组织也相继做出调整，以适应新的形势需要。2010 年 4 月，世界银行发展委员会通过了投票权改革方案，由发达国家向发展中国家转移 3.13 个百分点，发展中国家的整体投票权由 44.06% 提升至 47.19%。同年 11 月，国际货币基金组织执行董事会也讨论通过了份额和治理改革一揽子方案。根据改革方案，发达国家的整体份额将降为 57.7%，而发展中国家的整体投票权则升至 42.3%。由此可见，在全球经济决策权的分配上，"南方国家"与"北方国家"的参与数量趋于均等，影响效力也更加均衡。

在价值层面，中国崛起为解决日益突显的全球性问题，进而实现国际社会的和谐共处提供了重要启示。作为现代国际体系的后来者，中国从一开始就处于一个以西方为主导的国际等级结构当中，在外部面临着多样化的安全威胁，在内部则经受着工业化进程所释放出来的巨大复杂性的困扰。然而，正如张维为教授所言："中国在保持经济高速增长的同时，并没有对外输出战争、转移矛盾，而是在自己的国土上化解工业化、现代化进程所带来的各种矛盾和难题。"中国发展所遵循的基本经验、政策思路对后发国家如何确定国内优先议程并处理外部经验和本土关怀的关系无疑具有重要的借鉴意义。与此同时，中国在对外交往实践中提出了"和平共处""求同存异""新安全观""睦邻、安邻、富邻""和平发展""和谐世界"等重要理念，这对于回应诸如战争与和平、文明冲突、环境保护等当今世界面临的根本性挑战方面也具有独特的影响力。

追寻未来之路

力量增长意味着责任承担，崛起中的中国无可避免地需要承担起相应的国际责任。这既是外部社会对中国的集体期望，也是中国实现自身利益的必然选择。一方面，世界上一些问题的出现或加剧就是由中国力量增长和利益拓展带来的，在全球市场的生产消费平衡、世界资源的供给与需求等重大问题上都可以看到中国的巨大影响。同时，一些以前无关痛痒的国际问题如今却与中国的利益息息相关，中国甚至可能成为世界热点的当事者、冲突方。另一方面，西方主导的既有体制已现疲态，在解决传统安全议题上乏善可陈，在应对不断突显的全球性挑战时同样难有成效。世界难题的解决越来越需要超越西方的自我中心思维和非此即彼的对抗性逻辑，寻求新的思路和办法。而中国由于其自然禀赋、国家能力和传统遗产在实现全球多元文明共存中能够提供富有启发性的路径选择。

一定意义上说，承担国际责任已经成为中国社会的共识，分歧主要是承担哪些责任、怎么来承担，如何把握自我能力与他者期望的平衡。显然，这是一个需要慎重考虑、全民讨论的战略性问题。不切实际地全盘满足外部要求会造成中国力不能支、过度伸展，甚至出现"未起先衰"的危险局面；责任承担过少又将影响外部对中国走向的预期，使中国的国际舆论环境更为复杂。从长远看，这也不利于增加中国的国际话语权和议程主导能力。

就全局视野来看，中国的责任承担首先是对中国人民负责。良好的国际形象源于有效的国内治理，中国政府的最大责任是让全体中国人都享受到现代化的成果，实现全面发展。如果中国能够通过和平发展的方式实现这一目标，那么中国的历史成就将超过西方五百年的现代化成果，进而对人类的整体贡献也将更大。就目前而言，中国经济的高速增长并没有自动带来整个社会系统的全面进步，相反社会矛盾在贫富分化、贪污腐败、环境恶化等事态的影响下有所激化。因此，中国压倒一切的任务仍然是在科学发展观的指导下，塑造良好的体制规范，建立公正和谐的国内秩序，让全体国民享受现代化带来的成果。中国只有通过改变自己来影响世界。

在对外层面，中国的战略应对首先是区分不同的国际责任，处理好不同责任的优先次序，同时兼顾相互差异或彼此冲突的责任要求，并在此基础上选择与其力量和利益相契合的部分。其次，中国需要防止国际责任的异化，即西方国家通过"科学问题政治化"，将一个全世界的问题成功地变成中国的问题，进而让中国承担力不能及的责任。最后，中国需要在消除中外认知差距方面多下工夫。在观察和分析中国时，国际社会往往强调总量，认为中国块头大、能量强、后劲足，早已经是发达国家。特别是在中国成为世界第二大经济体的情况下，中国俨然成为了准超级大国。对于中国社会存在的发展失衡和治理难题，他们却有意无意地忽视。中国只有清楚地向世界说明中国的能力状况和存在问题，才能避免外部世界产生不切实际的幻想，从而更加理性地看待中国的国际责任。

为了更好地承担国际责任，中国应在能力和心态上两个方面进行持续努力。国家能力是承担责任的物质基础，缺乏实力支撑的对外承诺只会造成自身实力的透支，进而损害一国的国家利益。过去30多年，中国的实力积累很大程度上建立在经济高速增长的基础之上。然而，经济增长并不是国家能力的全部内涵，中国在科技创新能力、军事现代化水平和文化软实力方面仍然十分薄弱，在国际议程设置、标准制定和话语权争夺上同样处于弱势地位。因此，中国需要改变过去单兵突进的经济决定论思维，注重软硬实力的协调发展，实现国家能力体系的整体提升。

在心态上，中国需要摆脱百年国耻情结，树立开放自信的大国心态。由于长期处于国际社会的底层，并且经受了长达百年的屈辱挫败，中国人对国际社会怀有一种复杂心态：既希望进一步融入国际社会，又始终对外部世界能否真心接纳中国充满怀疑；既渴望得到国际社会的承认，又总是以"阴谋论"的眼光来看待外部世界针对中国的一言一行。反映在"中国责任论"上，不少中国人倾向于认为这不过是西方引诱中国牺牲国家利益甚至阻挡中国崛起的幌子而已。这是中国人弱者心态和不自信的典型反应，不利于树立负责任大国的良好国际形象。冷静但有所担当、自信却不至冲动，才应该是中国应有的正确姿态。

总之，伴随着崛起的宏大历史图景，中国已成为世界和平与发展进程中的一支重要的建设性力量，在全球的安全、经济和发展问题上承担起了相应的国际责任。但路漫漫修远，中国将继续上下求索，在负责任大国之路上迈出更加坚实、有力的步伐。

（作者：金灿荣、刘世强，载于《中国经贸》2011年第6期）

成熟的大国是理性的——斗智斗勇不斗气

成熟的大国是理性的，会坚持自己的原则，不会随波逐流。大国心态应该是更趋乐观、自信，更具责任心，能够更客观、更理性地看待中国与世界。

遇到国际争端，我们要避免受害者心态，阴谋论心态也要少一点，这两种心态都是弱势心态的表现。当前，国际形势较为复杂，我们要实事求是，准确地把握形势，对应的方针应该是斗智斗勇不斗气。国家确立了一些基本的方针，比如，和平发展、韬光养晦等外交方针，应该坚定不移地坚持这些方针，不能因为国内外的议论，不能因为某些国际争端，就改变甚至放弃这些方针。这就是大国定力。

保持大国定力心态上的障碍

中国与世界的新现实使得中国的崛起格外引人注目，国际国内的心态都在出现微妙的变化。对国内民众来说，他们的心态变得比较纠结：一部分人的自信心开始膨胀，认为中国是时候放弃韬光养晦，大胆对世界说"不"。特别是当中国利益受损的时候，我们应该坚定地予以回击；而多数人则认为中国仍然落后，发展很不平衡，将经济成果转换为民众福利还有很长的路要走，因而在外交上需要继续忍耐低调。

外部世界对中国的心态同样复杂：一方面，他们对中国的发展奇迹感到惊讶，对中国承担责任的期待明显增多；另一方面，他们又对中国的巨大成就和文化特质感到恐惧，对中国的未来走向充满不确定感。

不仅国际国内看待中国的心态发生了变化，中外对中国的定位差距也非常明显。中国的自我定位是：大国中唯一坚持走社会主义道路的国家；面临繁重发展任务的发展中国家；具有一定世界影响力的东亚地区大国。在国际力量对比发生变化的背景下，中国尤其强调自己的发展中国家身份，强调继续埋头干好自己的事情。与之相比，外部世界对中国的定位则有所不同。尽管他们在各自表述上有所差异，但共同的特点都是质疑中国的发展中国家身份，认为中国在很多方面已然是发达国家，甚至是世界第二强国、准超级大国。比如 G2、"中美国"等概念不断被制造出来，就是要对中国的国家身份进行重新定位。国外对中国的这种认知态度，显然对我们保持大国定力带来了一定的障碍。尤其是在中国态势好、定位低的情况下,外部世界对中国的政策行为更加敏感,甚至出现了某种"人格分裂"。什么原因呢？原因是,在外部世界看来,力量增长就意味着责任承担。他们认为,伴随着国家实力的大幅提高,中国必须对全球经济平衡、维持地区稳定、防止核扩散等一系列问题承担责任。按照他们的标准,中国显然还不够"负责",甚至是在以发展中国家的身份来逃避责任。可是,外部世界很少思考另一个问题,即责任承担也意味着权力上升。他们天然地认为中国应该承担责任,但又不愿意接受由此带来的权力变化。因此,一旦中国因承担一定责任而地位上升和表现自信时,他们就很不舒服,大谈中国傲慢。而对这种被动接受外来责任标准的埋单行为,中国当然会时刻保持警惕。这就不可避免地加大了中国进行政策协调的难度,影响到中外关系的良性互动,进而导致中国外部环境的复杂化。

实力和问题并存的未来中国

未来中国的总体实力仍将保持快速增长势头。在经济层面,中国正处于工业化中期阶段这一历史进程中,继续推进现代化建设仍是中国压倒性的战略任务。由于中国的劳动力供给在相当长时期内仍然充足,中国不仅有可能而且必须保持经济的高速增长。随着创新型国家战略的实施,战略性产业将得到大力扶持,中国的科技实力和自主创新能力将会有实质性提升。这不仅有利于大幅提高中国经济的内涵和质量,而且将从根本上改变中国长期处于国际产业链条低端、只能提供简单加工和贴牌生产的格局,进而建立起中国在世界资源配置和分工体系中的优势地位。

在军事层面,复杂、多元的安全威胁决定着未来十年仍是中国国防现代化的快速增长期。首先，尽管近年来两岸关系有所缓和，两岸博弈由主权之争回归到治权之争，但台湾问题在相当长时期内仍然存在，并随着岛内政治生态的演变和外部势力的持续干预而存在激化、异变的可能；"藏独""东突"等分裂主义势力正处于猖獗活跃期，构成对国家安全和领土完整的重大威胁。

其次，中国面临的外部安全环境趋于复杂，在传统大国对华军事防范力度持续增加的同时，非传统安全威胁也显著上升。这些都意味着中国的国家安全任务将进一步加重，中国将在积极防御的总体战略指导下加强武器装备、科技水平和军队素质，国防能力建设会迈上一个新的台阶。

中国未来能力的增长同时也体现在软实力层面。中国所开启的人类史无前例的工业化进程，不仅实现了经济持续的高速增长和社会生活的根本性改观，而且为整个世界带来了机遇和福祉，而这一切是在超短时期且没有向国外输出战争和转移矛盾的前提下实现的。中国发展所遵循的基本经验、政策思路对后发国家如何确定国内优先议程并处理外部经验和本土关怀的关系提供了重要启示，在回应诸如战争与和平、文明冲突、环境保护等当今世界面临的根本性挑战方面也具有独特的影响力。从这个意义上讲，中国崛起同时也是政治软实力的崛起。

当然，未来十年也是中国内部矛盾最为突出、发展环境日益复杂的时期。首先，国家财富的迅速增长并没有自动带来整个社会系统的全面进步。相反，长期以来的经济优先主义导致了贫富差距、社会失衡、资源短缺、环境恶化等一系列问题。如何防止这些问题进一步恶化而导致社会矛盾的"共振"及集中爆发考验着决策者的政治智慧。

其次，随着中国从魅力型领导到技术专家治国的过渡，领导者的个人威望和意识形态整合能力都面临新的挑战，能否以新的共识加强党内团结是一个不可回避的重大问题。如果再考虑到西方对华"分化促变"的压力、权贵利益集团的不断固化,以及民众持续的政治参与要求,中国在政治整合和社会稳定上将面临更加严峻的考验。

再次,30多年来国家与社会关系的变化导致了社会力量的显著成长,这在激发社会活力和彰显个性独立的同时也带来了国家决策环境的复杂化。政府越来越需要在慎重理性决策与回应民族主义情绪之间保持平衡,以避免出现重大的战略性失误。因此,可以说,中国内部治理所面临的问题之复杂、挑战之严峻不亚于世界上任何国家。

实力和问题的并存意味着在相当长时期内中国是一个具有双重特性的国家,既将自己定位为发展中国家,又在具体事务中与发达国家拥有广泛的共同利益;既经历着经济的高速增长和物质财富的迅速积累,又面临着前所未有的内部挑战和国际风险;既需要回应民众对公正和平等的基本诉求,建立更加和谐的国内社会,又需要消除外部社会对中国的战略疑虑,维持和平稳定的国际环境。这就决定了中国外交也具有复杂的两面性。

如何保持大国定力

首先,要树立理性、成熟的大国心态。当今中国正在走向世界舞台的中心,从"群众演员"发展为"配角""最佳配角",然后是"主角",未来很可能是"核心主角"。当西方国家的经济低迷徘徊、国际金融危机的阴影笼罩全球的时候,中国经济却连续保持高速增长,成为带动全球经济的名副其实的最强劲引擎。当"中国制造"穿越边境线潮水般涌向世界各国时,当"中国模式"为越来越多的发展中国家所津津乐道时,当"和谐中国"成为世界外交"朝圣"新站点时,当中国"梦工厂"成为世界投资者的乐园时,"中国"成为世界的焦点是不争的事实。

成熟的大国是理性的,会坚持自己的原则,不会随波逐流,懂得"知己"才能更好地"知彼"、我好世界才能更好的道理。心态决定认识,认识影响行动。目前,中国的国民心态处在一个调整适应期,此时树立大国心态十分必要。

什么是大国心态呢?至少应从如下方面理解:比如,大国心态应该是更趋乐观、自信,更具责任心,能够更客观、更理性地看待中国与世界,坦然面对胜负,体现出与大国地位相称的宽广胸怀,让世界看到中国人的团结、理性、智慧与勇气,让世界看到中国的开放、包容、自信与自强。既不盲目自大,也不妄自菲薄,努力想办法摆脱"百年国耻"情结,而不是在自卑和自信之间摇摆,应该具有一个大国应有的平常心。

又如,大国心态要有忧患意识、风险意识和挑战意识。大国心态不是高傲自大,而是能够认识到自身的不足和缺陷,改进和完善自我,时时刻刻有如履薄冰、如坐火山之巅的感觉,这样才能既不会被捧杀、也不会被棒杀。大国心态有成熟的国民心智,有抵御风险、风浪与挑战的能力,处顺境而思逆境之困,享太平而忧乱世之虞。

再如,大国心态应该主动担当,同情弱小,倡导公平、正义,为人民谋福祉,为世界开太平。不因国力强盛而欺凌小国,也不因顺应潮流而随波逐流,不因融入世界体系而对西方过于崇拜,要有自己独立的声音、鲜明的特色、正确的定位。

其次,要平衡好四组关系。一是平衡好内外事务的关系。大国责任包含国际责任和国内责任两个方面,顾此失彼最终将会此彼皆失。与外部事务相比,人们总是更关心自己身边的事情、自己切身的利益和眼前的视野。"住房""就业""医疗""反腐败"等民生话题,国内社会、经济领域的发展，公平、正义等问题更容易引起普通民众的注意。持有"中国自己还很穷却在国际上出手阔绰""帮别人还不如帮自己"这样一些认识的人还不在少数，他们对中国在国际上慷慨解囊的行为还不能充分理解，对国际上需要中国主动积极介入的事务还缺乏理性的认识。所以，协调好国内与国际的微妙关系，培养民众的国际视野，加深其对海外利益的理解，赢得广泛支持，对中国来说显得尤为重要，它会提供给中国履行国际责任、体现负责任形象的源源动力。

二是平衡好与发展中国家和发达国家的关系。中国始终坚持发展中国家的自我定位，代表着发展中国家的利益，在重大问题上与广大发展中国家有着一致的立场。同时，中国与发达国家也有着广泛的合作交流和利益空间，特别是在经济贸易、应对全球问题、发展现有国际机制等问题上有着共同利益，在推动解决地区冲突、促进世界和平与稳定上也持有相近的基本立场。中国在发达国家与发展中国家间保持平衡，既肯定自己的立场，也不否定对方，增进发展中国家与发达国家的对话，和而不同，求同存异，成为沟通联系的纽带。

三是平衡好发展对外经济合作与建构对外国家形象的关系。随着经济的不断发展，中国对能源的需求越来越大，中国的对外经济合作也在加强。对此，西方世界感到了一种莫须有的威胁，同时这也给"新殖民主义"提供了口实。事实上，开展友好外交关系是中国一贯的原则，"不为所取，但为所予"是中国外交的一个传统。但是，西方媒体却嗅到了不同的味道——中国只是为经济利益而来。其实，这是一种莫大的误解。中国的对外经济合作总是本着互利共赢的原则，己所不欲，勿施于人，从不强人所难；是己所欲，也慎施于人。要改变西方的误解，就需要多进行文化交流、民间交往，多做说明推介、信息宣传、军事展示等工作，参与国际多边合作，保持国民在外形象，多渠道、广范围、分层级地建构大国外部形象，友善他国，树立简单、清新、和善、异于传统强权的新兴大国形象。

四是平衡好外交上"刚"与"柔"的关系。实际上，外交本身就是和平的不流血的政治，讲究方法和技巧，不能逞匹夫之勇，要留有回旋余地，以笑脸示人。所以，在战略层面中国仍将保持具有防御姿态的韬光养晦战略，以"柔"性为主，"柔中有刚"，为国内问题的优先解决创造条件；在战术层面则需保持积极有为的姿态，以维护不断拓展的国家利益和承担起相应的国际责任，"刚"性服人，"刚中有柔"。总之，刚柔并济、平衡好两者的关系会更好地体现中国承担国际责任的优美身姿。

（载于《人民论坛》2012年S1期）

中国延长战略机遇期的意义、时机和实践

"战略机遇期"概念是中国政府和领导人深刻把握国际局势发展规律、高屋建瓴审视中国国内外发展环境而提出的。此概念服务于中国深化改革开放、促进社会经济发展的需要，点明了中国所处的国际环境和时代环境。回望改革开放30多年来，中国国内外重大形势的发展轨迹可以看出，中国的"战略机遇期"具有鲜明的时代性和动态性特点，也是中国领导人以"摸着石头过河"的务实姿态对国际局势的深刻把握。

20世纪80年代关于国际局势的认识事关中国改革开放能否顺利"破冰起航"。1983年2月，改革开放的"总设计师"邓小平同志明确指出："大战打不起来，不要怕，不存在什么冒险的问题。"1985年3月，邓小

平同志进一步阐述了他关于时代主题的思想："现在世界上真正大的问题，带全球性的战略问题，一个是和平问题，一个是经济问题或者说发展问题。"邓小平同志关于时代主题的认识可谓是中国领导人最早关于"战略机遇期"认识的雏形。90年代初期，在冷战结束的背景下，以美国为首的西方对中国采取了一系列不友好的姿态，甚至爆发了严峻的台海危机（1995—1996年）。然而，中国领导人始终牢牢把握"和平与发展"的主题，不断推进改革开放，积极申请加入WTO，逐渐融入到现存的国际经济秩序中。2002年11月，中国共产党第十六次全国代表大会报告中做出了"综观全局，21世纪头20年，对我国来说，是一个必须紧紧抓住并且可以大有作为的重要战略机遇期"的重要判断。当前，尽管中国的国际环境仍面临较多的"浅滩"和"暗流"，但推动改革开放和实现中华民族伟大复兴的"巨轮"并不会停歇。2012年习近平总书记在中央经济工作会议上明确指出，"我国发展仍处于重要战略机遇期的基本判断没有变"。另一方面，他又提出了要抢抓"新机遇"的重要思想，因为中国发展的"重要战略机遇期的内涵和条件正在发生变化"。

概念与意义

随着中国开放步伐的加快，中国的发展已经离不开世界的发展，国内、国外两个大局已经息息相关。在这样的背景下，中国国际战略的思考离不开对国际局势的洞察和前瞻。

一国的外部环境是"好"还是"坏"，是否有利于本国的社会经济稳定发展，不仅取决于该国的外交努力，而且离不开整体的国际大环境。"机遇期"，是说一个国家面临某种时代所赋予的"有利条件"（譬如20世纪80年代初中国改革开放就面临西方发达国家因经济"滞胀"而导致的产业转移大背景），之所以称之为"机遇"，是因为这样的情况并不是常常发生的或者说具有瞬间性特征，没有抓住，就只能"眼睁睁看它溜走了"。"战略"，则更多从全局来把握事态的发展，统筹政治、经济、社会、外交等各个领域的发展，也统筹国内和国际两个大局，具有前瞻性和宏观指导性。"战略机遇期"，顾名思义，就是指这样的一段时期，"有利因素"存在且有利于中国社会经济发展的全局，而这段时期也具有瞬间性的特征。

"战略机遇期"的提出和研判，对于中国的内外发展有着重要的意义。如果判断存在"战略机遇期"的话，中国可以较为集中力量进行国内的社会经济发展，而不至于将大量战略资源用于应对国际局势的干扰。相反地，如果判断存在"战略困境期"，则显然在国际层面存在对中国不利因素的叠加，这些因素不仅会影响国家的安全，还会影响到中国的社会经济发展，届时，国家资源和政策也必将向这些领域倾斜，甚至背离正常的社会经济建设。

当前延长战略机遇期的有利时机

改革开放 30 多年来，中国的国际环境发生了重大变化。20 世纪 90 年代初，苏联解体，美国成为世界唯一的"超级大国"，其战略矛头隐隐指向中国。"9·11"事件使得美国将"反恐"作为战略重心，中国迎来了快速发展时期。2010 年，奥巴马政府提出"战略重心东移"（之后称之为"亚太再平衡"战略）使得东亚的局势呈现复杂化的趋势，美国一度在政治、经济、军事方面强化了对中国的制衡态势。那么，中国当前是否存在着战略机遇期？中国是否可以采取主动措施去延长它呢？

坦率而言，中国对于国际秩序和周边环境的塑造是一个长期的、动态的过程。改革开放，首先是中国逐渐融入现存的国际体系，然后才是中国逐渐以符合中国国家利益的方式塑造它。过去所谓"战略机遇期"，其本质是，中国亟须得到发展，世界局势整体上呈现了对中国有利的态势，中国政府敏锐洞察并且要牢牢把握住；当前的"战略机遇期"，则是中国已经得到了一定的发展，综合国力大为提升，世界局势在中国的参与塑造下仍然可以呈现对中国有利的态势。这种局势的呈现虽然是以一定的客观环境为基础，但是与中国自身的努力和主观能动性是分不开的。因此说，现在的战略机遇期的延长，取决于中国与世界的互动，取决于中国能否以自己的意愿塑造和平的周边和国际环境。

当前国际局势和中国自身四个方面的重要变化有利于中国延长战略机遇期。

一是中国力量在不断崛起，国际地位也在不断上升，中国在拓展国际发展空间方面，可支配的资源越来越多。在大国关系方面，中国与美国、俄罗斯、欧盟等建立了战略互信关系，强化了双边的利益互动和价值观交流，尤其与美国共同倡导"新型大国关系"的建设。中国加入了诸多的国际组织，例如联合国、APEC、G20、东盟"10+3"、上海合作组织等，中国在国际舞台上发挥着越来越重要的作用。此外，中国当前积极推动亚太自贸区和"一带一路"的建设，创造性地改善了周边环境和强化了与周边国家的联系。

二是当前美国和西方国家面临内外交困的局面，相对而言，中国则面对较为广阔的纵横空间。美国次贷危机和欧洲债务危机，导致其经济放缓和对外部资金、市场依赖加重，使得中国在新兴大国中受到特别欢迎和重视。再加上美国在中东地区的战略困境将长期化，即便是美国从阿富汗和伊拉克撤军后，也不得不面对当地崛起的"伊斯兰国"等极端反美势力的存在。美国与俄罗斯因为乌克兰问题上的交恶又突显了其外交战略的匮乏。美国和西方的实力与其宏大的国际战略目标越来越不匹配,与之相比,中国面临越来越多的国际发展机遇和外交空间。

三是全球化进程趋向保守,中国逐渐成为推动全球化的一个舵手。美欧陷入经济危机以来,全球贸易保护主义大有抬头之势,这尤其不利于世界范围的经济复苏。国际金融危机爆发以来,中国的表现可圈可点,不仅促进了与美、俄、欧等地区的经贸往来,还加强了对亚太地区、非洲地区、拉美地区的经济支持。2011年11月15日,在二十国集团领导人第九次峰会上,习近平主席明确表态,中国支持二十国集团成立全球基础设施中心,支持世界银行成立全球基础设施基金,并将通过建设"丝绸之路经济带""21世纪海上丝绸之路"、亚洲基础设施投资银行、丝路基金等途径,为全球基础设施投资做出贡献。中国在推动全球化的发展方面将扮演越来越重要的角色。

四是中国的历史使命感和政治智慧在学术界和政界得到进一步的挖掘。中国是世界文明古国,历史文化源远流长。早在春秋战国时期,中国古代的思想家就探索在复杂的国际环境中如何纵横捭阖、博弈生存。今天,在追求全球化和现代化的进程中,各国如何在面临矛盾时化解冲突,中国古代以人的哲学为核心,提供了很多有益的思考。中国一向有从"天下"视角思考各种问题的传统,中国的历史使命感在新的机遇条件下必将焕发出新的活力,为国际社会的繁荣和稳定做出新的贡献。

延长战略机遇期的实践探索

20世纪80年代,面对国际复杂局面,邓小平同志及时提出了"冷静观察、稳住阵脚、沉着应付、韬光养晦、善于守拙、决不当头、有所作为"等对外关系指导方针，成为中国外交长期以来的圭臬。然而，新时期的国际环境发生很大的变化，新时代呼唤中国外交的"新常态"，延长"战略机遇期"，甚至将"战略机遇期"常态化，考验中国的外交智慧。为此，中国需要在以下四个方面做好工作。

第一，也是最核心的一点，就是中国需要不断坚持改革开放，不断增强中国的综合国力。某种意义上，战略机遇期与一国的国力是成正比的，国力越强，机遇期越长。中国不仅需要提升中国经济的运行效率和政府的治理能力，还要不断提升中国企业和产品的国际竞争力。只有中国成为亚洲乃至世界的经济引擎，增强了在世界经济事务中的发言权，才能增强对世界局势的影响力。

第二，加强中国理念的输出，进一步树立中国自信。中国发展道路的选择，实际上是中国国情与先进理论的结合。中国不仅有中国特色的社会主义，还有发达完善的市场经济体制，更有中国共产党的坚强领导。中国道路的选择，在实践中成熟，在竞争中完善。中国对于国际局势发展和全球化的理解，也秉持着共同发展、求同存异的原则。推动中国理念在世界范围内的认同，将为世界的文化多样性和国际关系的民主化做出应有的贡献。

第三，继续对外加强经济和贸易联系。中国的崛起离不开世界的繁荣，世界的发展也离不开中国的贡献。强化中国与世界的经济联系，实际上也是强化了相互的需要，强化了双方的相互依存感。同样，加强中国与世界的经济联系，也增加了中国在国际经济事务中的话语权。例如，2014年11月初，中国政府承诺为"丝绸之路经济带"筹资400亿美元，彰显了中国政府的务实和负责任的态度。中国在提高自身形象的同时又扩大了地区影响力，这是一个双赢的局面。

第四，加强中国在世界安全局势中的发言权。当今世界，尽管大多数地区局势平稳，但仍有部分地区的安全稳定尚未实现。而在地区动荡的背后，就闪动着大国干预的影子。美国对中东的不断介入并没有使该地区实现和平稳定，反而因为美国没有充分尊重当地发展状况，希望以自己的方式"改造"中东，招致当地民众的不满。中国文化传统强调求同存异，包容厚德。中国遵守的是各个地区主要大国发挥主要作用的原则，希望在理性探讨分歧的基础上进行坦诚的对话。随着中国国力的增强和对"战略机遇期"的倚重，未来中国将在国际安全事务中发挥越来越大的建设性作用。当然，中国对国际事务的参与，应该遵循三个原则，即国家利益至上原则、有限度原则和协商原则。

总之，中国的"战略机遇期"既是中国政府和领导人审时度势的战略考虑，也是随着国力的上升，中国主动开辟有利于自身国际环境的积极探索，具有重要的历史和现实意义。延长"战略机遇期"，可思，可信，可为。

（作者：金灿荣、郭振家，载于《当代世界》2014年第12期）

影响国际社会了解中国的主客观因素

一般来说，任何时候准确地认识任何一个国家都是很不容易的，而正确认识当下迅速变化的中国尤其不容易。夸张一点说，正确认识中国，真正了解中国，可能是全世界社会科学界最大的挑战。

了解中国很难，主要有如下原因：第一，中国是个转型国家，新老问题并存。王义桅教授认为，中国正在从农业社会转向工业社会，从大陆国家走向海洋国家，从地区国家成长为世界大国。而国际学界通常将包括中国的金砖国家及其他新兴经济体都称为"转型国家"，总方向是走向现代市场经济和现代法治，转型国家的矛盾比保守型国家的矛盾要复杂一些。

第二，中国的发展层次多，问题的性质复杂。胡鞍钢教授按照经济发展水平将国内不同地区分成"四个世界"，结果，按照网络语言，中国是个"穿越型社会"，古代、现代和未来的问题都在今天的中国汇合。按照学界说法，中国是"共时性社会"，前现代、现代和后现代问题并存。

第三，文化传播的规律是弱势学习强势，而文化的传播强弱一般是由国家发达程度决定的，今天的中国还是发展中国家，人家没有学习你、了解你的动力。

第四，社会科学对中国的解释比我们历史上老话语系统的解释要好，但是面对中国这样庞大而复杂的存在，其解释能力还不够。现代社会科学起源于西方，是对欧美社会集体心理和行为的总结，而中国相对西方是异质文明，如果简单套用西方学理来分析中国就容易出现偏差。一般而言，采取问题导向的方法研究中国，比较靠谱，严格按照专业教条透视中国，比较容易闹笑话。

第五，西方比较了解中国的精英人士有汉学家或中国问题专家、从事对华贸易的商人、外交官、传教士等，过去由于中国地位弱，他们在西方影响也不大。而且他们对中国或多或少有点优越感，一般也没有机会到中国的基层与普通民众"同吃同住"，对中国的了解有限。近年来，中国崛起，这个群体在西方的话语权增大，而且客观、均衡的分析增加了，但其中的一些人出现失落感，这个新的消极心理因素不利于他们真正把握中国的脉搏。

第六，在 20 世纪的中国政治史中，激进主义比例太大，在思想史中，偏激思想比例太大，结果是误导自己，误导国人，误导国际社会。

第七，中国的知识精英是研究中国、解释中国的关键群体，但是这个群体经常受到"权、钱、洋、俗"等多种因素的干扰，从而影响了其研究的质量和解释的效力。政治权力对学术的干扰是个老问题，需要时刻警惕和防范；资本权力对学术的操纵则是近年来中国资本力量成长之后出现的新现象，也需要警惕和防范；崇洋也是个老问题，20 世纪 50 年代表现为"唯苏联是从"，80 年代以来则表现为"唯美国是从"，不是从中国的现实出发，而是从外国的教条出发，看似"高大上"，外国理论说得头头是道，实则对中国的问题隔靴搔痒，对解决问题百无一用；媚俗也是个大问题，与西方和其他文明相比，中国自宋以来平民主义传统就很强大，20 世纪的革命进一步强化了中国的草根民主性，通过迎合大众的非理性情绪来获得政治支持很有市场，这个现象在网络时代更加严重起来，而且左右两派都有人操弄这种游戏。

随着中国社会的开放和经济的成功，国际社会对中国的兴趣在增加，认识也在深化。与此同时，中国社会的自信心和对自身的认识也在加强。就"了解中国"而言，总的态势是向好的发展。根据笔者个人的国际交流经验，近年来，说中文的外国年轻人明显增多了。以美国的中国研究界为例，50 岁左右的一代人学中文普遍比上一代好，他们的学生就更好了。做好中国的事，说好中国的事，是中国人的分内之事。这些做到了，最终外部世界对中国的了解就会趋向真实。

（载于《北京日报》2015 年 1 月 26 日 021 版）

大国不易需定力，多元之和唤有为

当下中国是一个多棱镜，折射出一幅幅纷繁复杂的画面。每个场景都展示了真实的中国，但又不能代表整个中国，复杂多元性导致对中国诸多的误解、误读或误判。近日，《环球时报》总编胡锡进推出新著《大国不易》，解读多元中国，针对内外时局，感叹大国不易，倡导多元之和。

复杂多元与大国之难

作为一个超大型国家，中国的多元性与复杂性无人否认。从价值观念的角度看，当前的中国，利益多元、观念多样、思想多变；从发展阶段的角度看，当前的中国，社会转型、经济转轨、法治升级；从发展程度的角度看，多个世界并存、古今中外荟萃、各类问题交织。如此复杂的中国常常令国内外产生认知上的错觉，进而难以正确理解中国。可以说，准确认识任何一个国家都非易事，正确认识快速变化和复杂多样的中国尤其不易，这或许是全世界社会科学界最大的挑战。

多元中国使外部世界看中国的心态十分复杂。一是对中国奇迹感到惊讶，对中国承担责任的期待增多，主张中国"责任论"；二是对中国崛起普遍不适应，对中国的文化特质感到恐惧，散布中国"威胁论"；三是有意无意地放大中国存在的问题，对中国的未来走向充满不确定感，热衷中国"崩溃论"。面对复杂的中国与外部反应，中国人的心态也有些纠结。有人认为中国仍然落后，发展很不平衡，在外交上需要继续忍耐低调。有人认为中国应该放弃韬光养晦，坚决回击外部压力与挑战。这种复杂的现实与认知增加了领导层实施内外政策的困难。

大国定力与成熟心态

面对国际国内的种种复杂情况与困难挑战,中国没有回避和退却的余地。在当今世界,中国是唯一坚持走社会主义道路的大国,是面临繁重发展任务的发展中大国,是具有一定世界影响的东亚地区大国。这种国家定位是对国家性质和发展现状的清醒认识,体现了中国的道路自信、理论自信和制度自信。针对国内经济新常态的趋势,习近平总书记强调要"保持战略定力,增强发展自信"。实际上,在外交方面,中国也需要保持大国定力,即不因国内外的议论或国际争端而改变或放弃国家的既定外交方针。

保持大国定力需要具有成熟的大国心态。第一,成熟的大国心态是自信的,需要摒弃弱势心态。自信的大国遇到国际争端时,要避免受害者心态和阴谋论心态,更乐观、更自信地看待中国与世界。第二,成熟的大国心态是理性的,应该斗智斗勇不斗气。理性的大国坚持自己的原则,不随波逐流,能够认识到自身的不足和缺陷。第三,成熟的大国心态是包容的,具有忧患意识和责任心。包容的大国不仅体现出与大国地位相称的宽广胸怀,而且主动担当、同情弱小,倡导公平正义。今天的中国正走向世界舞台的中心,保持大国定力和成熟心态是中国崛起的必要条件。

内外兼修与奋发有为

现代国家的发展通常是一个求安全、求发展和求尊严的"三部曲"。就中国而言,1949年到改革开放前是"求安全"阶段,改革开放至今是"求发展"阶段。中国目前仍处在第二阶段,但比历史上任何时期都更接近第三阶段——中华民族复兴。为了顺利实现"两个百年目标",中国需要处理好国内外的主要问题。要言之,未来 10 年中国面临三类主要挑战,一是中国大陆内部的问题,二是分裂主义问题,三是纯外部问题。

应对上述挑战需要内外兼顾、奋发有为,平衡好几组关系。一要平衡好内外事务的关系。与外部事务相比,人们通常更关心身边的事情和切身的利益,这要求中国切实处理好民众关系的经济社会与民生问题。同时,作为一个崛起的大国,外部压力与挑战同样不容忽视,中国需要加快推进落实既定的外交战略。二要平衡好与发展中国家与发达国家的关系。中国始终坚持发展中国家的自我定位,作为快速发展的新兴大国,中国有条件在发达国家与发展中国家间保持平衡,成为沟通联系的纽带。三要平衡好对外经济合作与国家形象建构的关系。互利共赢地开展对外经济合作是中国对外开放的一贯方针,但中国对外能源需要日益增大使西方找到"新殖民主义"的口实,这要求中国更重视构建清新友善的大国形象。

(作者:金灿荣、孙西辉,载于《光明日报》2016 年 2 月 23 日 011 版)

习近平主席欧洲之行的战略意义

2014 年 4 月 1 日,习近平主席结束长达 11 天的欧洲之行。此次访欧,创下了中国外交和中欧关系方面的多个第一,具有"中欧关系史上的里程碑"意义,突显了中国政府对欧洲战略伙伴的重视,也是新世纪国际局势风云变幻下中国进行积极外交战略新布局的重要一步。

复杂国际背景下的欧洲之行

习近平主席欧洲之行的战略意义,需放在当前复杂的国际大环境中来理解。

冷战结束以来,美国作为世界上唯一的"超级大国",一度雄心勃勃地希望重塑世界新秩序和提前防范下一个挑战敌人的崛起。美国重塑新秩序的构想,在老布什和克林顿两任政府时期积极推动。相较于小布什政府,奥巴马主导下的美国外交呈现出更多的温和外交态势。

然而,奥巴马政府并没有放弃防范挑战者的战略构思。2009年开始,奥巴马政府第一任期高调声称"重返亚太"政策,正式做出所谓的"战略重心东移"的外交调整,希望从政治、军事、经济"三管齐下"来推动。政治上,美国希望以美国主导取代东盟在东南亚地区的主导,重返东亚"领袖"地位。同时,美国大力散布"中国威胁论",离间中国与周边国家关系,强化美国"重返亚洲"政策的合理性。军事上,美军在全球重新部署,强化三条岛链的布局。近几年,美军还不断强化与亚太多国的军事演习,包括韩国、日本、菲律宾、越南、新加坡、泰国、澳大利亚等国。经济上,美国2009年11月正式提出扩大跨太平洋伙伴关系计划(简称TPP),希望强化对东亚经济合作主导权,甚至架空运行良好的东盟"10＋X"。而亚洲最大的经济体中国则一直未获邀请,其针对中国的意图十分明显。

中国的对外战略随着中国经济实力的提升和开放程度的加深,呈现出了一定的调整。改革开放以来,中国经济平稳快速增长,国家实力和国际地位稳步攀升。中国于2010年取代日本成为世界第二大经济体,甚至有预言认为,中国会在未来十年左右赶超美国。中国已经不可能回到封闭的、孤立的经济发展模式,中国的持续崛起需要进一步实施"走出去"

的战略。而中国的崛起将以何种方式影响世界,是和平的,还是非和平的,不仅美国和欧洲等发达国家存在这些疑虑,就连周边国家也不乏质疑的声音。

当前,中国的亚洲政策趋向成熟和稳定,我们被各种力量牵制,自乱阵脚的可能性几乎很小,我们逐渐具有了战略主动性。在这样的国际背景下,中国领导人不仅要高瞻远瞩积极谋划中国的全面外交战略,来确保中国和平崛起的实现;还要积极主动出访,展现我国的外交理念,广交朋友,进一步增强战略伙伴之间的理解与沟通。可以说,习近平此次欧洲之行进一步加深了中欧的全面战略伙伴关系,有利于建立一个多极化的和平世界,具有重要的国际战略意义。

欧洲之行打开中国外交战略新空间

习近平主席此次访欧实际上延续了2013年中国全方位外交布局。回看2013年,习近平主席上半年访问了俄罗斯和美国,奠定了中国外交的大国关系基石,"构建新型大国关系"成为中国对于国际关系的重要理论贡献。习近平主席、李克强总理密集出访了22个国家,接待了65位外国元首和政府首脑访华,同300多位外国政要进行会见交流,与外国达成了约800项合作协议。这些多层次的外交拓展是对"中国威胁论""中国衰落论"等偏见的有力回应,打开了中国外交的新局面,向世界展示了中国"积极进取、开拓创新"的良好形象。

对我国来说,欧洲是"西方"与我们战略冲突最弱的部分,中欧能否建立稳定的战略友好合作关系,这是中国崛起能否最终化解西方抵制的试金石。习近平主席强调,应从战略高度看待中欧关系,将中欧两大力量、两大市场、两大文明结合起来,共同打造中欧和平、增长、改革、文明四大伙伴关系。此次欧洲之行，完善了中国政府的全方位外交新布局，从去年的重要大国、周边国家、发展中国家，到这次的重要地区欧洲，中国外交点面兼顾，体现的是一套完整和高水平的战略设计。

我们从被坚船利炮打开大门，到主动选择敞开大门，从一路追赶全球化大潮，到提出合作倡议应者云集，这是我国软硬实力不断增强在外交舞台上的充分展现。习近平主席对我国的开放历程有着深邃的思考："不能只算经济账，也要算政治账。""合作不再是简单的一加一等于二，而是有更多内涵。"国家走向强盛之时，外交成为我们必须面对的挑战。中国外交的面貌会实质性地影响国家崛起的整体面貌，中国需要在外交领域开拓国家战略空间，这关系到我国的国家核心利益。我们只有不断增强中国特色社会主义的道路自信、理论自信、制度自信，才能不断拓展建成新型现代国家的外交战略空间。

中国在国际上的话语权扎根于国家综合实力的不断上升。经济上，尽管中国的现代化道路起步迟、起点低，但自改革开放以来中国取得了巨大的成就，坐拥外汇储备3.95万亿美元，居世界第一，占全世界外储总量的1/3，成为国际格局中不可小觑的重要力量。德国总统高克赞扬了中国对经济改革的承诺，"中国的转变已改变了世界"；政治上，或许"中国模式"仍然在学术上和实践中面临诸多的质疑，但中国走出了一条适合自己的发展道路，中国经济的高速稳定发展和社会的长足进步就是中国道路的最好证明。中国的成就足以让西方反思自己，中国为什么会取得成功，中国道路可以提供给西方更多理性的思考；文化上，中华文化5000年赓续不绝，并不断焕发着新的活力。可以说，优秀传统文化是当代中国快速发展的深层次动因。尤其是当前国际舞台上冲突乃至战争仍然不断，中国文化中的"以和为贵""求同存异"等思想，可以作为新的外交理念来指导国际外交实践。

欧洲国家对习近平主席之行的高度重视，是对中国国家实力全面增长的一次有力折射，突显了欧洲对于中国在国际关系中的重要地位有了更为深刻的认识。外交礼仪见证了我们国家不断上升的国际地位和影响力。

展现中国构建和谐世界的战略理念

在国际舞台上，中国一直是重要的一极，不论是美苏冷战时期还是冷战后世界多极化的发展，中国在维持世界和平稳定中发挥了巨大的作用。

"我这次欧洲之行，就是希望同欧洲朋友一道，在亚欧大陆架起一座友谊和合作之桥……我们要共同努力建造和平、增长、改革、文明四座桥梁，建设更具全球影响力的中欧全面战略伙伴关系。"这是习近平主席在欧洲学院演讲中的一段话，高度概括了中国在国际社会中始终追求的外交理念：和平共处、合作共赢。

阿拉伯国家联盟前驻中国办事处主任阿卜杜勒·瓦哈卜·萨基特认为，习近平主席在德国科尔伯基金会就中国坚持和平发展道路发表的演讲，体现出了中国文化中和谐共存的理念，中国为维护世界的和平与稳定发挥了重要作用。

中国这头雄狮虽然已醒，但这是一只和平的、可亲的、文明的雄狮。中国外交绝不会走"国强必霸"的旧有逻辑，坚持和平发展才是中国强盛的硬道理，"中国威胁论"将不攻自破。习近平主席在比利时《晚报》发表题为"中欧友谊和合作：让生活越来越好"的署名文章，进一步显示了中国和平发展的战略理念。

中国基于自身文化和对国际局势的研判,提出了"和谐世界"的理念,这是对国际关系发展的重要创新。未来,随着中国的不断崛起,中国将更多地参与到国际事务中,中国对于国际事务的看法和应对策略将影响世界局势的发展。

中国一直是构建和谐世界的主要力量。中国人民爱好和平、反对战争,正是在这样的理念指导下,中国实现了稳定发展,综合国力不断增强。世界在走向多极化的过程中,需要中国这样走和平发展道路的大国为维护世界的和平与稳定发挥重要作用。习近平主席在这次核安全峰会上呼吁构建公平、合作和多赢的国际核安全机制,要通过国际合作有效消除核安全风险。中国的核安全观体现了一个大国所肩负的责任与担当。

和谐世界的建设离不开和平的国际环境。此次欧洲之行,中国再次向世界郑重宣示,中国坚定不移走和平发展道路,既通过维护世界和平发展自己,又通过自身发展维护世界和平。"打造命运共同体"是十八大以后我们提出的新表述方式,只有和平发展,才能实现共赢、繁荣的世界秩序。中国的外交理念将在实践中逐渐被更多的国家所理解和接受。

用文化自信唤醒世界对中国的新认识

习近平主席此次欧洲之行,不仅拉近了中国与世界的距离,更通过其外交智慧显示和传播了中国传统文化的魅力和价值观自信。他在出访期间发表的署名文章,是中国公共外交实践上的又一次创新。其中,引用中国历史典故和充满中国古代智慧的古文诗词,不仅向世界传递了原汁原味的中国传统理念,更体现了对中国文化的自信。这是兼容并蓄、海纳百川之后的自信,也是尊重文明多样性基础上的自信。

中华文明是人类最古老的文明之一,并绵延不断。中华文明中对于人类社会的和平共处有诸多深刻的思考。然而，由于中国文化中所强调的内敛和包容，中国文化一直未能被西方民众所深刻认识和广泛了解。习近平主席此次出访欧洲，大量介绍了中国传统文化和历史，是一次成功的文化传播，也是中国为争取国际话语权做出的重要努力。

习近平主席的外交智慧体现了中国优秀的文化传统，他是中华文明在世界大舞台上的重要传播者。在提到中国传统国际秩序观时，他引用"以和为贵""和而不同""化干戈为玉帛""睦邻友邦""天下太平""天下大同"等词句，反驳了西方近代以来崛起国与守成国必将爆发冲突的看法；在提到中华民族是爱好和平的民族、古代中国与周边邻邦友好交往的时候，他提到了汉代张骞两次出使西域和唐代活跃的对外交流；在提到中国古代国家治理理念与和平的关系时，他提到了"国泰民安""国虽大，好战必亡"的箴言。

文明是润滑剂，文化传播是最好的外交和沟通方式。习近平主席出访的文化外交模式，表达了中华文化中"求同存异"的外交理念，向欧洲乃至全世界展示了一个真诚和坚定的中国形象，为世界分歧和冲突的处理方式提供了更多的选项。在一定意义上，习近平主席此次欧洲之行是用文化自信唤醒了世界对中国更全面的认识。

习近平主席此次出访欧洲，进一步深化了与欧洲各国的合作，增进了中欧之间的了解与友谊，将中欧关系提升到了全新的战略高度，也向世界宣传了中国，展示了我国的道路自信、理论自信、制度自信，更提升了中国在国际社会中的话语权，具有深远的国际战略意义。

（作者：金灿荣、郭振家，载于《党建》2014年第5期）

从多重视角看中国对世界经济的贡献

在现代社会之前的 1000 多年里,中国曾长期是世界上最强大的国家,直到 19 世纪,中国在世界经济中的地位也依然举足轻重。根据著名经济史学家安格斯·麦迪森的研究,中国 1820 年的 GDP 占当时全球的 1/3。然而,随着工业革命在西方的兴起,中国在近代以后不仅日渐落后于西方国家,而且沦为他们的半殖民地。其结果是,中国经济在全球 GDP 中的比重直线下降至 5% 的历史低点,并且这种状况一直持续到 1978 年。

改革开放改变了当代中国的命运。1979 年以来,中国经济实现了奇迹般的增长:GDP 年均增长率达到 9.9%,对外贸易年均增长率达到 16.3%。1979 年的中国是世界上最为贫穷的国家之一,人均 GDP 只有大约 200 美元,而今天中国的人均 GDP 已达到 7000 美元左右。如果按照世界通行的一日 1 美元的购买力平价作为贫困标准线,中国在过去 35 年间减少了超过 6 亿贫困人口。当前,中国的经济规模已经稳居世界第二;同时,进出口总额已经突破 4 万亿美元,成为世界上最大的贸易国。此外,根据全球权威经济机构的普遍预测,中国的经济规模将在未来十年内重回世界第一。

毋庸置疑,中国的持续崛起已经深刻影响了 20 世纪后期以来的世界政治经济格局,并且随着中国成为世界上最具活力的经济体,这种影响还将继续扩大和不断深化。因此,只有多角度、全方位地审视中国对世界经济所起的推进作用,才能尽可能准确地把握中国崛起的全球意义。跳出纯经济学的视角,将其与国际政治经济学、地缘政治学等学科结合起来，从维护并繁荣世界经济体系、推动世界经济长期稳定发展以及促进人类社会均衡进步等三方面入手，谈一谈中国对世界经济的巨大贡献。

中国对世界经济体系的贡献

首先，从地缘政治学的角度讲，改革开放以来，中国国家发展战略的重心开始转移到经济建设上，因此从国家现实利益出发，中国加快了由国际体系的"革命者"向"建设者"的转变步伐，在外交理念上也由"革命外交"调整为"和平发展"。在这种全新的发展战略和外交理念的指引下，中国与世界各国特别是主要大国间形成了全方位的友好合作关系，从而为世界经济的发展和全球化的深入提供了稳定的地缘政治条件。冷战期间，由于美苏两大阵营持续尖锐对抗，严峻的地缘政治形势不仅使全球性市场的形成遥不可及，并且给世界经济整体的发展造成了诸多负面影响。1978年《中日和平友好条约》的签订和1979年中美的正式建交，标志着中国在20世纪70年代初的基础上进一步消除了外交中的意识形态因素和对抗色彩，开始了扩大开放和融入世界经济潮流的伟大转折；而1989年最终实现的中苏关系正常化，则不仅彻底终结了中苏分裂对抗这一萦绕两国和世界长达20余年的战略梦魇，而且开启了两国和平合作的新篇章。毫无疑问，所有这些都为世界经济体系的健康稳定发展奠定了良好的地缘政治基础。

冷战结束以来，以美国主导的经济全球化为背景，中国经济的发展步入了前所未有的快车道；与此同时，中国也通过自身的市场化改革进一步扩大了对外开放，极为有力地推动了经济全球化这一进程。因此，中国近20年来的经济飞速发展与全球化相互推动、相得益彰；

同时，中国的不断崛起并未与美国主导的现行世界经济体系引发冲突，而是在体系内实现自身崛起，从而成为后冷战时代全球地缘政治稳定的一大压舱石。具体而言，冷战结束以来中国对维护和繁荣世界经济体系所做的贡献主要体现为：积极参与全球和地区性经济合作组织，并致力于推动实现互利共赢和解决全球性经济问题。例如，中国先后成功地加入世界贸易组织、举办亚太经合组织领导人峰会、推进中国—东盟自贸区以及中日韩自贸区建设，并通过二十国集团（G20）等国际经济合作组织推动全球经济金融体系的改革等。上述事实表明，中国经济早已与世界经济体系密不可分，中国已经成为全球经济的最重要参与者和改革者之一。

其次，从国际政治经济学的角度讲，30多年来，中国通过对内改革、对外开放，不仅成为世界经济体系的重要参与者和改革者，而且也成为自由贸易制度的有力捍卫者和现行国际体系的积极维护者，对世界经济体系的稳定和繁荣提供了坚实的外部保障。"二战"结束以来，国际政治经济体系在美国主导下形成了"洛克无政府文化"（the Lockean Anarchic Culture）。与此相伴，国际政治经济的主题也从此前的殖民掠夺、对外扩张和大国争霸演变为和平合作、互利共赢与共同发展。因此，中国改革开放以来取得的巨大经济成就便得益于国际无政府文化的这种进步，得益于当今国际政治经济的这一主题。习近平总书记指出："世界繁荣稳定是中国的机遇，中国发展也是世界的机遇。"这句话意味着中国在继续深入参与世界经济体系运行的过程中，将逐渐由国际公共产品的受益者，发展为国际责任的承担者和全球性公共产品的提供者，因此毫无疑问，这种转变将对整个世界经济体系同样大有裨益。

中国对世界经济稳定和发展的贡献

改革开放以来，中国通过自身发展和有效的经济政策两大手段，对世界经济（特别是在危机时期）的整体稳定做出了极为显著和举世公认的贡献。例如，1997年10月东南亚地区爆发了严重的金融危机，各国货币急剧大幅贬值。由于东南亚国家的经济发展阶段与中国相当，出口的产品结构类似，因而这些国家的货币贬值导致中国面临巨大的竞争压力。从中国的国家利益出发，诸多国际经济学家普遍认为人民币一定会贬值，而一旦这种情况出现，很可能会诱发"竞争性贬值"，使陷入危机的东南亚国家雪上加霜。面对外界的猜疑和关注，中国作为一个负责任的大国，明确宣布人民币不贬值，并以实际行动兑现了承诺。中国的抉择对亚洲经济能够在金融危机后迅速复苏做出了巨大贡献，而其背后的支柱则是改革开放后中国对外贸易迅速发展所积累的充足外汇储备，这些外汇储备保证了人民币的稳定，并以中国经济的快速增长和对东南亚经济体的大量进口促进了地区经济的稳定和恢复。同样，2008年9月发生的全球金融海啸，中国在危机中的抢眼表现使之也成为全球经济稳定和复苏的中坚力量。

另一方面，改革开放以来，中国对世界经济长足发展的贡献也十分突出。根据著名经济学家、前世界银行高级副行长林毅夫的计算，1980—2010年，中国对世界经济增长的拉动效应日益显著，目前已经成为全球经济增长最大的"发动机"。具体而言：1980—1990年，对全球GDP增长贡献最大的五个国家依次为美国、日本、德国、英国、中国，它们对世界经济增长的贡献率依次约为27%、20%、6%、6%、5%。值得注意的是，这五个国家里除中国外，均为工业化七国集团（G7）成员。1990—2000年，对全球GDP增长贡献最大的五个国家仍为上述五国，只不过其次序演变为美国、中国、日本、德国、英国,对应的贡献率依次为 37%、10%、8%、6%、5%。在此期间,中国对全球 GDP 增长的贡献率达到了 10%,并成为仅次于美国的全球第二大经济引擎。在 2000—2010 年间,对全球 GDP 增长贡献最大的五个国家发生了明显变化,依次为中国、美国、印度、韩国、巴西,它们的贡献率分别为 25%、21%、6%、4%、3%。在这十年中,中国对全球经济增长的贡献比例达到 1∶4,首次超越美国成为拉动世界经济增长最强大的一支力量。

此外不容忽视的是,由于中国经济的腾飞以全球化为时代背景,因而作为全球贸易大国的中国通过对外投资和进出口等方式有力拓展了世界贸易的范围和规模,使世界贸易呈现出蓬勃发展的局面。例如,中国加入世贸组织前的贸易总量仅占全球贸易总量的 4%,而 2012 年这一比例已超过 11%。此外,中国还为 WTO 其他成员的商品进入中国市场敞开了大门。由于中国经济已快速健康发展多年,因而国民可用于自由支配的经济支付能力获得显著提高,导致美国、日本、韩国、巴西等 WTO 的其他发达成员与发展中成员的商品大量进入中国市场。更令人兴奋的是,种种迹象显示,中国商品进口的需求还将进一步增强。具体而言,上述事实和发展趋势体现在一连串权威统计数据之中:根据 WTO 的官方统计,自 2001—2010 年间,中国从全球各国进口的各类商品总价值达 7.45 万亿美元,创下年均增长率 20% 的纪录。在此期间,美国向中国出口的商品总额增长了 400%。中国巨大的国内市场不仅为发达经济体创造了出口机遇,同时也为世界上最不发达经济体(LDCs)提供了众多商品的出口机会,特别是 2008 年以来,中国已连续三年成为最不发达国家的全球最大出口市场。

中国对人类社会均衡进步的贡献

自工业革命时代开始，人类历史的发展犹如微型宇宙大爆炸，呈现出不断加速的特点。然而另一方面，在人类日益取得物质繁荣和技术进步的同时，贫富差距也日益增大，这一点在世界经济中体现为所谓的"中心－边缘"现象，即占据全球经济主导地位的西方发达国家与处于边缘地带的广大发展中世界的经济发展水平存在巨大鸿沟。改革开放以来，中国作为发展中国家的代表和负责任的大国，不仅使国民受益于自身的发展，而且还惠及周边国家甚至非洲、拉美等地区，从而推动了人类社会的"均衡化"发展。

首先，中国经济长达30多年的快速、稳定增长使自身从一个穷国迅速跻身世界中上等收入国家之列。因为中国本身即拥有世界约1/5的人口，所以中国国民富裕程度的显著提升、中国与发达国家发展水平的迅速趋近便是人类社会均衡发展的一大表征。按照中国社会科学院2012年发布的报告，中国目前的人均收入已经跃过了中上等收入国家的"及格线"，因为此前世界银行根据人均国民总收入，把世界各国经济发展水平分成了四组：低收入国家、中等偏下收入国家、中等偏上收入国家和高收入国家。按照世界银行2008年公布的最新收入分组标准，人均国民总收入在3856~11905美元之间即为中等偏上收入国家，而中国在社科院公布该份报告的前一年即2011年的人均国民总收入已达到4260美元。毋庸置疑，上述数据成为"中国通过改变自身而影响世界"的集中体现。

其次，近年来相当多的事实表明，中国经济发展的"外溢"效应日益明显，使其他发展中国家和地区从中获益，因而在更广范围内推动实现了世界的均衡发展。例如，2000—2007年，非洲有2/3以上的国家经济增长速度超过了5%，其中近一半甚至达到了7%，这种发展速度在非洲历史上绝无仅有。非洲之所以在近十余年实现了经济快速发展，很大程度上归功于中国崛起所产生的带动作用。中国作为一个自然资源相对短缺的大国，支持经济增长的自然资源严重依赖进口，因而中国的大规模进口对世界资源价格的上涨起到了显著的助推作用。因此，这对自然资源相对丰富的非洲国家来说是一个有效的经济增长动力。同样的情况适用于拉美国家。近年来，诸如阿根廷、巴西、智利等国在经济上取得的快速发展也得益于与中国的贸易往来。

总而言之，中国自身的发展及其对整个发展中世界繁荣进步所做出的贡献，有效缩小了发达国家与发展中国家的整体差距，这一点在国际金融危机后西方发达经济体普遍陷入困境的背景下格外突显。更为引人注目的是，一批新兴经济体和"中等强国"的群体性崛起也有力地宣告了西方中心主义的终结和人类社会均衡发展时代的到来。毫无疑问，这是人类文明进步的体现。

结论

新中国成立以来，我们先后解决了挨打和挨饿的问题，随着中国的复兴，新问题是挨骂。解决这个新问题，从根本上讲还是靠我们自己的发展。讲好中国的故事是现在必须做的事情，而讲好中国经济发展，特别是中国对世界经济的贡献是一个重要的视角。

中国过去30多年改革开放的实践不仅使自己受益，也对整个世界的稳定、发展和繁荣做出了重要的贡献。中国的崛起是当今时代最引人入胜的"宏大叙事"，因为作为一个历史悠久的古老文明和富有活力的新兴经济大国，中国崛起所带来的全球影响绝非仅仅停留在经济层面，而是涵盖了政治、经济、安全、文化等多个层面。正因如此，中国的进一步发展将是整个世界的福音，也将是人类文明继续前进的动力。

（作者：金灿荣、王浩，《当代世界》2014 年第 3 期）

中国与国际金融体系：从参与到重塑

国际金融体系指代世界各国间签订的一系列旨在促进贸易、跨国投资和其他形式的资本跨国流通的条约、协定和制度框架，它是国家间经济活动的基石。顾名思义，国际金融体系在塑造国际金融秩序的同时，也往往被世界各处发生的重大金融变革影响。现有国际金融体系发源于 1944 至 1973 年间主导国际社会的"布雷顿森林体系"，直至如今，仍以世界银行和国际货币基金组织（IMF）为首的一系列制度规范主导着世界金融秩序，并使西方发达国家掌握了主流话语权。2007 至 2008 年发源于美国、随即席卷全球的金融危机，以及新兴市场（Emerging Market）国家的崛起，都对现有国际金融体系造成不小的冲击。这两大变化使得国际社会关于改善现有金融秩序的呼声日益急迫。

变革国际金融体系的现实需求

国际金融体系需要的变革来自两方面：首先是直观的、对金融危机的反思，这就要求各国加强对金融活动的跨国协调和监管。其次是本质的、对以往金融活动缺乏监管深层原因的反思，它要求国际金融体系重新分配各国、各利益集团的话语权。

对资本活动的协调监管，与原教旨主义的"自由市场"活动组成金融变革的两极；在两极之间，国际金融秩序本身会发生周期性变化。

1944年建立的"布雷顿森林体系"即是对两次世界大战之间一系列经济衰退的反思：标志"一战"结束的《凡尔赛合约》在战争赔偿及债权问题上未能考虑各国国情，导致英、法、美的战争债务全部落在不具备偿还能力的德国身上，造成大量坏债，引发了1931年银行危机；同时，由于各国实行"以邻为壑"的汇率政策，争相贬值以促进出口，导致国际金融环境整体恶化，各国经济衰退，发达资本主义国家内部屡屡发生大规模罢工。基于此类恶果，"布雷顿森林体系"对国际金融活动制定了较为严格的监管制度，包括可调整的钉住汇率制（Adjustable Pegged Exchange Rate），以及限制国际资本操纵债券市场。随着时间的推移，美国的经济实力相对（日本和欧洲）下降，而与黄金挂钩的美元无法保证美国的国际收支平衡；当越南战争使得美国的国际收支赤字严重，作为国际金融体系主导者的美国试图与其他主要西方国家就汇率进行协调，但协调方案《史密森协定》遭到美联储阻挠而难以实行。这最终导致了日本和欧洲主要国家重新采用浮动汇率制，"布雷顿森林体系"也随之解体。"布雷顿森林体系"解体后，国际社会未能形成稳定有效的汇率机制，缺乏协调的弊端在1997年亚洲金融危机等事件中体现出来。2000年以来，有关进行国际协调的呼吁又逐渐浮出水面；特别是2007至2008年的金融危机后，部分发达国家开始重新提议建立基于钉住汇率制的国际协调体系，如时任法国总统萨科齐于2008年9月声称"我们必须重建金融秩序，就像当年在布雷顿森林一样"。2009年在美国匹兹堡召开的G20峰会上，各国就调整汇率进行协调磋商；同时国际货币基金组织（IMF）也在危机之后减少了对金融管制政策的批评。种种迹象显示，各国正积极展开协调互动，以改良现行金融体系的缺陷。

　　国际协调机制势必牵涉话语权的问题，这也是国际金融体系须改革的又一个原因。现有金融体系由少数发达国家占据主导权,发展中国家处于不利地位。以 IMF 为例,其投票权包括平等分配的成员身份投票权和由出资份额(特别提款权)决定的份额投票权;随着各国份额加大,后者在 IMF 内部愈发重要,这使得份额较大的发达国家掌握了话语权。同时,越来越多的 IMF 决议需要达到"特别多数"(通常为 70% 和 85%)才能通过,这使得少数拥有大量投票权的国家得以掌握 IMF 的否决权,也使得 IMF 难以监控它们的金融活动。同时,由于国际体系缺乏稳定一致的汇率政策,发展中国家被迫与部分发达国家货币挂钩,而此类汇率制度在大规模国际资本流动中往往面临风险。另外,现有金融体系也难以满足发展中国家的融资需要,单以亚洲国家为例,为了维持现有经济增长率,亚洲各国在 2010 至 2020 年间需要 8 万亿(年均 8 千亿)美元的投资,而包括世界银行和亚洲开发银行在内的主流金融机构只能每年提供 200 亿美元贷款。面对新兴市场的金融需求,国际金融体系显得准备不足。

面对改革国际金融秩序的呼吁,主流国际金融体系试图在体系内进行改良,如 2009 年由二十国集团于伦敦峰会上决议成立金融稳定委员会。同时,以美国为代表的发达国家也在反省金融危机中自身突显的问题,如奥巴马政府于 2009 年开始推动的金融监管改革赋予美国联邦部门更大的金融监管权和更严格的限制,包括金融稳定监督委员会以及禁止银行自营交易的沃尔克规则等条款。这类改良方案既承认现有国际体系存在的问题,例如缺乏对金融从业者的有效监管,同时在国际层面邀请更多发展中国家参与国际金融治理。由于既得利益集团与国家的阻力,这些改革方案往往进展缓慢。一个典型例子是前述 IMF 投票权改革,虽然改革方案早在 2010 年已经被提出,但该机构章程需要 85% 的赞成票才能通过,而美国一家就占有 16.5% 的投票权,因此该改革必须经过美国同意;

然而因为党争和自身经济利益考虑，美国国会多次推迟或否决改革方案。2012年，奥巴马总统以大选为由，未将该方案提交国会；2013年3月和2014年1月，国会两次否决改革方案，因为改革方案迫使美国向IMF加大投入以保持份额，而国会拒绝注资。此外，IMF改革还被国会议员批准乌克兰援助等近期政治议题捆绑。由于诸如此类的情形，体系内改良或许不足以及时有效地改革国际金融体系。

面对体系内僵局，中国等发展中国家也在积极探索另一条道路，即在IMF主导的现有国际金融体系之外建设新的国际机制，自主解决相关国家的经济发展需求。作为全球范围经济发展较快的区域，以及1997年金融危机的主要受害者，亚洲各国对确保自身金融安全有着迫切需要，也做出了切实的制度创新。东盟互换协议（ASA）即是区域金融合作的代表，在2000年5月的《清迈协议》后，东盟各国与中、日、韩三国签署了多项双边货币互换协议；在2003年6月的《清迈宣言》中，与会各国表达了建立多边货币框架，如亚洲债券市场的意向。近年来，中国积极倡导发展中国家间经济合作，领导建立金砖国家新开发银行（New Development Bank）、亚洲基础设施投资银行（AIIB）在内的国际金融机构。这种"体系外创新"模式是基于体系内改革举步维艰的现状而产生的，但也不可避免地引起了现有金融体系主导者——部分发达国家的猜疑。例如，亚投行从确定意向、成立到试运营期间始终受到美、日等国以"透明度"为主要理由的质疑，同时部分鹰派人士认为此举是挑战美元主导的国际金融体系，在IMF和世界银行之外"另立门户"。但新发展的国际金融机构事实上与现有机构并不存在取代关系，例如世界银行与ADB都表示欢迎AIIB的成立。现有体系外的新机构首先是对现有机构功能上的补充，同时也与现有机构形成良性竞争，更好地向各个国家、企业提供金融服务。

中国在国际金融体系改革中的诉求和行动

中国在现有国际金融体系中的地位有多重特征。首先是话语权弱势，典型例子是 IMF 的特别提款权。在 2009 年生效的成员国特别提款权分配方案中，中国的特别提款权为 69 亿 SDR（特别提款权单位），而美国则高达 353 亿，此外中国提款权也低于日、法、德、英等发达国家（均在 100 亿以上）。如前所述，这种分配造成中国在 IMF 内投票权的弱势。其次，中国属于国际金融体系的"后来者"。长期以来，我国实行较严格的资本管制政策，银行盈利模式较为单一，国家决策者在 1997 年和 2008 年两次国际金融危机前后做出多项调整，这些因素有效减轻了我国经济受到的冲击。但与此同时，部分企业（例如部分保险、航空、有色金属企业）在 2008 年金融危机中逆势扩张、损失惨重的案例也充分说明，我国在积极参与国际金融活动时尚显经验不足。同时，中国将是未来国际金融体系的积极参与者。2011 年，中国对外直接投资超过 600 亿美元，2014 年对外直接投资突破千亿美元大关；商务部于 2015 年 1 月表示，如果考虑我国企业境外直接利润再投资和通过第三方投资，中国在 2014 年已成为资本净输出国。

基于以上特征，中国一方面需要向国际金融体系的资深玩家学习经验，另一方面也要借助目前国际上的变革诉求，努力争取对中国有利的外部环境。在具体手段上，我国采取多边合作与单边援助"双管齐下"推动国际金融变革的策略。

中国是发展中国家间合作的积极倡导者。近年来，中国在国际领域的主要制度进展包括金砖国家新开发银行、亚投行等。金砖国家新开发银行是包括巴西、俄罗斯、印度、中国和南非在内的"金砖国家"共同倡导的国际机构，其成员国是分布在世界各大洲的发展中大国，国家利益与诉求区别较大，主要因为美国高盛公司前首席经济学家吉姆·奥尼尔于 2001 年提出的"金砖国家"概念而被联系到一起。中国始终致力于落实金砖国家合作机制，将其发展为有效、包容、共赢的经济合作组织，例如推动南非于 2010 年加入该机制。在此机制基础上，中国与其他金砖成员国本着推动国际金融体系公平化的原则，于 2012 年新德里峰会上提出金砖银行的构想，于 2013 年德班峰会上同意此提议，并于次年福塔莱萨峰会上正式签署文件。金砖银行法定资本为 1000 亿美元，此外各国还同意建立独立于金砖银行、不需立即支付（仅在实际需要且满足条件时兑现）的 1000 亿美元应急储备。应急储备是各成员国面对国际金融风险的内部安排，而金砖银行在满足成员国需要的同时，也服务于其他新兴市场国家的基础设施建设。

亚洲基础设施投资银行则是基于区域经济需要，由区域内国家首先提出，主要服务于本地区建设的机构，其成员大小、发展程度有别，但地缘关系紧密，相互联系密切。习近平主席于 2013 年 10 月访问印度尼西亚时率先提出倡议。中国、越南、马来西亚、新加坡、印度等 21 国于 2014 年 10 月在北京签署《筹建亚投行备忘录》，2015 年 4 月共筹集区域内、外意向创始成员 57 国，包括域外成员 20 国。亚投行法定资本为 1000 亿美元，初期认缴 500 亿美元；与现有的同功能开发银行相比，亚投行的制度设计更多地考虑到本地区发展中国家，尤其是较小国家的利益，主要体现在三方面：（1）区域内成员国占有约 75% 的总共股份，为亚投行内的多数声音；（2）亚投行董事会大部分席位将分配给亚洲各国，较小的亚洲成员国有更大机会发声；（3）相比 ADB 等机构按照出资占股比例决定投票权的制度，亚投行的投票权按各国名义国内生产总值和购买力平价加权计算得出，这也有利于区域内较小成员国获得话语权。除本区域发展中国家外，部分老牌西方大国如英、法、德、意也加入意向创始成员的行列，这既有益于亚投行吸取金融体系运作的经验教训，也有益于提升亚投行在世界范围内的透明度和信誉度。

与此同时，中国也致力于扩大自身影响力，以适应国力增长带来的新需求。一方面，中国积极树立金融领域"负责任大国"的形象，在国际上积极援助受到灾难性经济冲击的国家。在1997年亚洲金融危机中，中国通过IMF框架下的双边渠道，向东南亚国家提供出口信贷、物资和金融等援助；此外在各国货币竞相贬值的情况下，中国政府决定人民币顶住压力不贬值，客观上为稳定区域经济做出了贡献。中国也向区域外国家提供金融援助，如2009年陷入欧洲金融危机的白俄罗斯，2007年以来的委内瑞拉等。中国主导的国际金融机构同样开始在国际援助中受到关注，2015年4月尼泊尔地震后，尼泊尔政府有意向正在筹建的亚投行寻求援助。国际组织援助需要经过成员国间的磋商协调才能落实，而随着时间的推移，金砖国家银行和亚投行等机构也将与有需求的国家展开相关的援助业务。

另一方面，中国通过一系列双边协定积极推进人民币国际化进程。2008年7月，中国银行三定方案增设汇率司，负责"根据人民币国际化的进程发展人民币离岸市场"。同年，中国开始与俄罗斯等国就双边货币互换进行磋商，并于12月与韩国达成货币互换协议。目前，中国已与28家境外央行达成双边本币互换协议。经过一系列先期试点，跨境贸易人民币结算已于2011年8月获批准在全国范围开展。2012年，中国与南非达成以人民币结算双边贸易的协议。自2013年起，中国人民银行已与多国达成建立人民币离岸结算中心的协议,包括由建设银行担任的伦敦清算行,中国银行担任的法兰克福清算行和交通银行担任的首尔清算行。与此同时,中国的金融行业也在进行改革,以促进人民币的可兑换性和流通自由。由于中国稳健的货币政策和汇率政策记录,经济地位日益巩固,人民币作为储备货币也日益受到各国重视。据汇丰银行对72家央行的调查,预计2025年人民币将占全球储备货币的10%。IMF于2015年4月表明已收到中国关于将人民币列入特别提款权货币篮子的申请,IMF总裁拉加德对中国促进人民币自由使用的政策努力给予肯定。

在对外经济战略上,中国已经提出"一带一路"的宏观规划,上述的两方面努力都将服务于这一宏观目标,为中国企业开展国际金融活动创造有利条件。与"丝绸之路经济带"相呼应,中国还将继续发展上合组织成员间的金融往来,争取早日成立上合组织开发银行。由于各国贫富、经济实力和资源差距较大,部分国家相关法律尚不完备,上合组织开发银行的筹建依然任重道远,而且中国需要处理上合银行与金砖银行重叠的问题。中国与上合组织其他成员有经济上的天然互补性,中国与中亚国家的投资和贸易在新世纪以来也显著提升,各国都有使用区域内货币为结算货币、降低交易成本的现实需求。对于上合组织内的能源出口国,区域内银行也是平抑价格波动风险的工具。如果能够顺利成立,上合组织开发银行或将推进人民币成为地区主导货币,进而促进人民币国际化进程。

关于参与国际金融体系改革的政策建议

需要特别指出的是,参与国际金融活动意味着中国的经济活动与国际经济接轨,引领国际金融体系很可能意味着中国牺牲部分国内经济利益或是承担风险。中国在国际经济活动中的自我定位仍然是"发展中大国",既是发展中国家,也是潜力巨大的投资者和资本市场,同时还是处于经济转型期、面对诸多重大国内经济挑战的国家。在参与国际金融体系、与世界各国共同改革游戏规则的同时,中国也需要在几方面格外谨慎,对国际金融活动的潜在风险保持清醒。

第一,中国需要处理中国自身、中国建立金融机构与现有金融体系的共存问题。部分西方国家视中国改革现有金融体系的呼声为威胁。事实上,我国自从20世纪80年代以来始终与现有国际金融机构保持着良性合作关系。我国自1981年以来向世界银行和ADB等国际金融机构申请贷款项目已达457个,承诺贷款金额累计657.5亿美元,另获国际金融组织赠款28亿美元,这些资金大部分用于中西部、农村和重点经济领域建设,促进了我国经济均衡可持续发展。在可以预见的将来,这种合作不会因为中国新成立金融机构而消亡。然而中国不可避免地要回答一系列问题:在诸如IMF和世界银行的金融机构已经存在的情况下,中国为何还要设立功能类似的机构?既然功能类似,新老金融机构如何处理彼此的关系?要在金融领域实现"和平崛起",中国必须在上述问题上说服国际金融的主要参与者。

日本主导的ADB曾经探讨过处理世界银行和区域银行关系的问题,其报告建议,世界银行应着眼于"消除国家间贸易壁垒和推进全球性议题",而区域银行致力推进"亚洲各国就公共服务达成协议,同时支持东盟经济体、基础设施建设、亚洲债券市场建设和《清迈协议》的落实"。事实上世界银行和ADB在具体国家与议题的分工上并未制定协调机制。虽然ADB的资本不及世界银行,但如果它加入世界银行并成为其"亚洲支行",其法定资本规模又显得太大;另一方面,亚洲的投资需求超过这两家银行任何一家的贷款供给能力,因此报告认为两家银行可以"在矛盾中共存"（muddle through）并在具体问题上协商分工事宜。这个模式同样适用于新成立的亚投行：亚洲各国的巨大金融需求使得几家银行间不存在事关生存的业务竞争，在具体项目上，各国可根据自身情况选择银行。

对于中国主导银行的指责通常为"透明度"问题，这也是美国国务院发言人关于"亚投行不能达到高标准"的核心内容。事实上，这些中国主导建立的金融机构非常重视公开透明，例如，亚投行的指导方针即为"专业、透明、环保"，由专业的理事会、董事会和总部构成，其运营远非由中国一家独大或暗箱操作。不同人士对"透明公开"没有统一的标准，在诸多关于透明化的要求中，中国更需要注意的不是无端指责，而是成员国和潜在客户的要求。英国、德国等西方发达国家愿意加入亚投行，本身就表明它们自信能够参与建立足够透明公开的金融机构。亚投行的细节谈判正在紧锣密鼓地进行，中国需要首先与盟友达成一致，在维护国家利益基础上确保亚投行章程制度能够让成员国满意，这将是对"透明化"的最好回应。

中国的经济崛起本身就是对世界经济秩序的冲击，而冲击必然遭致反弹；无论中国采取何种行动，都要做好遭受质疑和压力的准备。在国际金融领域，中国需要团结诉求一致的国家，以国际组织或者多边联合体的形式面对质疑，逐步树立"负责任大国"的形象，争取更大的话语权。

第二，金融活动的基础依然是强大的国家经济实力。中国的金融活动，应以促进国内经济可持续增长、政治环境稳定、人民生活水平稳健提升为根本目标。世界各国高度关注人民币国际化，东南亚部分地区已将人民币作为"小美元"流通，这些都与中国的高速增长有关。只有世界各国对中国经济、国力保持信心，中国才有可能成为国际金融的主导力量之一。当前中国经济处于转型期,经济增长减速,实体经济融资困难,流动性陷阱风险上升;在考虑国际战略布局之前,中国首先应该设法解决这些问题,确保国内经济足以经受国际金融流动带来的冲击。

随着人民币国际化程度逐步提升,人民币将会成为国际主要储备货币(国际清偿货币)之一,在部分区域甚至成为主导货币。在这种情况下,中国很可能会面对昔日英国、美国遭遇的"特里芬悖论",即短期国内经济利益与长期国际利益的冲突。特里芬于20世纪50年代末指出,当外国想持有某种储备货币时,货币发行国必须超发货币,这在长期会导致贸易逆差;然而储备货币的币值需要稳定、坚挺,这就要求发行国尽可能实现顺差。当储备货币发行国因为某些原因需要增加开支时,该货币主导的金融体系就面临风险。金本位制度下的英国体系在"一战"后崩溃,美元与黄金挂钩的"布雷顿森林体系"也在越战等情形下解体,目前国际金融多采用"多元储备体系",但美元等少数货币在货币篮子里优势极大,这些储备货币发行国也不可避免地遭遇贸易逆差问题。如果中国成为国际货币领域的"操盘手",就必须承受贸易逆差的风险,对以财政政策为主的经济政策做出适当调整,并帮助中国企业尽快适应新局面。

此外作为国际金融领域的新来者,中国也需要对初涉国际资本市场的本国企业、银行给予适当保险措施。国际金融体系往往要求中国推进资本市场自由开放以接纳中国,例如,IMF总裁拉加德在评论人民币加入SDR货币时,再度敦促中国政府深化金融改革。在与国际接轨的同时,政府也应时刻考虑国内经济的承受能力,慎重推进资本领域市场化。

第三,中国需要吸取国际先进做法和规范。这既有利于保护中国国家和企业在国际资本市场中的利益,也有助于有针对性地提出金融改革建议。目前中国在国际金融领域仍然属于"试错"的摸索阶段,不少金融政策和活动都招致了不必要的风险，例如，中国对委内瑞拉的软贷款就因为原定"石油换贷款"计划无法落实、委内瑞拉自身经济恶化而难以回收，进而影响了两国进一步合作。《金融时报》一篇社评不无嘲讽意味地指出，中国应了解世界银行、IMF 与 ADB 等机构将贷款绑定附加条款是不无道理的。客观来看，中国目前掌握巨量外汇储备，中国主导的国际金融机构也受到关注，关于管控贷款风险的问题迟早会被提上日程。对于具体企业而言，相对陌生的国际资本市场也是机遇与挑战并存。

面对经验不足的困难，中国政府、企业都应及时采取措施，吸纳相关人才，同时向先进国家学习经验。亚投行就是中国在国际金融圈子里"社会化"的过程，通过吸纳英、法等国加入，中国在与其他成员讨论章程制度时能够更好地参照当前金融体系的范例。同时，亚投行也通过专门的国际机构从世界各国吸纳人才。金融领域的特点在于它是少数人操纵的、不可观测的行为，相关知识高度专业化，不少争取利益的做法必须在具体实践中掌握；同时它也难以监管，如果采用外行领导内行的做法，金融行为将很难被约束，国家资产也会遭遇损失。如果能够吸收一批可信赖的、有一手经验的专业人士，中国的改革或能避免波折、加快脚步。

结语

国际金融领域的变革是消除全球范围内"南北对立"和贫富差距的客观需要，而近年来的金融危机和新兴市场崛起都为可能的改革提供了契机。作为新兴市场的重要成员，中国能够从更加公平的国际金融环境中获益。然而关乎国家利益的谈判向来充满艰难险阻，既得利益集团掌握强大话语权，体系内改革并不顺利。中国在国际金融体系内争取自身利益的同时，也积极进行了体系外的探索，与其他发展中国家开辟平等、共赢、切合自身需求和国情的合作模式，在近年来取得了数项国际瞩目的成就。然而国际金融变革是长期过程，中国在世界金融领域仍需要学习探索，中国金融领域国际化任重道远。

目前，中国在国际金融领域的挑战同时来自自身经验不足与国际金融体系的话语权失衡，而这两者间有种相辅相成的关系：如果中国致力于塑造更加公平的话语体系，就需要首先融入国际金融体系，向先进国家学习经验；但如果中国能够充分学习国际金融运作模式，把握人民币国际化、经济一体化的关键，同时做好自身经济建设，塑造更为有利的外部环境也就水到渠成。在国内经济转型的重大关头，金融领域决策者尤其需要虚心谨慎，稳健地深入金融改革并推进"一带一路"的相关布局。

（作者：金灿荣、金君达，《学术前沿》2015年第16期）

亚投行：机遇与责任的复合体

2015年4月15日，亚洲基础设施投资银行（以下简称亚投行）正式确立了57个意向创始成员国，不仅多于世界银行（以下简称世行）的44个创始国，更远超于亚洲开发银行（以下简称亚开行）的31个创始国。作为首个由发展中国家提出并主导建立的多边国际金融机构，亚投行自倡议伊始便吸引了全球目光。随着筹建进程不断取得新突破，亚投行受到的猜疑与阻挠和得到的期待与希望同样多，这也使亚投行进一步成为焦点话题。

亚投行在什么背景下成立

在全球层面上，亚投行建立的主要背景是新兴大国的异军突起。新世纪以来，世界各国基本延续了冷战后的发展趋势，即在全球化深入发展的推动下实现了不同程度的发展，但各国的发展速度极不均衡。总体而言，发展中国家普遍实现了较快增长，新兴国家日益成为经济新秀，而发达国家的发展速度相对缓慢。在全球金融危机的打击下，发达国家的经济长期陷入低迷，以新兴大国为代表的发展中国家则率先摆脱危机影响，不仅成为全球经济的新引擎，而且成为全球治理的重要主体。为了更好地发挥新兴国家在世界经济和全球金融治理中的作用，改革原有的国际金融制度顺理成章地提上日程。虽然世行与国际货币基金组织（IMF）通过了相应的股权比重和投票权比重改革决定，但因美国国会反对而受阻，不合理的国际金融机制并未改观。

在区域层面上，亚投行建立的主要背景是亚洲基础设施落后。在全球范围内，现代化程度最高的区域是西欧、北美和东亚。然而，东亚比西欧和北美的情况更为复杂。一方面，东亚经济充满生机与活力。东亚不但有堪与欧美比肩的老牌发达国家日本，而且有"亚洲四小龙"这种跨越了"中等收入陷阱"的经济"优等生"；不仅有中国这样的新兴大国，还有"亚洲四小虎"等中小规模的新兴国家。这些"新""老"新兴经济体不仅拥有较好的发展基础，而且具有继续发展的动力。另一方面，东亚经济也面临发展瓶颈。不仅东亚国家，而且绝大多数亚洲国家基础设施建设都比较落后。根据亚开行的相关报告，2010至2020年亚洲基础设施投资总需求为8.28万亿美元，今后每年的投资需求将达到7300亿美元。对于许多亚洲国家而言，这绝非一国之力所能及，需要借助于国际投资机构。然而，世行和亚开行在基础设施领域的贷款比重低微，无法满足亚洲各国的实际需求。

在国家层面上,亚投行建立的主要背景是中国进入"新常态"。自2014年以来,"新常态"成为中国的流行词。从经济的角度看,我国经济增长由高速变为中高速,经济结构不断优化升级,经济动力由要素和投资转向创新驱动;从政治的角度看,我国正在协调推进全面建成小康社会、全面深化改革、全面依法治国、全面从严治党,不断发展与完善中国特色社会主义制度;从社会的角度看,我国正在积极应对人口老龄化挑战、更加重视公共安全、加强社会治安综合治理,不断提升国家治理现代化水平。缓解社会矛盾和解决发展中不断出现的新问题,需要保持一定的经济增速,而环境与资源压力要求中国转变经济发展方式。面对新常态及其带来的新变化,中国创新发展思路,决定通过加强与其他国家的合作实现共同发展与繁荣。

上述三个层次的背景表明中国倡导建立亚投行是大势所趋,主要原因在于亚洲各国对于基础设施投资的巨大需求和中国在资金、技术和经验等方面的优势。2013年10月,习近平主席在印尼首次提出筹建亚投行倡议。2014年10月24日,21国代表签署了意向协议。目前,57个意向创始成员国中涵盖37个域内国家和20个域外国家。

如何定位亚投行与相关银行的关系

如其名称所示,亚投行是一家专门性的国际投资银行,主要目标是促进亚洲各国的基础设施建设和经济一体化。因此,它既不同于世行和亚开行等综合性专业银行,也不同于金砖国家开发银行(以下简称金砖银行)和筹划中的上海合作组织开发银行(以下简称上合银行)。毋庸讳言,亚投行与其他银行在亚洲基础设施投资领域存在一定程度的竞争,但是竞争的不是霸权，而是市场，良好的竞争对于开发贷款以及其他市场都是有利的，本质上亚投行是对相关银行的重要补充。

亚投行补充世行在亚洲的投资。成立于1944年的世行是一家全球性大型国际银行集团，包括国际复兴开发银行、国际开发协会、国际金融公司、多边投资担保机构和解决投资争端国际中心五个机构。在目标定位方面，世行的最初任务是帮助"二战"中被毁国家重建，后来主要是资助各国减贫；在产品服务方面，世行不仅以低息贷款、无息贷款或赠款支持成员国在教育、卫生、基础设施、农业、金融等领域的发展，而且世行还通过政策建议、分析研究和技术援助等方式向发展中国家提供支持；在国际地位方面，世行是公认的重要国际组织之一，与国际货币基金组织（IMF）和世界贸易组织（WTO）并称为全球经济机制的三大支柱。由此可见，亚投行不可能对世行构成威胁或挑战，反而是一种必要的补充。原因在于，尽管世行也提供基础设施领域的投资或援助，但这只是世行众多业务中的一个方面，而且也并非仅针对亚洲国家。

亚投行补充亚开行在亚洲的基础设施投资。创建于1966年的亚开行是一家区域性国际金融开发机构，其主要目标是促进亚太地区成员国的经济与社会发展，1999年之后强调扶贫任务。具体而言，亚开行为其成员国发展经济提供贷款，帮助成员国协调经济发展政策，为成员国制定和执行发展规划提供技术援助。然而，与世行类似，亚开行不仅在基础设施领域的投资所占比重很小，而且贷款条件十分苛刻。它们通常要求申请贷款的成员国在政府透明度、意识形态、环境保护、劳工待遇、招投标等方面做出承诺并通过考核，但这种考核费时耗力，易延误发展时机。因此，亚开行也无法很好地满足亚洲基础设施建设所需的大量资金，亚投行的建立恰逢其时。亚投行未来新增投资将总体提高基础设施投资能力,这一供给增量既是成员国的贡献,也是成员国在风险分担基础上的收益共享。

亚投行与金砖银行是投资与金融稳定的互补关系。建立金砖银行的倡议在2012年提出,目的是构筑共同的金融安全网,避免受到金融动荡的波及。2013年3月,金砖国家领导人决定建立金砖银行,强调简化结算与贷款的程序,减少对美元和欧元的依赖。据报道,金砖国家已经达成协议,将在2015年7月金砖国家领导人峰会之前启动金砖银行。此外,中国还倡议建立金砖国家应急储备基金,以应对金砖国家的短期资金流动压力和金融动荡问题。因此,尽管金砖国家不排除在基础设施建设方面开展贷款业务,但其主要职能是促进金融稳定,其贷款对象优先针对金砖国家。从这个角度看,亚投行与金砖银行也是一种互补关系。

亚投行的成立给中国和世界带来什么影响

亚投行由中国倡议并主导建立,对中国的发展战略产生深刻影响。同时,亚投行的服务领域主要是亚洲国家的基础设施建设,对亚洲各国的长远发展具有重要意义。此外,亚投行的影响并不局限于亚洲,不仅由于成员国和服务领域超出亚洲范围,而且因为其产生的冲击波具有全球意义。因此,中国、亚洲和全球都将感受到亚投行的影响,而这种影响正是机遇和责任的复合体。

亚投行有助于中国经济持续发展和承担大国责任。一方面,亚投行的建立将为中国提供重要的发展机遇。一是促进中国对外投资。截至2015年3月底,中国外汇储备为3.73万亿美元,这是中国资金走出去的基础和前提,亚投行的建立有利于推动中国对外投资。二是推动中国企业走出去。近年来,中国企业越来越多地参与海外竞争,境外投资与并购项目逐渐增加。在基础设施领域，中国企业承担的海外建设工程不断增多。在亚投行的推动下，中国企业将进一步走向海外。三是改善中国持续发展的外部条件。如果亚投行运转顺利，亚洲各国的基础设施将大为改善，不仅可以加强亚洲各国的互联互通，促进区域内资金、资源、劳动力的流动，而且可以促进各国的经济发展，营造良好的投资环境，这有利于中国实现持续发展。另一方面，作为亚投行的发起国与关键力量，中国将承担起更多的国际责任。在国际关系中，负责任不仅仅指援助，更强调公共产品的提供，要有议程设置的能力：我不能决定大家内心想什么，但我能决定大家讨论什么。亚投行金融平台的搭建，将进一步推动成员国家实现可持续发展、包容性发展、公平性发展。

亚投行有助于亚洲加快经济发展和促进区域稳定。亚投行的建立对亚洲经济发展具有重要意义。一是有助于亚洲各国改善基础设施。一旦亚投行投入运营，亚洲国家将优先获得贷款，这必将有力地促进其基础设施建设，为经济发展奠定基础。二是有利于亚洲各国实现资源共享。亚洲国家普遍拥有丰富的自然资源，但绝大多数国家不可能拥有所有资源，需要互通有无。亚投行能够推动亚洲的基础设施建设，进而促进各国资源共享。三是有利于亚洲各国提高国内治理能力。亚投行虽非综合性的开发银行，但推动基础设施建设同样有助于促进亚洲各国提高国内治理水平。原因在于，亚投行的相关项目有助于亚洲各国获得更多的技术和管理经验，从而具备提升发展与管理能力的条件；亚洲国家也有主动提高国内治理水平的意愿，以便进一步获得投资和促进发展。另一方面，亚投行的成立有利于促进亚洲稳定。目前来看，消除不稳定的最佳途径是交流、合作与发展，建立亚投行有助于促进亚洲各国的发展与合作，相关国家有责任和义务通过实现共同繁荣促进地区稳定。

亚投行有助于拉动全球经济和促进金融机制改革。一方面，亚投行的建立有助于进一步提升亚洲对全球经济的贡献。一是有助于亚洲吸纳更多全球投资。亚投行的意向创始成员国遍布五大洲，全球资本迅速向亚洲聚拢。此外，随着亚投行的正常运转，将有更多国家申请加入，带来更多外来投资。二是有助于增强亚洲经济一体化的溢出效应。在亚投行的帮助下，亚洲各国的互联互通和经贸联系将更加密切，一体化程度进一步提高，从而提高区域竞争力并增强亚洲经济一体化的溢出效应。三是有助于亚洲更好地融入世界经济。由于亚投行的推动，亚洲经济将更加自由开放，有利于与全球经济的对接和融合。另一方面，亚投行的顺利运行有助于推动国际金融机制改革。现有国际金融机构的治理结构改革障碍重重，特别是提高发展中国家在规则制定和决策权方面。亚投行的成立是在平等基础上的新型南北合作形式。今后在继续推动国际金融治理结构存量改革的同时，亚投行的建立无疑是一项建设性增量改革。

亚投行的建立不是北京与华盛顿争夺全球经济影响力，而是发展中国家与西方经济体的良性竞争。这一平台的搭建，使中国梦同亚洲梦、世界梦有了对接与落地的抓手。不过，作为亚投行的倡导国，中国还需对今后面临的挑战保持清醒认识。一是建章立制的挑战。目前，亚投行意向创始成员国已举行3次首席谈判代表会议，随后将再举行2次，并将在2015年6月底前签署亚投行章程。这是中国面临的近期挑战，因为协调众多国家并制定合理与服众的规则绝非易事。二是选择项目的挑战。亚投行本质上是一个投资银行，必须关注投资回报，这要求亚投行在选择投资项目和管理运作过程中十分谨慎。作为亚投行最大的出资者，中国更需要重视项目的收益与风险，这是中国面临的中期挑战。三是避免低效的挑战。运作效率关系到收益与回报，这是亚投行能否顺利运转的根本。作为亚投行的发起者，中国需要推动亚投行借鉴世行和亚开行的经验教训，努力提高效率，这是中国面临的长期挑战。

（作者：金灿荣、孙西辉，载于《党建》2015年第5期）

"一带一路"战略给全球化注入新动力

2016年10月11日，在第7届香山论坛上，中国人民大学国际关系学院副院长、教授金灿荣做客香山论坛思客会，接受了思客的独家专访。金灿荣在香山论坛思客会接受专访，详谈新型地区安全架构等问题。

中国强调双赢而不是"零和游戏"

思客：本届香山论坛的主题设定为"加强安全合作对话，构建新型国际关系"，您如何理解这个主题？

金灿荣：应该说加强安全合作对话和构建新型国际关系是中国一贯的思想，特别是十八大以来，但是作为本届香山论坛大会的主题可能还是有些针对性。一是现在国际安全模式很复杂，从全球层面看，现在俄美之间有点剑拔弩张，所以这个时候强调一下安全对话，而不是对抗，是有现实价值的。至于构建新型国际关系，主要是强调双赢，西方主导的国际关系还是比较强调西方利益优先，而美国从来不讳言，我要追求的就是我和我盟友的绝对安全。而在实践中你有了绝对安全，别人就没有安全了，所以中国构建新型国际关系，强调双赢而不是"零和游戏"。

因为整个国际关系不如以前稳定，特别是安全形势现在很复杂。现在我们的地区层面也非常复杂，包括中国周边的东海、南海等，所以在这个情况之下，今年论坛主题是有一定的现实针对性的。

中国应积极建构新的亚洲安全合作机制

思客：您怎么看用创新思维来构建新型的地区安全架构这种新提法？我国应如何放大"中国声音"，扩大"中国方案"的影响力？

金灿荣：建构新的亚洲安全协作机制还是一个任重道远的任务。冷战的时候，东亚地区在世界版图上是比较边缘化的，国际政治的焦点是在欧洲，特别是分裂的德国内部，结构上都是美苏两大家决定的。中亚那个时候就是冷战结构的一个外延，冷战以后东亚才开始有自己的东西，但是坦率地讲，冷战以后主导性的安全结构还是美国及其盟友，中国是有一定的局限的。后来中国和东盟合作搞了多边机制，但是不是很顺利。现在，随着中国的崛起，中国的发言权理应更大一些，中国希望在东亚地区有一些不同于以前美国主导的体系。因此，我们推动建立了上合组织，主导了六方会谈，近年来又在推动亚洲安全协作与相互信任会议，中国一直在探索新的平台。但是到目前为止，我们需要承认，美国及其盟友的体系还是亚太地区第一主导力量，中国是第二力量，所以建构新的亚洲安全协作机制还是一个任重道远的任务。

推进全球化要让收益平均分配

思客：当前，"逆全球化"浪潮开始显现，您如何看待"逆全球化"现象？

金灿荣：全球化理论上讲是造福于人类的。大家都知道古今中外经济都是由三要素组成的，劳力、资本和科学技术，理论上它应该让三要素都在更大的地理范围之内进行更好的分配，这样能够提高整个人类的生产效率，从而提高福利。但是，理论往往很美好，现实却很骨感，资本是得到了充分的全球流动，技术却开始受到限制了，劳动力更是如此。三要素的资源流动是不均衡的，所以获益就不一样。那些跨国公司现在可以在全球范围内利用最便宜的资源，包括人力资源、自然资源寻找对它最有利的制度安排，哪个地方税低就去哪里，这样收益最大。可是三要素当中现在受限制最大的是劳工，劳工的收益较小，甚至有些国家劳工是受损的。

首先因为收益分配不均衡，所以从政治上讲它早晚要有反弹的，只不过今年反全球化力量出现得比较明显。当然，各地反全球化的动机可能不太一样，美国觉得它负担太重，英国觉得它跟欧洲的联合获益较小，欧洲内部现在也有一些右翼反对，这直接跟难民有关。所以首先我承认反全球化这个现象是个事实，需要重视，其次，要找到它的原因，这个原因就是资本、技术、劳力在全球化进程当中的收益是不均等的，既然不均等就一定有反弹。我们应该知道全球化本是个好事，要坚定不移地推进下去，但是未来推进全球化的过程中，一定要注意把全球化的收益平均分配。

"一带一路"战略正在给全球化注入新动力

思客：现在有学者认为对于"逆全球化"，美国包括西方一些国家其实有心无力，而这恰恰可能是中国在全球化过程中的一种机遇，中国怎样在全球化进程中注入新的动力？"一带一路"的倡议如何能够在世界范围内发挥更大作用？

金灿荣：中国是过去30多年全球化进程当中最大的赢家。原来全球化都是西方主导的，它的相对收益总比别人多，现在竟然出现了另一个玩家，按照西方的规则把西方给击败了，这非常像中国的乒乓球。因为乒乓球就是西方人发明的，中国进去玩，它们就出局了，于是西方国家想改变规则，但不管怎么改，最后结果是一样的，所以西方有点手足无措了，中国确实是一个很强大的新兴力量。

全球化过程当中是有缺陷的，以后要加以改进，但是理论上讲全球化最终对人类是个好事，中国有责任推进全球化潮流，不要让它倒退。因此，中国近年来对全球化的介入比较积极，其中一个表现就是中国现今非常重视全球治理，这是国际关系的变化，我们从全球治理的一般参与者变成了领导者。

中国参与全球治理有很多方面，一个是理念上，要提倡对话而不是对抗，提倡合作共赢而不是单边胜利。另一个是实践上，中国在积极推进"一带一路"战略。我认为"一带一路"是未来中国推进全球化的一个方向，也是中国参与全球治理的一个方面，我相信"一带一路"会给沿岸、沿线的国家带来很多好处。十年以后再回过头看，我认为世界应该会肯定并感谢"一带一路"这个战略。

（载于《新华网－思客》2016年10月12日版）

新兴大国崛起的经验教训

迄今为止，中国学术界围绕"大国崛起"这一主题分别在20世纪80年代末90年代初、20世纪90年代初中期和2006年后进行过三次较为集中的讨论。实际上，当今时代中国的复兴和快速发展已经成为举世瞩目的事实，如何看待历史上主要大国的兴衰历程，如何吸取新兴大国崛起的经验和教训并从中得到有益的借鉴，已成为当前中国十分重大的战略问题。

新兴大国崛起的经验及启示

纵观 15 世纪后陆续崛起的 9 个国家，尽管其崛起道路不尽相同，但是仍可从中总结出一些普遍性经验。

1. 新兴大国的全面现代化水平都走在当时世界的前列。无论是 16 世纪盛极一时的葡萄牙和西班牙还是 17 世纪最发达的资本主义国家荷兰，无论是 18-19 世纪率先完成工业革命、号称"世界工场"的英国还是在两次世界大战中迅速崛起的美国，这些新兴国家都有一个共同特点，就是不仅实现了国内的全面现代化，而且其现代化均达到了当时时代的领先水平。

2. 新兴大国要想崛起，要想成为领导国家，必须具备某些方面的特长，必须有所创新。回顾历史，9 个崛起的新兴大国，都是在尊重和继承自己传统的同时，勇于迈出创新步伐。它们都非常善于学习，但绝不单纯模仿和重复别国的道路，它们根据本国国情，形成了各具特色的社会体制、发展模式和现代化道路，最终才成为引领世界潮流的大国。

3. 海洋国家相对陆上国家来说，更具备崛起为新兴大国的优势。海洋与国家的命运休戚相关，与民族的生存发展紧密相连。向海则盛，背海则衰，已为历史经验所证明。总体来说，在农业时代，人类对海洋比较畏惧，海洋对于人类来说意义相对较小；在工业化时代，海洋则以其重大的经济利益和战略意义而备受各国重视，海洋国家具有战略地位的优越性，自由贸易的便利性及交通、军事上的机动性，为其崛起带来了得天独厚的有利条件。总之，具有强大的海军力量，是崛起成为世界大国的重要条件。

4. 新兴大国的崛起必须避免与当时的霸权国家和世界体系发生正面对抗和冲突。历史证明，直接向霸主国挑战的国家往往并不能如愿以偿，如德国和日本，它们的崛起分别导致第一次世界大战和第二次世界大战，并且都在崛起过程中惨遭失败；而避免直接挑战霸权国家的英国和美国，反而成为世界上最成功的两个崛起大国。英国19世纪的成功崛起，是通过在内部寻求以和平手段建立新制度的光荣革命来实现的；美国作为英国的殖民地，在走向独立后并没有向当时的霸权国英国挑战，而是在两次世界大战中都成为英国的主要盟友。英美两国的崛起过程为大国和平崛起提供了很好的范例。

5. 新兴崛起大国如果能在当时取得领先地位，大多内部治理都比较好，对国民都比较优待。这在秉承盎格鲁—撒克逊文明的国家中表现得尤其明显，如美国一贯推行的"对内民主对外霸权"政策，它对内倡导权力制衡，强调人人生而平等，主张法律高于一切，对外却推行美国霸权，否认大小国家一律平等，经常无视国际法的基本准则。这些行为是否沿袭了斯巴达的传统，还有待进一步商榷。但是这些举措确实给本国带来了开放而稳定的国内政治环境，为国家的崛起创造了有利条件。

新兴大国崛起的历史教训及启示

历史上新兴大国的崛起历程中，的确包含着很多闪亮的历史智慧，但其中也不乏惨痛的失败和教训。

1. 葡萄牙和西班牙开地理大发现之先河，在开辟新航路方面走到了世界的最前列，并通过殖民扩张和掠夺积累了大量财富，但这些财富只是在初期对本国工商业有某些刺激作用，未能有效地变成可以为本国持续创造财富的制造业。当两国王室贵族沉溺于骄奢淫逸的生活或把金银都消耗在欧洲等地的战争中时，其他国家除了效仿他们进行殖民主义扩张创造财富，同时也在大力发展本国的资本主义工业。最终，葡萄牙只能逐步走向没落，而西班牙则落得"无敌舰队"被打败的下场。

2. 法国曾一度是欧洲大陆最强大的国家，路易十四改革虽然使法国的专制制度到达顶峰，但在客观上推动了国内统一市场的形成，促进了资本主义的发展。近代以来，法国加入了殖民扩张和争霸行列，从17世纪晚期起，英法之间进行了一系列的殖民战争，最后以法国失败而告终。究其原因，主要有两点：一是法国虽然是欧洲大陆上军事最强的国家，但其海上力量一直未能发展起来；二是它所推崇的战争手段导致自己与其他欧洲邻国为敌，其想长期压制德国的企图也遭到了英国和美国的反对与破坏。毕竟，军事挑战对于当时的世界秩序来说是非常危险的。

3. 第二次世界大战前，德国与日本的崛起过分依赖军事优先的发展战略，战争几乎成为这两个国家崛起的主要手段。德国在普法战争后实现统一，同时获得大量土地割让和巨额赔款。日本则在甲午战争和日俄战争后获得巨大的财富资源和殖民地。这种诉诸战争的发展路径，一方面为两国完成原始积累并确立强国地位提供了源源不断的动力，另一方面却也成为它们崛起失败的重要原因。战争使德日两国的路越走越窄，并使其最终陷入了因战争发家、又因战争败落的境地。反而是"二战"后德日的再崛起，给人们提供了和平崛起的宝贵经验。

4. 苏联的失败主要在于内因，它并没有被世界大战打垮，却在军备竞争中自己拖垮了自己。实际上，苏联的崛起过程有很多成功的地方，如苏联模式的计划经济体制，使其通过几个五年计划完成了工业化和农业集体化的发展目标，并度过了20世纪30年代大萧条和第二次世界大战中最困难的时期。但是，随着国家的发展，在内部治理上，苏联的政治体制越来越僵化，高度集权和缺乏灵活性的特点越来越突出，形成了典型的"斯大林模式"；在对外战略上，苏联超出自己的能力范围，在拉美、中亚、非洲等地方进行一系列不必要的扩张，结果造成社会主义阵营的分裂以及众"卫星国"的反叛。由此可见，在对内长期僵化、对外极力扩张的体制下，一个大国即使没有发生战争等外来破坏因素，也一样无法实现和平崛起。

新兴大国崛起与优化国际环境的关系

20世纪90年代以来，以发展中国家为主体的一批新兴市场经济国家迅速发展，尤其是"金砖四国""新钻十一国""展望五国"等新兴经济体的崛起，为整个国际环境注入了很多活力和生机。它们之所以能异军突起，主要归于内部和外部两方面的原因：1.内部原因。新兴市场经济国家在国内实行经济体制改革，把高度集中的计划经济体制改革成为市场经济体制；对外实行开放政策，把闭关自守改革成为对外开放。这些市场化和开放化的措施，极大地拓展了这些国家的市场范围，提高了他们的生产效率，为新兴国家的经济增长奠定了坚实的基础。2.外部原因。根据俄国经济学家康德拉季耶夫提出的"经济周期"理论和乔治·莫德尔斯基提出的"国际政治长周期理论"，从工业化到现在，世界经济已经历了5个具有规律性的周期变动，世界主要大国也随之出现了具有规律性的兴衰沉浮。其中，每个长经济周期推动经济增长的技术革命从产生到消亡的时间一般约50年，前25年为周期的繁荣期，后25年为周期衰退期。冷战结束后，全球化进程加速，美国凭借在IT产业的优势，率先进入以"信息和通信"技术革命为主导的世界经济周期，其他发达国家和发展中国家也相继步其后尘。根据周期理论的估算，1990年至2015年是本轮长经济周期的繁荣期，整个世界经济都呈现出"向上走"的积极趋势，这就为新兴市场经济国家创造了良好的外部发展环境。事实证明，这些迅速崛起的新兴国家确实抓住了难得的发展机遇，从全球化趋势中借力不少，也分享了全球化带来的大量全球红利。

近年来，新兴市场经济国家一直保持着较高的经济增长率，在全球经济中所占的比重也逐年上升，尤其是2008年全球金融危机爆发以后，新兴经济体俨然成为牵引世界经济复苏的重要力量，为全球经济做出了极大的贡献。据世界银行和国际货币基金组织发布的最新研究报告显示，2010年全球经济增长率预计为2.7%。其中，发达经济体的增长率估计为1.3%，新兴经济体的增长率估计为5.1%。新兴经济体已逐步成为越来越不容西方发达国家忽视的重大力量。以前世界经济由美日欧主导的现象已开始改变，其最明显的标志便是"二十国集团首脑会议"的召开。总之，新兴经济体数量比例的上升与综合实力的发展，正在悄然改变当前的世界经济与政治版图，也必将对未来的世界经济格局和国际政治秩序产生重大影响。

尽管新兴市场经济体在融入世界经济的过程中积累了许多丰富宝贵的经验，但它们在经济自由化改革中也出现了过度依赖外部市场和资金、金融业相对幼稚等方面的惨痛教训。这些国家要想实现未来的进一步崛起，需要解决好如下问题：

1. 过去几十年中，全球经济处于飞速高速发展的繁荣期，但是世界经济发展不平衡的问题也日益突出，主要表现为发达国家与发展中国家之间的收入差距在扩大，发达国家内部和发展中国家内部的收入差距也在扩大，全世界的社会财富进一步向少数人集中。2008年全球金融危机便是世界经济不平衡问题的一次显性爆发。这需要美日欧三大主要传统经济体与新兴国家一起努力，积极改革和完善现存的国际金融机制，建立公平、公正、包容、有序的国际金融新秩序，从而为世界经济持续、快速、健康地发展提供制度保障。

2. 全球化进程是由西方主要发达国家主导和推动的，它们希望通过这种所谓形式上平等而实质上不平等的"自由贸易"夺取和霸占广大发展中国家的市场。但是在过去几十年的全球化过程中，西方发达国家未能如愿以偿，新兴市场经济国家反而从全球化浪潮中获得相对更大的收益。于是，西方国家内部开始出现"反全球化情绪"，且反对的呼声日益高涨。新兴国家对此要高度警惕，尤其要防止大规模贸易保护主义的出现。

3. 全球化的不断发展，一方面使国家间的联系越来越紧密，另一方面也催生出许多超越了国家和地区界限的全球性问题，对各国人民的安全和发展产生了很大的威胁。随着非传统安全问题的增加，"全球治理"的概念应运而生。"全球治理"也是由西方主要发达国家推动的，目前主要遵循"西方中心主义"的安排，难免会忽视和遗漏非西方国家的利益诉求和态度立场。所以，在未来的治理过程中，发达国家需要克服国家中心主义，树立全球意识；发展中国家除了积极与发达国家协调合作，还应该更加积极主动地表达自己的观点，争取更多的全球治理发言权。

4. 随着新兴市场经济国家经济实力的提升，其政治要求会越来越多，军事力量也会越来越强，这势必引起传统大国的疑虑和紧张。所以，在新兴经济国家与传统国家之间、主要的新兴经济体之间，都非常有必要建立像中美战略经济对话那样的战略互信机制和沟通机制，确立大国之间的新型伙伴关系，以防止出现传统的大国竞争、大国对抗的局面。这种直接交流的机制所带来的优越性，是上述几点建议都无法替代和弥补的。

（作者：金灿荣、张莉，载于《当代世界》2010年第11期）

大国外交

主动而全方位

拿破仑曾经说过:"只要了解了一个国家的地理,就能判断出一个国家的外交政策。"复杂的国际地缘格局,使得中国的外交变得复杂而敏感。二战后,世界格局的几经改变,以及近几年中国影响力的不断提升,中国的外交政策和方式也在与时俱进。目前,利用境内外交舞台,开展的"主场外交"模式,成为中国外交一大特色。与此同时,"全方位"的平衡外交政策,正让中国成为外交焦点。

国际地缘政治格局变化及其对中国的影响

政治寓于地理之中。拿破仑曾经说过："只要了解了一国的地理，就能判断出一国的外交政策。"尽管这样的说法不无夸张，但对于几乎所有国策家和国际战略研究者来说，地缘政治因素都是他们进行战略判断的基本出发点之一。要研究中国的战略处境和外交政策，东亚地缘政治局势无疑是最基本的判断出发点。然而东亚地缘政治局势在近代以来一贯缺乏真正的独立性，很大程度上受到欧亚大陆总体地缘政治格局的影响，并进一步推而广之受到全球地缘政治格局的影响。这里我将首先探讨在东亚地缘政治格局和周边地缘关系视角下中国地缘政治的总体特点，再分析更广大的欧亚大陆地缘政治和全球地缘政治变化，最后在此基础上总结中国总体地缘政治环境的最新变化，并提出相关对策。

中国周边地区在地理和政治上包括了四个次区域，它们按照顺时针方向依次为：东北亚、东南亚、南亚和中亚。从严格意义上说，"东亚"在政治上主要包括东北亚和东南亚两块地区。但很大程度上是由于中国在此地区的超大规模和中心地位，与中国毗邻并有着不可分割的复杂地缘政治联系的南亚和中亚地区也可以被纳入广泛意义上的"东亚地缘政治"范畴，并一起在总体上反映出中国地缘政治格局的如下特点。

首先从初始意义上的政治地理条件来说，中国面临的客观条件并不乐观。中国有 14 个陆上邻国，与 8 个国家隔海相望，并与其中相当一部分国家存在领土纠纷或者历史恩怨。这些众多邻国的国内情况更是千差万别，既包括俄、印这样的大国，也包括不丹、文莱这样的微型小国；

既存在日本这样即使在世界范围内也称得上一流的"富邻",也有许多经济基础极为薄弱、社会状况很不稳定的弱国,甚至还有像朝鲜、阿富汗、缅甸、巴基斯坦这样受到西方大国关注和干涉的所谓"问题国家"。除了"物质"意义上的千差万别,宗教文化的多样性也加剧了东亚地区地缘政治环境的复杂性。总之,如果与美国"东西有两洋,南北无强邻"的优越地缘政治条件相比较,复杂的地缘政治环境使中国维护本土安全的成本较高。要谈中国的地缘政治环境,这是一个早已公认、不可不提的首要特点。

其次是中国面临的国家分裂问题。在当今大国之中,中国是唯一一个面临国家分裂问题的大国。台湾问题对我们形成了全方位牵制。这种牵制表现在诸多方面,其中最根本的、战略性的一点,就是我们在全力进行现代化的同时,还必须防止国家分裂。决策者必须在两个可能冲突的战略目标之间找到合理的平衡。另外,一个政权分立的台湾的存在,本身在地缘政治上就是我们的软肋。

第三个特点是由国家发展带来的。中国目前正处在现代化的关键时期,中国的崛起历程也处在一个敏感时期。这个时期的特点可以称为"将起未起",即中国的发展已经引起了全世界的关注,但还没有得到全世界的认可和普遍接受。这个敏感时期带来的地缘政治复杂性在于:如果中国大而贫穷,没有国家会主动挑衅;如果中国完全崛起,成为国际上公认的领导国家,一般的国家也不会主动挑衅;而在"将起未起"阶段,中国将持续感受到权力变化和心理变化带来的反弹压力。尤其是来自周边的压力,更迫切地要求中国审慎和明智地进行处理。

中国地缘政治的最后一个特点就是"中国崛起"的长远图景给东亚地缘政治地图带来变化。以前的东亚地缘政治平衡是建立在中国大而弱基础上的。在东亚地缘政治地图图景上，中国是一块大"盆地"，周围环绕许多国家，大国小国都有，往往构成了一个个大小"山岭"。因此，原先这些国家对中国的态度是"俯视"的。中国现代化的成功导致"盆地"的"地壳变动"，"盆地"成为"平地"了，未来还有可能成为"丘陵"。而周边国家对中国的视角也由"俯视"变为"平视"，未来还有可能变成"仰视"。这将带来一个非常痛苦的心理调整过程。

以上四点构成了中国周边地缘政治的总特点，也就是我们进行外交政策和战略思考的出发点。不仅如此，在进行外交政策和地缘战略思考时，我们还有必要深入认识欧亚大陆与全球地缘政治的变化。

如前所述，自近代以来，东亚地缘政治始终处在外部政治力量的有力影响下，并成为欧亚大陆地缘政治和全球地缘政治的一角，其中欧亚大陆地缘政治对东亚地缘政治的影响更直接，而在全球地缘政治之中，美国因素更突出。

就区域外地缘政治形势对东亚地区地缘政治的影响而言，同样有四个方面值得注意：第一是全球和欧亚地缘政治格局正在发生变化。虽然现在总体上全球地缘政治格局是"一超多强"，美国在力量上具有全方位的突出地位，并对欧亚大陆地缘政治保持着强大的干预和调控能力，但是近年来美国的政治影响力即软力量有所削弱。而欧亚地缘政治形势也在发生显著变化。因此，就外部地缘政治局势来讲，现在至少有三个问题，或者准确地说有三大趋势值得研究：一是美国的兴衰。美国到底是处在盛极而衰的转折点上，还是进入一个力量的"高位震荡平台"，值得关注。目前判断，后一种情况的可能性更大一些。二是欧盟的走向，欧盟的统一进程是将继续向前还是陷入无法突破的僵局，甚或后退？这也是关乎全球地缘政治大局，特别是欧亚地缘政治大局的重要问题。三是泛伊斯兰运动的走向，这也是具有全球意义的动向。这些问题还没有确定的答案，但证明在"一超多强"格局大致不变的情况下，全球和欧亚大陆政治格局正在调整，值得我们关注。

第二是全球化。全球化在20世纪90年代后突飞猛进，但在世界许多地区也造成了反弹。全球化通过跨国经济和社会融合促进了合作，但是全球化进程中的利益分配不均也导致了新矛盾。因此，现在是全球化运动与反全球化并行的时代。另外，全球化也使东亚地缘政治与区域外地缘政治的互动更为密切。可以说，全球化的加速和深化进一步削弱了地区地缘政治独立性。

第三是随着"金砖四国""展望五国"等的崛起，以非西方国家为主的新兴市场经济体力量上升。这在全球和欧亚板块两个层次上都对原有地缘政治形势带来了冲击。中国既是这一进程的一部分，也受到这一进程所带来的一系列地缘政治变化的影响。目前，新兴市场经济体崛起态势很好，但势头是否可以延续，其崛起给世界政治格局带来何种性质变化，还无法判断，同样应该保持关注和研究。

第四是在全球和欧亚板块两个层面上，国际政治中都出现了许多非传统安全议题。其中一部分非传统安全议题可以称为"后现代议题"，如环保、疾病、人权、内部治理、人口贩卖、各种新兴的权利要求等。这些议题同样也会成为东亚区域政治的议题。值得注意的是，由于利益关联度不一样，东亚国家对这些议题态度不一，存在分歧和摩擦的可能。

综合前述两大视角，即通过分析中国周边地缘政治的总特点和全球及欧亚地缘政治的变化，可以看出中国地缘政治形势所面对的几项最新变化：首先是周边地缘压力中心的转移。在冷战时期，中国周边地缘政治压力主要来自北部边疆。

冷战以后，随着中国台湾问题的迅速突出，再加上站在中国台湾背后的主要国际势力——美国的力量如日中天，来自东南沿海的地缘政治压力成为压倒性的挑战。

不过，2008年中国台湾大选结果使得"法理台独"可能得以控制，源于东南方向的压力暂时有所缓解。然而，中国的"西部问题"却开始突出。西部问题既包括国内的"藏独""疆独"问题，也包括外部问题，这里主要指宗教极端主义势力在巴基斯坦抬头，世俗政权受到冲击。另外，由于能源价格不断上涨，富含油气资源的中东和里海地区地缘政治重要性也不断上升。因此，中国在对东南方向继续保持首要关注的同时，也应当把战略注意力适当转向西部边疆。

其次，中国崛起伴随着周边三大国的崛起。俄罗斯国力近年来迅速恢复；印度经济增长强劲，而且潜力巨大；原本就拥有强大经济实力的日本近两年则把战略重点放在提高政治和军事影响力上，并取得一定成果。处理好与这三大国的关系对中国地缘政治战略非常重要。

最后，外部舆论环境的变化。在外部世界关于中国的四种视角中，"中国机遇论"影响不大，"中国崩溃论"已经破产，"中国威胁论"花样翻新，最值得注意的是"中国责任论"可能成为中国外部舆论环境的主要论调。这意味着中国对周边事态很大程度上不能再保持距离，尤其是在各种非传统议题、特别是气候问题上中国面对的压力将进一步加大。

因为以上三大地缘政治环境变化，中国应当采取包括以下措施在内的一系列积极主动的外交手段和战略调整：一是特别要注意在"一超多强"格局未有根本变化的情况下，与主导现有秩序的美国协调，在保护最基本安全和发展利益不受损害的前提下，避免与之对抗；二是注意周边地缘压力点的转移，注意东西两向的战略平衡；三是处理好周边关系，特别要优先处理好与日、俄、印三大国的关系；四是要准备应对和回应"中国责任论"。

（载于《现代国际关系》2008年第5期）

万隆会议对当前中国外交的启示

2015年4月下旬，美丽的印尼山城万隆将迎来第一次亚非会议60周年的纪念活动，这是2015年国际关系中的大事。此次会议将发表三份文件，分别关于支持巴勒斯坦独立、强化亚非新型战略伙伴关系及重申万隆精神。1955年4月18—24日，来自亚洲和非洲的29个第三世界国家在印尼万隆市举行国际会议，成为有史以来亚非国家首次在没有欧美国家参加的情况下举行的大型国际会议。在美苏两大阵营严重对立的形势下，多数刚刚独立不久的亚非国家集体地发出自主的声音，在战后国际关系史上具有特殊的意义。

万隆会议对历史实践的作用，首先是进一步推动了反对殖民主义、种族主义的斗争，促成了民族解放运动的新高潮，大批新兴国家独立。其次，万隆会议的召开标志着新兴民族主义国家开始以独立姿态登上国际政治舞台，标志着世界事务完全由西方列强主宰与支配时代的终结，揭开了国际关系史上的新篇章。万隆会议扩大了中间地带，为1961年不结盟运动的诞生做了铺垫。最后，推动了新型国际关系的出现。会议发表的《关于促进世界和平与合作的宣言》提到：任何国家都有权按照联合国宪章的宗旨和原则，自由选择政治、经济制度和生活方式。会议重视亚非国家之间的经济与文化合作，提出了在互利和互相尊重国家主权的基础上实行经济合作的建议。可以说，亚非会议第一次提出了"南南合作"的思想，为发展中国家的互助合作开辟了道路。

万隆会议更持久的历史意义是万隆精神和相关的原则。会议制定了国际社会和平相处、友好合作的万隆会议十项原则。这是和平共处五项原则的引申和发展，又是五项原则的具体化与充分体现。2015年4月10日，中国驻印尼大使谢锋在雅加达举行的纪念亚非会议60周年主题研讨会上发表讲话时指出："面临新的国际政治经济形势，万隆精神不仅没有过时，而是在岁月磨砺下历久弥新，依然对国际关系发挥着重要的指导作用。如果说60年前和平相处、求同存异是万隆精神的时代主题，那么60年后的今天，共同发展、合作共赢则最能抓住时代潮流和民心所向。亚非国家应该与时俱进，在继承和发扬万隆精神的同时，赋予万隆精神新的时代内涵。"

万隆会议是新中国外交史上的重要里程碑。以周恩来总理为团长的中国代表团同与会亚非国家领导人通力合作，共同倡导和平共处、求同存异的万隆精神，为会议的圆满成功做出了重要贡献。万隆会议后，我国的对外关系打开了一个新局面，出现了一个外国同我国建交的高潮，并为1971年中国恢复联合国合法席位后出现的第二次建交高潮奠定了基础。

回顾历史，万隆会议对当前中国外交可以提供如下启示。

第一，与发展中国家的团结合作是中国外交的重要基础。中国重返联合国是由发展中国家"抬进去"的，与多数发展中国家的良好关系是中国与西方，以及其他大国交往的战略资产。正因如此，60年来，中国一直是亚非合作的支持者、开拓者与引领者，与亚非国家在双边和区域层面的对话合作不断加强，贸易与投资纽带持续深化，并通过对外援助、人员培训、优惠关税、减免债务等措施有力促进了亚非国家的减贫、教育与发展。

第二，中国外交需要保持不畏艰难、主动进取的态势。万隆会议是新中国继 1954 年日内瓦会议之后参加的最重要的大型多边国际会议，对扩大中国的国际影响及推进国际形势和国际关系的意义重大。中国政府高度重视，决定由周恩来总理亲自率团与会。"台湾当局"对此非常害怕，制造了震惊中外的"克什米尔公主号"空难事件，妄图谋害周总理，阻挠中国与会。但周总理从亚非团结反殖的大局出发，置个人安危于度外，以大无畏精神毅然坚持与会，并促成大会取得圆满成功。

第三，坚持求同存异、和合与共。万隆会议期间，某些原殖民主义和帝国主义国家利用一些国家制造纷争和矛盾，并对中国发出诋毁性言论，企图分裂会议。周恩来提出"求同存异"方针。在中国和大多数与会国家的努力下，会议一致通过了包括经济合作、文化合作、人权和自决、附属地人民问题和关于促进世界和平与合作宣言等内容的《亚非会议最后公报》，确定了指导国际关系的十项原则。需要指出的是，求同存异不仅是中国在弱势态势下的一种战略选择，即使中国强大了，也应该是我们长期坚持的原则。因为，求同存异符合人性，也是中国和合文化的体现。

总之，万隆会议上的中国外交是新中国外交史上的重要遗产，其中的启示值得我们长久回味。

（载于《中国社会科学报》2015 年 4 月 24 日 A04 版）

中国外交正在平衡东西方

2012 年，时任中国国务院副总理李克强于 4 月 26 日至 5 月 4 日对俄罗斯、匈牙利、比利时和欧盟总部进行正式访问。这是一次横跨欧亚大陆、穿越东西方世界的访问，颇耐人寻味。因为被访问国中，有曾被划入"东方阵营"的俄罗斯，有代表"西方文明"的欧盟国家，也有在历史上受东西方两种文明影响都很深的匈牙利。行程的安排似乎在向世界表明，在多极化秩序日益明显的今天，中国的外交战略布局不仅是重视东方，同样也向西方开放。

所谓"东方""西方"的划分，主要是沿袭冷战时期的概念，在传统上依照文明的划分以外，夹杂着意识形态的考虑。西方文明分裂为美、苏两大阵营后，美国出于意识形态的考虑，将苏联定义为"东方集团"成员。以至于现在，俄罗斯仍被归到"东方"，其实反映了俄目前定位的尴尬：一些俄罗斯人认为自己属于欧洲，希望自己被承认为欧洲国家，但在欧洲却难以获得认同。过去十年里，世界发生了巨大变化，主要是中俄等新兴国家崛起，以及美日欧等发达经济体的困境。在这种背景下，中俄两国如何加强协调与合作，是未来多极化秩序的关键变量。

现在中国外交早已过了以意识形态划线的时代，代之以战略的平衡性。在60多年的新中国历史上，20世纪50年代采取过"选边站""一边倒"的外交路线，60年代执行反帝反修的"双反"路线，70年代则执行"一条线"的路线，直到1982年中国开始走"全方位外交"路线并沿袭至今。目前，中国外交不仅摆脱了意识形态约束，而且力图广泛交友而非党同伐异、挑起对抗。这种战略思路使中国比过去拥有更多回旋余地，既受到仍占有实力优势的西方国家重视，也与相对弱势的发展中国家或东方世界保持着很深的交情。

冷战结束后，"东西方"矛盾随之下降，国际社会的对抗会更多表现为"南北矛盾"，尤其是泛伊斯兰主义与西方的矛盾。但随着西方的相对衰退，以及国际不平等结构的加剧，包括西方文明与非西方文明之间、传统发达国家与新兴大国之间的"新东西方对抗",更给了中国这样的大国以充分的发挥空间。

中国是具有多重身份的国家,除了天生具有"东方文明"的特质,还是"南方集团"的代表,又在经济上与西方逐渐形成了强大的相互依存关系。在一次中国国家领导人的访问中,做到既重视以俄罗斯为代表的新兴国家,又重视欧盟代表的西方世界,是目前中国多重身份的重要体现,也印刻着中国领导人战略思维的宽度。

现在中国和西方主流国家的经济合作已经取得了不错的成果,接下来双方还可以进行更多的战略对话,消除战略猜疑,减少互信赤字。至于美欧日以外的国家,特别是俄罗斯等新兴国家,中国正在加强与它们的"南南经济合作",进而超越经济领域,在国际金融体系改革、气候变化等全球议题上与它们展开合作。这种双管齐下的平衡外交,将是中国长期以来外交路线的重要补充。

中国外交不可能重复传统大国外交思维的"结盟路线",否则,整个世界很有可能重回冷战。中国平衡东方与西方,是外交逻辑的一种创新,甚至突破了某种国际关系理论的桎梏。西方舆论常对中国外交有一些微词,但正如在内政上走自己的路实现如今的辉煌,外交上的"中国特色"之路同样可以越走越宽。

(载于《环球时报》2012年4月19日14版)

主场外交让中国外交更主动

2014年,中国将有两次重要的"主场外交",即"亚洲相互协作与信任措施会议"（以下简称"亚信会议"）和"APEC峰会"。这不仅是今年中国外交工作的一个重点，也将成为中国外交全力开拓之年的新亮点。

2013年中国外交一路"高开高走"，取得了不俗的成绩。归纳起来2013年中国外交采取了"先外围后内线""先易后难""先软后硬"的策略，主要成果有深化中俄全面战略协作伙伴关系，加强与发展中国家的传统友谊，促使美国共建新型大国关系，强化周边睦邻友好、互利共赢合作，主动介入国际和地区热点问题，在东海和南海坚持底线原则维护国家主权与领土完整。

2014年，中国外交的重点包括构建大国关系框架，加强周边外交，提升与发展中国家的合作水平，落实各种经济新倡议，以及办好"主场外交"。

"居安思危"防反弹

中国外交2013年"强势开场"、成就非凡，2014年的外交工作思路清晰、重点突出。然而，我们在取得成绩的同时也要"居安思危"，防止外交领域今年出现"反弹"，特别要注意大国对中国周边事务的消极反应和"抵制"。

举例来说，中国划设东海防空识别区符合国际惯例，却遭到日本和美国的反对。美国虽然最终接受了"既成事实"，建议其民航飞机遵守中国的规定及时报备，但内心的不满溢于言表，不仅一再重申"不承认中国的东海防空识别区"，还在识别区划定伊始派B-52轰炸机高调闯入。这表明美国对中国设立防空识别区十分敏感，对中国在周边"建章立制"非常恼火。

基于此，中国在新一年的外交工作中应格外重视"作用力"与"反作用力"的关系，提前做好心理准备和各种预案，竭力守住"中场"。从这个角度看，今年中国外交的工作任务十分繁重，精心办好"主场外交"至关重要。

"主场外交"是亮点

所谓"主场外交"，指以中国境内为外交舞台、利用主场优势开展的外交活动。2014年，中国将有两次重要的"主场外交"，即"亚信峰会"和"APEC峰会"。这不仅是今年中国外交工作的一个重点，也将成为中国外交全力开拓之年的新亮点。

"亚信会议"是一个有关安全问题的多边论坛，目前有24个成员国和12个观察员国（或国际组织）。2014至2016年中国首次担任"亚信会议"轮值主席国，2014年5月中国将在上海首次主办"亚信峰会"，这两个"首次"对中国而言意义重大。

"亚信会议"致力于维护和促进亚洲的和平、稳定、安全与合作，其宗旨得到了亚洲和国际社会的广泛认同。中国作为联合国安全理事会常任理事国和亚洲第一大经济体，有责任进一步推动亚洲各国的互信与合作，促进亚洲和平与安全。中国还可以借助"亚信会议"走向国际组织的契机，发挥自身"负责任大国"的作用，凝聚亚洲精神。

"亚太经合组织领导人非正式会议"是亚太经合组织（APEC）最高级别的会议，主要就相关经济问题发表见解、交换看法，会议形成的领导人宣言是指导APEC各项工作的重要纲领性文件。继2001年上海成功举办第九次"APEC峰会"之后，第22次"APEC峰会"将于今年秋季在北京怀柔雁栖湖举办。"APEC峰会"时隔13年再次回归中国，为中国推动APEC发挥更积极的作用、对冲TPP的压力和挑战提供了良机。

需要综合统筹外交

两次"主场外交"对于促进中国的安全和发展具有重要意义。鉴于中国的地理位置和经济地位,两次峰会成为中国进一步构筑稳定、友好、繁荣的周边战略的依托,推进建设新型大国关系的平台,密切联系发展中国家的机遇和充分开展多边外交的重要舞台。中国应充分发挥"主场外交"的优势,"综合统筹"各项外交工作。

贯彻正确义利观。中国新一届领导人秉承中华文化和新中国外交优良传统,强调在发展与周边国家和发展中国家关系时要树立正确义利观。这种正确义利观的新理念主要体现为对周边的"亲、诚、惠、容"和对非洲的"真、实、亲、诚"指导方针。中国要借助"主场外交",展示落实正确义利观的诚意与决心。

推动亚太经济一体化。近年来,美国积极拉拢亚太国家加入 TPP,大力推进谈判进程,使中国在亚太地区面临的经济竞争加剧。因此,中国应推动"APEC 峰会"发挥积极作用,促进亚太贸易与投资的自由化和便利化,加强区域经济一体化和协调,通过启动各种经济新倡议加强亚太地区的经济与技术合作。

巩固与关键国家的双边关系。新一届领导集体的外交政策更富进取意识和开创精神,着力打造了多个支点国家外交,为实现中国外交的战略目标打下良好基础。在两次"主场外交"中,中国需要进一步巩固和提升与一些关键国家的双边关系。

不排除孤立日本。面对日本近期的无端挑衅,中国可以借"主场外交"进一步澄清在东海、南海和历史问题上的立场,让与会各国进一步了解事实原委,使日本的挑衅行为更为孤立。

"主场外交"是中国向世界展示自身建设成就和经济军事力量的绝佳机会,这有利于世界更好地了解中国。当然,中国需要保持谦逊礼貌的态度,向各国表明强而不霸的决心。

(作者:金灿荣、孙西辉,载于《中国报道》2014年第2期)

十八大以来中国外交的新理念和新特点

2012年11月,党的十八大完成了中央领导集体的新老交替,标志着中国的改革发展进入到一个崭新阶段。就外交而言,开启这一崭新阶段的是2013年1月28日举行的第十八届中共中央政治局第三次集体学习。在这次集体学习中,习近平总书记代表新的领导班子首次提出了一系列对外工作的新理念,并在此后不断加以补充、拓展与深化。与之相适应,新一届中央领导集体的外交实践也呈现出许多全新的特点,形成了良好开局。在本文中,笔者将重点分析十八大以来中国外交在理念和实践上的创新,并以国际政治的视角探索其对于中国和世界的重要意义,同时也试图为今后观察中国外交提供一个有效的框架。

十八大以来中国外交的新理念

1. 总体外交:在和平发展的基础上使"中国梦"具有世界意义

如前文所述,十八大之后中国外交一系列新理念的提出始于中共中央政治局第三次集体学习。期间,习近平总书记发表了题为"更好统筹国内国际两个大局,夯实走和平发展道路的基础"的重要讲话。在这次讲话中,习总书记较为系统地阐述了新一届中央领导集体对外工作的整体思路。概而言之，讲话有如下三个要点：第一，重申了中国坚持走和平发展道路的决心；第二，强调中国发展要顺应世界潮流，把世界的机遇转变为中国的机遇，把中国的机遇转变为世界的机遇；第三，绝不能放弃中国的正当权益，绝不能牺牲国家核心利益，亦即中国走和平发展道路，其他国家也都要走和平发展道路，只有各国都走和平发展道路，各国才能共同发展，国与国才能和平相处。

这次讲话透露出的最重要信息是，中国将在继续走和平发展道路的基础上使"中国梦"具有世界意义，而推动实现这一目标的具体外交新理念主要体现在习总书记讲话的第二和第三个要点之中。笔者将其概括为"两个机遇互动"及"和平发展的辩证统一"。众所周知，在十八大刚刚闭幕之际，新当选的第十八届中央政治局常委在国家博物馆参观大型展览《复兴之路》时，习总书记即指出了"中国梦"的具体内涵："实现中华民族伟大复兴，就是中华民族近代以来最伟大的梦想。"2013年6月，习近平主席在赴美同奥巴马总统举行加州庄园会晤时表示，"中国将努力实现中华民族伟大复兴的中国梦，而中国梦与包括美国梦在内的世界各国人民的美好梦想都是相通的"。毋庸置疑，习近平主席的这种阐释意味着推动实现"中国梦"将具有世界意义。因为它是共同发展之梦，也是中国作为一个负责任的新兴大国与外部世界实现互利共赢之梦。在此，笔者将重点分析推动实现这一目标的两个具体外交新理念："两个机遇互动"及"和平发展的辩证统一"。

首先，"两个机遇互动"第一次表明中国作为负责任的大国，不仅要继续利用全球化带来的机遇推动自身发展，而且强调要使中国发展成为推动整个世界进步的重要动力。改革开放以来，中国通过积极融入世界体系等手段，取得了举世瞩目的发展成就。从国际政治的角度来讲，现行世界体系通过"二战"后在美国主导下形成的"洛克主义"文化,开始将国际政治的主题和潮流由此前的殖民战争和对外扩张演变为和平合作与共同发展。因此,中国过去30多年的改革开放得益于当今世界政治的这一主题。但是中国将逐渐由国际公共产品的受益者,发展为国际责任的承担者,而这种转变对于诸多全球性问题的妥善解决以及促使中国发展为受人尊敬的世界大国都大有裨益。因此,"两个机遇互动"是一种在新的条件下进一步深化互利共赢的有效战略。

其次,"和平发展的辩证统一"指的是,中国要和平发展,别国也需要和平发展,这就提出了中国走和平发展道路的前提条件,同时也表明中国作为一个负责任大国,既在战略问题上要全面、审慎,同时在原则问题上也要明确、坚定。例如,在朝鲜半岛事务上,习近平主席曾指出,任何人"不能为一己之私把一个地区乃至世界搞乱",王毅外长也强调"不允许在中国家门口生事"。这些观点表明,尽管中国外交依然为国内经济发展服务,但中国的和平发展不仅不意味着无原则退让,而且意味着中国要成为维护世界和平的中坚力量之一。众所周知,作为联合国安理会常任理事国,中国越来越开始主动参与联合国维和行动,促进地区和平与稳定。中国坚决维护国际核不扩散机制,推动核裁军,力促对话协商以公正合理地解决朝核、伊核两大核问题。此外,中国还设立特使推动中东和平进程,着力化解地区冲突、解决人道主义危机。总之,随着中国日益成为国际体系的关键参与者甚至塑造者之一,和平发展不仅成为中国自身的战略选择,也成为一个新兴负责任大国的重大国际责任。

2. 大国外交:构建新型大国关系

"新型大国关系"这一概念最初由时任中国国务委员的戴秉国于2010年5月在中美第二轮战略与经济对话期间提出。2012年2月,时任中国国家副主席的习近平在访美期间，重申应"推动中美合作伙伴关系不断取得新进展，努力把两国合作伙伴关系塑造成 21 世纪的新型大国关系"。此后，中美两国政府围绕构建"新型大国关系"进行了多次积极互动，而这一外交新理念最终成为双方共识并开始具体落实的标志则是 2013 年 6 月的中美元首加州庄园会晤。此外，中国新一届政府还将这一理念应用到与其他主要大国的关系上，例如，习近平主席就任后出访的首站选为俄罗斯，表明中俄关系已经成为新型大国关系的典范。总之，"新型大国关系"的系统提出、集中阐释和着手落实是新一届中央领导集体在处理大国关系上的重大战略创新。

按照习近平主席在多个场合的讲话，中美新型大国关系至少应具备三方面的含义：一是不冲突、不对抗，二是相互尊重，三是合作共赢。就国际关系的历史和现实而言，中美新型大国关系构建的首要目标就是妥善处理双边关系中的分歧和矛盾，避免历史上一再出现的"大国政治的悲剧"或所谓的"修昔底德陷阱"。而就外交实践而言，中美关于构建新型大国关系的共识不仅在双边关系上，而且已经在亚太地区乃至全球产生了十分广泛的影响，成为世界政治的一大热点话题。毋庸置疑，这种影响力源于当前中美关系所具有的史无前例的复杂性和重要性：一方面，作为世界上经济规模和国际影响力最大的两个大国，中美不论在双边经贸领域还是在共同应对各类全球性挑战上的相互依赖程度之深前所未有；另一方面，作为两个具有显著差异的文明国家以及在现实战略利益上存在结构性矛盾的大国，中美之间的战略互不信任问题也在大国关系史上属最难处理之列，尤其是随着中国的持续快速崛起，中美之间的结构性矛盾不可避免地会愈发突显。正因如此，构建中美新型大国关系既有现实价值，也有历史意义。概而言之，中美构建新型大国关系既面临诸多现实制约因素，更拥有显著的有利条件。因此，问题的关键在于双方能否做到趋利避害，形成对彼此的正确"认知"，从而避免战略误判、减少战略互疑。在笔者看来，中美新型大国关系可行的一种构建模式为建立在美国著名战略家基辛格提出的"共同演进"基础之上的"功能性伙伴"，即双方在分享国际权力的同时共担国际责任，以应对各类全球性挑战，从而对彼此有利、也能对整个世界做出更大的贡献。

3. 周边外交：亲、诚、惠、容

2013年10月24日，中共中央召开了首次周边外交工作座谈会。会上，习近平总书记提出了周边外交的基本方针，即坚持与邻为善、以邻为伴，坚持睦邻、安邻、富邻，突出亲、诚、惠、容的全新理念。在笔者看来，这一周边外交新理念的提出，既反映了周边对于中国的极端重要性，也体现出中国正在根据变化了的国际及地区形势调整自身对周边国家的外交思路。

首先，周边外交历来是中国"全方位外交"的首要重点。作为东亚地区大国，中国的主要外交舞台在亚洲，因而能否妥善处理与周边国家的关系事关中国外交的全局。冷战结束后，随着国际格局发生的根本性变化，中国开始以全新的经济、外交和安全理念增进与周边国家的联系。经济上，中国开始进一步扩大对外开放，不断加深同周边各国的经贸往来；外交上，中国开始广泛参与地区多边组织和机制，如东盟"10+1"、亚太经合组织（APEC）等，在双边关系基础上强化同周边各国的外交纽带；安全上，中国开始以"新安全观"作为对外战略尤其是周边战略的核心思想，力图消减彼此之间的战略疑虑、增强互信，维护地区和平与稳定。毋庸置疑，后冷战时代的中国周边外交取得了显著成功。

其次，近年来，随着亚洲在国际政治经济格局中的地位不断上升以及美国战略重心东移，先前潜藏在地区经济合作这一主流之下的一部分支流，特别是中国与部分海洋邻国围绕东海、南海的领土主权争端有所突出，成为世界政治的一大焦点。在这种变化了的情况下，中国急需调整周边外交战略，以全新理念指导周边外交工作。笔者认为，亲、诚、惠、容四字理念就是一种与时俱进的应对思路：其一，亲、诚、惠、容一方面延续了中国周边外交的传统，即发展睦邻友好关系、推进互利共赢战略、坚持包容开放态度；另一方面，它们也进一步突显了中国将周边作为自己"命运共同体"的关切，以及增进对周边国家的亲和力，进一步消除所谓"中国威胁论"的努力，以创造最有利于解决当前诸多矛盾和问题的周边环境。其二，亲、诚、惠、容是建立在"两个机遇互动"以及"和平发展的辩证统一"这两大总体外交新理念基础之上的，特别是"诚"字诠释了中国周边外交的一个新的思路，即增强"对等性"，因为以诚待人意味着不回避矛盾，更不进行无底线和无原则的退让，而是在和平共处五项原则的基础上共同面对和解决问题。因此在处理海洋领土主权争端的问题上，中国强调真诚地与周边部分国家通过平等协商的方式和平地加以解决。然而，如果少数国家一味采取对抗和非理性态度，中国从"和平发展的辩证统一"以及"对等"的角度出发，对这样的国家要区别对待，不仅符合情理，也是中国对自身核心利益以及地区和平稳定负责任的表现。

十八大以来中国外交的新特点

如前所述，当前中国的周边外交理念根据变化了的形势发生了微妙的调整，即一方面突出和平、发展、合作的主流不变，另一方面在解决现存矛盾的过程中，强调主动性、底线原则和区别对待。关于后面这几个重要变化，体现在十八大以后中国外交的新特点之中。

十八大以来，中国外交在实践上也呈现出不少值得关注的新特点。在笔者看来，这些新特点不仅与本文第一部分分析的新理念密切相关，而且也是当前中国所面临的国际环境使然：一方面，随着中国综合国力的大幅提升，整个世界对中国在国际事务中发挥更大作用的期待明显上升；另一方面，快速发展而带来的"体系压力"也使中国不得不面临越来越多外部世界的反弹。上述两方面背景均要求中国在实践中适时调整战略和政策，以使自身在纷繁复杂的世界政治经济变迁中获得最佳的外部环境。具体而言，新一届中央领导集体在外交实践中呈现出如下几个新特点。

1. 主动性：以我为主

首先，十八大以来的中国外交具有十分明显的"主动性"特征，即与过去相比，更加强调"以我为主"。改革开放以来，由于外交压倒性地服务于国内经济建设，因此中国外交在大多数时候处于"反应式"和"问题导向"的状态，亦即只有当出现矛盾的时候才加以解决，比较被动，其中典型的例子包括20世纪90年代中期的台海危机等。从根本上说，这是由当时中国国力相对较弱，国内问题远远优先于外交问题的现实决定的。然而就现在来看，随着中国综合国力的显著增强、海外利益的不断扩展以及参与全球治理的程度日益加深，外交在国家发展战略中的地位已不可同日而语，因此中国外交突显主动的一面势所必然。当前，中国外交的主要问题集中在两个方面：一是中美之间出现战略互不信任，二是中国与周边部分国家存在海洋领土主权争端。如果按照过去的逻辑，新的领导集体应该首先着手处理这两大问题。然而，习近平主席上任后不到一周即首先出访俄罗斯和非洲部分国家，然后又对拉美多国进行了国事访问，直到6月才与奥巴马举行加州庄园会晤。由此不难看出，中国新一届政府的外交开篇即采取了"先外围后内线"的思路，即先把"后方"和"阵地"巩固好，再来解决重点问题，这体现出一种鲜明的"以我为主"的主动性，而不是由别人设定议程、被别人牵着鼻子走。从结果上看，美方主动邀请习近平主席6月访美的举动证明，这种新的选择事实上增强了中国的谈判地位。

2. 全方位：公共外交

中国外交的新特点还体现在"全方位"上。首先，它表现在领导人出访的地域特别广，几乎遍及世界各大洲。例如，习近平主席去年6月出访的加勒比海特立尼达和多巴哥共和国在1974年就已经与中国建交，可是将近40年没有中国领导人到访，因此习近平主席弥补了这一空白。同时，除了习近平主席在过去一年遍及俄罗斯、非洲、美洲、中亚和东南亚的外事活动，李克强总理也对南亚和中东欧的多个国家进行了访问。其次，中国外交涉及的内容也是全方位的。过去，中国从现实的国家利益出发，比较重视发展大国关系和周边关系，而区域合作的内容涉及得并不充分。现在，随着关乎世界每个角落的全球性问题日益突显，中国开始重视参与全球治理以及推进公共外交。例如，在去年举办的博鳌亚洲论坛十周年活动上，习近平主席对全球治理进行了诸多阐述，这表明中国以后将作为一个全球治理的主要参与方为国际社会提供公共产品，在扶贫、救灾、金融稳定、贸易稳定方面做出更大的贡献[1]。又如，新一届政府在深化中美人文交流、加大汉语推广等方面不遗余力，这说明公共外交在中国外交中的分量正在不断加大。总之，上述一系列中国外交的新动向同样也是笔者在本文第一部分重点提到的"两个机遇互动"理

---

[1] 习近平. 共同创造亚洲和世界的美好未来[N]. 人民日报, 2013-04-08.

念的生动写照。

3. 守底线：维护中国自身利益和明确和平发展的前提条件

中国在对外场合开始多次强调"底线原则"，这体现出中国坚定维护自身利益和明确和平发展前提条件的决心进一步增强。例如，习近平主席、李克强总理在多个场合强调国家间合作的同时，也不断强调中国不会放弃自己的核心利益，不会拿自身核心利益做交换，这就是底线原则。不难看出，新一届领导层对这一点相较以往表达得更明确，展现了中国的自信，也是"负责任大国"的应有之义。笔者认为，在当前中国面临与周边部分国家的海洋领土主权争端之际，强调和平合作的同时，让外界了解中国在这些问题上的底线，不仅不会引发所谓"中国威胁论"的忧虑，反而会起到减少战略不确定性和降低擦枪走火风险的积极作用，特别是在中美沟通的过程中，让美方了解到中国的战略底线，也有助于双方消除战略误判的可能。此外，中国开始对周边国家采取区别对待的"不等距"外交，也是强调"底线原则"、强调和平发展具有前提条件的表现，这同样有利于维护国家利益并增强中国对周边地区的影响力。

4. 重平衡：西部战略和走出亚洲

针对美国回归亚洲的战略部署，中国开始更加注重"东西平衡"，即加大了"西部战略"在中国外交中的分量，同时积极"走出亚洲"。改革开放30多年来，由于中国东部沿海地区具有对外联系的地缘优势，因而中国的经济重心放在了东南沿海，中国外交的主要方向也偏向东南。客观上，这一战略选择对中国经济的持续高速增长做出了不可磨灭的贡献。然而，由于当前中国在这一方向面临着日益增大的战略压力，特别是美国推行的东移战略导致东海和南海问题在近两三年内集中"爆发"，因而从战略角度上讲，中国"向西看"和"走出亚洲"可以平衡来自东部的压力，从而拓展自身的战略空间。例如，中国不仅将继续努力推动"上海合作组织"发挥更大的作用，而且习近平主席在去年9月访问中亚四国期间，提出共建"丝绸之路经济带"的思想，这将成为欧亚大陆各国加深经济、社会、文化联系，推进互利共赢的战略创新之举。

5. 向海洋：维护中国海上利益，推进国防现代化

中国开始进一步加速推进国防现代化和加快走向海洋，这是中国力量和利益发展变化的客观要求，也是今后实现进一步发展的必由之路。例如，当前中国的海洋经济在整个国民经济中所占的比重已经达到10%，并且正在继续以快于同期GDP增速的势头向前发展。因此，海洋产业早已经成为中国经济不可或缺的组成部分，并将在未来扮演更为重要的角色。在这种背景下，中国政府开始愈发关注海上国家利益；同时，由于海洋经济涉及社会诸多行业和部门的切身利益，因而来自公民社会对于维护海上利益的压力也会日益增大。

6. 展形象：中国新一届领导人鲜明的个人风格和特色

中国新一届领导人还具有十分鲜明的个人风格和特色，这也成为中国外交新特点的重要组成部分，而他们的身体力行更是成为中国公共外交的一大助力。例如，习主席和李总理在讲话时语言平实、通俗易懂，而且他们知识丰富、善于沟通，时常通过举例子和讲"故事"等多种方式阐明道理，起到了增进国际理解、缩小彼此距离的良好效果。

结语

综上所述，十八大以来，中国外交已经从理念到实践发生了重要的变化，这是新一届中央领导集体从当前的国内和国际背景出发所做出的积极对外战略调整。因此，关注这些新变化有助于更好地理解并把握当

前和今后中国外交的特点与走向。与此同时，笔者认为中国外交在以上这两个层面依然有着鲜明的历史延续性特征，故而在强调创新的同时采用历史的眼光加以审视，同样会对理解中国外交大有助益。

（作者：金灿荣、王浩，载于《湖北大学学报》2014年第3期）

中等强国崛起与中国外交的新着力点

当今世界正处在大发展、大变革、大调整时期，国际关系进入结构重组、问题议程重置和价值观念重构的新阶段。包括新兴中等强国在内的新兴经济体的异军突起无疑是促成这一转变最为深刻和持久的动力。特别是2008年全球金融危机爆发以来，以印度、巴西、土耳其、南非等为代表的新兴中等强国在大致同一时期以基本相同的方式实现群体性崛起，并以具有自身特点的对外行为诠释着国家利益。

它们不再是国际秩序中心的跟随者，而是国际舞台积极的参与者、修正者及制定者，是主导力量之一。这一趋向改变了世界力量结构，影响了国际政治经济格局，应当引起中国外交工作者的高度重视。

国际关系中的中等强国

如何认定中等强国（Middle Powers）一直是一个令人困惑的问题，因为相当于中等强国身份的国家往往在某些领域具有明显优势，但整体上又暴露出实力和影响力的局限性。众所周知，衡量一国是否是中等强国，目前还没有统一的标准，通常是通过其国家地理面积大小、经济、政治与外交影响力、军事、科技、地缘等多种因素做评判。按照国家规模，国家可分为超级大国、中型国家、小型国家和微型国家；按照国家实力，国家可分为强国、中等强国、初等强国和弱国；按照国家发展水平，国家可分为发达国家、中等发达国家、初等发达国家和欠发达国家。一国在国际组织中的位置也可部分反映该国的国际地位。加拿大学者亚当·切普尼克提供了有关中等强国的理论分析框架。他指出，中等强国以主权国家为分析单元，区别于政治实体或联盟，介于大国与小国之间。他并提出认识中等强国有三种分析模式：第一种是功能型，即正确定位自身国家实力，能够在国际社会施加影响力；第二种是行为型，即按照自我认定的国家实力行事，以寻求更高的国际地位；第三种是等级制型，即确认自身在国际体系中所处的地位，贴上国际身份的标签，如在联合国中所处的地位等。美国政治学家汉斯·摩根索设计了国家实力的衡量因素：地理、自然资源、工业能力、战备、人口、民族性格、国民士气、外交素质和政府素质。据此，英国学者卡斯滕·霍尔布莱德把国民生产总值（GNP）和人口作为分析指标，把美苏放在超级大国位置。然而在划分中等强国和小国时，却遇到了困难，即该数据边界难以确定。国际关系批判理论的重要代表人物罗伯特·考克斯指出，当今时代，中等强国角色与国际组织发展紧密结合并积极推动这一进程，其位于世界国家物质性权力的中间位置，但同时处于国际冲突的风口浪尖，因而国际社会需要拥有中等及中等以上的国家力量来管控风险。中等强国通过对国际秩序和安全做出承诺、推动世界体系变革、与大国保持充分独立等方式来履行职责、践行使命。在历史学教授保罗·肯尼迪看来，中等强国又是一个不断演进的概念，英法德日是近代以来的大国，但在美苏面前又成了夹缝中求生存的中等强国。他认为，考察一国实力，要放在特定的历史背景和地缘政治条件下进行，国家内部社会凝聚力、资源动员能力、地缘政治地位和外交能力都是其影响因素。同时，拥有一个较强控制力与良好国内治理能力的政府也往往成为获得中等强国身份的关键因素，它直接影响该国国家地位的形成。一国对外政策的原则性与灵活性、社会和政治结构的效率、公民技能、素质和创新精神均是中等强国实力的体现。澳大利亚学者乔纳森·平认为，治国方略既指国际层面的国家行为，包括外交政策的制定过程，又指国家的政治过程。也就是说，外交是治国方略的一部分，譬如一个国家总体实力不够，却拥有很强的对外影响力，也可视为中等强国。中等强国既表现为一国面积大小及军事力量与经济力量强弱，更体现于外交实力方面，即在某个特定的议题领域其所能投入的资源和知识。无论是从国家规模、国家实力，还是从国家发展水平以及其在国际组织中所处地位等角度看，中等强国都占据着重要位置，发挥着突出作用，能按照自己的逻辑实施对外行为。因此，中等强国政府在经济、社会、政治、文化、软实力乃至军事领域内，把国家目标确定在"中等水平"的战略性指标上，影响着中等力量的建构。

中等强国是国际政治中重要的行为体。在现实主义者看来，国际政治的本质就是权力政治，国家实力以及国家间实力对比是国际秩序形成的决定性因素，国际关系是国家权力的一种体现。英国历史学家爱德华·卡尔强调："人类应该正视国际关系现实，政治就是权力政治。"他并指出国际领域的政治权力主要有经济力量、军事力量和支配舆论的力量，而军事力量是公认的价值标准，衡量大国的标准是其可用军力的质量和预设效率。纵观历史上世界"均势"的变动，真正能够称得上"大国"或"超级大国"的国家只是少数，即通常是那些拥有显著军事优势、经济实力、占有较大领土，并拥有较多人口规模的国家。而中等强国在人口、经济实力、国土面积、军事力量等关键领域虽不及大国（或者超级大国），但其战略位置或扼守要道，或位居地缘要津，其经济力、军事力以及软实力也仅次于大国，在国际力量结构中占据重要位置，并成为大国竞相争取的对象。此外，中等强国是均势的关键平衡手，如19世纪著名的欧洲协调，其实就是一种均势状态和安排。当时欧洲一些中等强国认识到其任何一个国家均无法取得绝对的大国地位，只能通过彼此制衡，形成欧洲协调，从而相互保证安全和地位。在均势体系内，中等强国或地理位置比较重要的小国，都能对均势产生较大影响。

中等强国本身具有参与国际经济政治的强大意愿。在新自由制度主义者看来，国家是一个寻求国家利益的理性行为体，国家之间可以通过国际机制进行合作，并通过参与全球治理使每个成员受益。正如杜克大学政治学教授罗伯特·基欧汉所言："国际制度赋予国家进行合作的能力，以降低交易成本，获得共同收益。"而从自身所拥有的享赋、国际行为能力和利益重点等看，中等强国由于经济持续快速增长，拥有较强的地区或全球影响力，迫切希望通过参与世界政治、经济和社会事务，争夺低端政治方面的话语权，最大限度谋求核心利益，发挥自身重要作用，因而能够成为影响国际议程设置和国际格局形成的重要国家行为体。具有这种思维的中等强国通常更可能采取外交手段和程序，包括对多边机制的偏好，致力于推动国际合作，并通过合作增强与大国对话的实力，以及更多地运用经济影响力和战略手段，走"中等实力"路线，避免与美国、中国等大国"硬碰硬"。它们通常认为，与大国直接对抗，极可能带来消极后果。

从历史发展脉络和现实表现看，中等强国这一国际社会的"中产阶级"在不断壮大，力量显著增强。"二战"后，美苏两极国际体系逐渐形成，加拿大国力虽与美、苏相去甚远，但与英、法等老牌大国的差距并不很大，然而为突显自身存在，加拿大还是决定以中等强国的身份参与国际事务。此后，中等强国界定逐渐进入人们视野，澳大利亚、挪威、意大利、西班牙等发达国家均将自己视为中等强国。20世纪90年代以来，印度、巴西、土耳其、南非、印度尼西亚等一批新兴市场国家迅速崛起，其充分享受知识传播、技术变革以及经济格局变迁的巨大好处，并通过内部改革和对外开放，在全球化浪潮推动下，经济发展向好，成长为分量越来越重的新兴中等强国。需要特别强调的是，新兴中等强国群体性崛起并不是一朝一夕的现象，而是一直都在进行，此前之所以未被广泛关注，其主要原因之一在于新兴中等强国崛起的态势被掩盖在美国取得冷战胜利的光环之下。新兴中等强国在国际舞台崭露头角始于2005年7月于英国格伦伊格尔斯（Gleneagles，即鹰谷）召开的八国集团（G8）峰会。该次会议正式邀请中国、印度、巴西、南非、墨西哥加入"G8+5"对话机制，新兴中等强国就此登上世界经济舞台。不过，与西方国家相比，印度、巴西、南非、墨西哥等国只是"对话国"，相对于G8成员国仍处于不平等地位。新兴中等强国真正被认可还是其参与二十国集团（G20），这改变了世界经济由美日欧主导的局面，使中等强国获得与西方大国同样的成员国地位，并开始从国际秩序外围走进国际体系变革与治理的核心地带，从国际关系的"权势客体"华丽转身为"权势主体"。

在应对金融危机中，新兴中等强国表现得很抢眼，保持较快增长，成为"后危机时代"国际经济秩序安排与对话协商的要角之一。据国际货币基金组织（IMF）2014年4月发布的《世界经济展望》显示，2012年世界经济增长5%，其中发达国家增长1.4%，新兴市场和发展中国家增长5.4%。2013年，发达国家经济艰难复苏，但新兴国家继续保持至少为发达国家两倍的增长速度。世界力量消长变化明显朝着利于新兴国家倾斜，在气候变化、世界经济、能源和粮食安全、贸易、金融体系和消除贫困等当前全球面临的主要问题上，如果没有新兴中等强国的参与，要想突破的确很难。

中等强国虽不像安理会五大常任理事国那样，身居国际政治权力金字塔之巅，但在其所在地区的地缘政治格局中，其地位却举足轻重。印度在南亚首屈一指，正从"印度象"变为"印度虎"，经济上保持高增长态势，软件和信息服务业相当发达，外交上也是左右逢源。奥巴马2010年访印时甚至宣称："印度不是正在崛起，而是已经崛起。"新总理莫迪上台后，外界普遍认为他将带领印度经济高速发展，在国际舞台上扮演重要角色。印度的活跃，将深刻改变南亚乃至亚洲地缘政治格局。又比如，巴西是拉美最强国家，近年潜心发展经济，悄悄进行"二次崛起"，成功举办2014年足球世界杯赛，又争取到2016年奥运会的举办权；在外交方面突显"拉美人的拉美"，要"拉美人自己说了算"，发起拉美论坛和美洲国家论坛，请古巴新客、送美国和加拿大旧客；调解伊朗核问题，2010年5月与土耳其、伊朗签署核燃料交换协议。与此同时，身跨欧亚、战略位置独一无二的土耳其正在"向东看"，在所处地区显示强大的领导决心，准备在伊斯兰世界发挥更大作用。美国政治家亨廷顿1993年曾警告说，穆斯林人数非常多，但是就像一盘散沙，没有领导核心，如果土耳其真的重回"穆斯林世界"，那么穆斯林就有了领导核心，俄罗斯和欧洲就会受到威胁。此外，非洲大国南非也表示要在国际上发出更大声音，特别是在2010年成功举办世界杯后雄心勃发，在利比亚危机中更是积极斡旋。总的来看，自觉或不自觉地，以上几个新兴中等强国俨然已经在各自所在区域扮演代言人角色，并成长为有重要影响力的支点国家。

新兴中等强国之所以迅速崛起，成为大国不得不重视的新力量中心，至少有以下几方面原因。其一，改革驱动。新兴中等强国表现出振兴国家的强烈欲望，其国内经济体制改革卓有成效。早从20世纪90年代起，印度就开始着手进行一系列循序渐进的经济改革，比如，放松产业和贸易管制，实行自由的经济政策，加强市场经济的培育与发展，推进公共部门私有化，强化财政监管。新兴中等强国通过渐进式改革实现了高增长率，增强了经济实力，对外则实行市场开放政策，降低关税，接轨国际分工。此外，还进行治理改革，加强私有产权保护，确保私人企业融资及公司治理的有效性。诸如此类的市场化和开放化措施，极大地拓展了新兴中等国家的市场范围，提高了生产效率，提升了工业能力，为经济增长奠定了坚实基础。其二，创新发展。新兴中等强国通过将外来知识与本土经验对接，促进外来知识的本土化，并进行重大的革命性创新，建立起维持经济高速增长的现代国家治理结构，展示自己治理模式和发展方式的创新。这些新兴国家都无一例外地加大对科技、研究事业的投入，努力提高自主创新能力，开发信息技术、航天、生物科技、低碳技术、纳米技术、新能源和绿色环保技术等，培育发展战略性新兴产业，陆续进入以"信息和通信"技术革命为主导的世界经济周期。比如，印度的信息技术、产业发展突飞猛进，软件开发在全球市场占据不小的份额。巴西航天航空、通信、核电、半导体、软件及制药业取得跨越式进步，有的已经居于世界领先水平。其三，外部机遇。新兴中等强国的崛起得益于良好的国际环境。全球化时代，知识扩散的内在逻辑促使先进的经济技术方式、社会政治方式和思想方式进一步广泛扩散，而不为某一国家或地区所能长久独占，这为非西方世界的崛起提供了外在的客观条件。如20世纪90年代美国兴起信息产业，率先进入以信息和通信技术革命为主导的世界经济周期，这种新经济形态带动世界经济进入新一轮增长，世界经济面貌呈现出"向上走"的积极趋势。国际投资者看到新兴国家的巨大市场和发展前景，乐于投资。事实证明，这些迅速崛起的新兴中等强国确实抓住了难得的发展机遇，以"比学赶超"的后发战略优势，争得更大份额的全球化红利。其四，先天条件。新兴国家国土面积普遍较大，人口众多，资源丰富，市场规模大，国内政治稳定，并培育了一大批购买力强的中产阶级，国力基础比较好。它们长期以来拥有较强的地区影响力，也有成为世界大国的抱负。

新兴中等强国崛起的体系意义

对外政策是一国内政的延伸，其首要目的就是最大限度地实现本国利益，大国尤其如此，中小国家也不例外。冷战结束后，两极结构解体，一批新兴中等强国不再受美苏两大阵营的约束，它们在新的国际体系形成之际，开始为实现自身国家利益而积极开展"中等强国外交"，在国际问题上借助国际多边机制，日益采取对话、协商、妥协的办法来解决分歧或争执，着力避免同大国的直接冲突和对抗，积极充当道德行为体角色。总体上，新兴中等强国的外交特点是：倾向于合作而非对抗；倾向于客观而非武断；倾向于制度和规则而非强权和武力；倾向于突显自身的国际存在感而非淹没于大国背后的人云亦云，尤其在乎大国对自己的重视程度。

新兴中等强国在国际事务中遵循如下行为逻辑。其一，更依靠外交力而非军事力。由于总体力量有限，中等强国只能集中精力于最有把握的方面，提出最有可能产生合乎需要的一些优先关注目标，提倡国际事务处理的新理念、新机制，尝试创设议题，以先动谋求主动，尤其注重外交工作以及有效的情报收集网络；在一些敏感性较弱的非政治性领域以及全球议题方面加深合作，着重在防止大规模杀伤性武器扩散、打击海盗、公共卫生、气候变化等问题上寻求发出声音，如"中等强国倡议"，呼吁和推动有核国家立即采取切实有效的措施减少核威胁，通过国际谈判削减核武器。其二，充分展现协调能力。中等强国外交的精华在于强大的沟通和协调能力，以动作迅速以及充满想法的外交创意弥补其在经济、政治和军事力量等方面的相对不足。中等强国谋求在国际体系内具有更高程度的外交独立性与灵活性。它们一方面在大国间积极协调，充分展现自身价值，希望能够引起大国的重视；另一方面协调发达国家与发展中国家之间关系，在实现自己利益的同时，增强在发展中国家的分量。此外，它们还经常通过扮演中间人角色，积极参与国际危机管理以及执行维和等活动，体现出日益增强的国际责任感。其三，加强功能性合作。基欧汉认为，中等强国本身个体行为能力有限，但在一个国家集团或者一个国际组织机构里却能发挥重大作用。中等强国外交方面依赖国际机制，主动倡导并推动多边合作行动，与"志同道合"者在某些问题领域进行联合，在关键性的国际事务上谋求以整体姿态出现，并用同一种方式说话，如在G20内倡导改革国际金融机制，争取更大发言权，令发达国家不得不重视；在南非德班气候大会上，巴西、南非、印度等与中国结成"基础四国"，就《联合国气候变化框架公约》以及《京都议定书》第二承诺期、减缓、适应、资金、技术、透明度等问题上达成共识，提出可行性方案，发挥建设性作用，推动会议取得积极进展。其四，重视行为的可信度。中等强国外交中的公民社会参与程度相当高。在一个经过协商、谈判获得的成果中，中等强国并非最大获利者，一方面因其需要对国际社会保证其所提倡议的连贯性，另一方面又因其必须向国内民众说明其确实反映民意，从而在国内和国际两个层面都博取信任。

　　历史上中等强国曾在国际事务中发挥过较大作用。随着新兴中等强国更多地参与国际事务，其地位和作用前所未有地突出，不仅对世界经济发展产生了重大影响，而且带来了国际权力结构和全球安全秩序的深刻变化。在经济方面，新兴中等强国崛起加速了全球经济支配权力的转移，增强了世界经济结构的稳定性。以西方为主导的世界经济版图正在发生剧烈变动，国际金融危机进一步推动新兴中等强国群体性追赶西方的进程。世界经济增长主导力量从西方到非西方历史性的转移趋势越来越明显。在全球经济决策权的分配上，新兴中等强国与发达经济体的参与数量趋于均等，影响效力也更加均衡。在全球经济议题上，新兴中等强国通过团结行动和临时性组合维护自身权益，主动倡议一些新的经济议题，其话语权明显增强。例如，在改革国际金融体制、消除贫困差距、提倡贸易自由、应对气候变化、推动公平合理减排等诸多问题上，新兴中等强国保持更加紧密的协调，对推动全球经济增长均衡化、持久性发挥了积极作用。

在战略方面，新兴中等强国崛起促进了国际政治民主化、多元化，推动了全球地缘结构重新布局。当今世界，国际政治民主化、多极化的潮流不可逆转，美国已无力独立承担领导世界的责任，而中等强国这一国际社会"中产阶级"的崛起，已经导致政治力量结构的变化，一定程度上宣告大国"独裁"国际政治时代的结束，使数百年来以西方为中心的国际等级结构更加多元，有可能阻断西方人在外部靠"穷国支持富国"、在内部靠"透支未来"的财富享受模式，这无疑有助于推动国际政治经济秩序的多极化和民主化进程，使得大国主宰世界越来越难。大国必须与中等强国协商合作、应对危机，共同参与国际性问题的解决，进而实现世界资源相对公平的分配。此外，应该指出的是，与以往世界力量平衡发生变化时总是伴随战争不同，在一个相互依赖不断加深的全球化时代，新兴中等强国对世界权力结构的影响过程是以和平方式进行的，通过谈判重构国际秩序将成为可能,世界有望进入新一轮稳定期。不过,一些身为区域大国的中等强国,往往会竭力谋求地区主导权,这势必引起其所在地区的局势紧张。对此,国际社会必须予以关注。

中国外交须给予中等强国恰当定位

中国外交素来以稳健著称,但是当下全球形势扑朔迷离,"各国各忙各国事",世界加速进入经济大转型、体系大变革、格局大调整的新阶段,新兴中等强国的迅猛崛起尤其给中国对外关系增添了国际新变量。如何妥善处理好与这些"世界新秀""中坚力量"的关系,是中国外交面临的重大而紧迫的战略性新课题。

中共"十八大"报告明确提出中国"将改善和发展同发达国家关系"。美国学者沈大伟曾评论:"中国外交有着强烈的大国导向,精力主要集中在大国和大国集团上,如美国、俄罗斯和欧盟;在中国眼里,日本、印度都算不上大国。"在一定程度上,可以把沈大伟的评论视为对中国外交偏重于大国关系的尖锐批评。在国际结构剧烈变动、中等强国加速崛起的背景下,中国不得不调整大国外交"一头沉"的外交思路,大力加强与新兴中等强国的关系。

由于经济利益、政治利益和安全利益存在差别,以及社会制度、文化背景、意识形态、市场取向、历史传统等的不同,加之定位不清、处置不当,中国与中等强国之间很容易产生诸多麻烦问题。一是利益摩擦增多。从发展进程角度看,中国与新兴中等强国因发展阶段的同期性、产品竞争的同质性,在经济贸易、市场争夺、产品竞争、知识安全、话语权争夺等方面都存在摩擦的风险和分歧点。例如,中国与印度、巴西、墨西哥等国的经贸关系,频频遭遇反倾销问题困扰。商务部数据显示,

2013年，21个国家和地区对中国启动贸易救济调查共106起，同比增长37.7%。巴西、印度等中等强国的立案数量占到总案件数的66%，其中巴西已连续两年成为对华发起贸易救济调查最多的国家。2010年4月，印度和巴西都公开表示附和西方国家在人民币问题上的施压立场，呼吁大幅度提升人民币币值。巴西2014年3月宣布开启对原产于中国等国的铝基印版反倾销调查。在2014年1至3月中国遭受的14起反倾销调查中，仅巴西就占到5起。

二是战略关系复杂。比如在印度国内，有很大一部分公共舆论视中国为特别威胁，媒体也特别喜欢炒作"中国威胁论"。中澳关系虽然总体态势良好，但是近年跌宕起伏，澳《国防白皮书》直指"中国威胁论"，"力拓案"，"疆独"分子热比娅窜访、接纳美国建立军事基地等事件都说明中澳矛盾点多，且面宽。近期的澳日潜艇技术合作也说明，由于澳传统上与美、日存在盟友关系，中澳关系不可避免地受到中日、中美竞争的制约。

三是一些新兴中等强国对中国采取外交平衡策略，与区域内外大国联手制衡中国。它们既与中国保持良好的合作关系，但也试图借助大国力量防止中国一家独大。印度尼西亚作为东盟的"驾驶员"，推动中国—东盟经贸合作可谓不遗余力，但也积极吸纳美国参与东盟地区论坛，企图以此平衡中国的影响力。在与中国存在南海岛屿争端的诸国里，印尼较好地贯彻了"搁置争议"精神，然而它有时也会将岛屿争端作为政治筹码。在2014年印尼大选前期，印尼军方特别强调与中国的领海争议，并且在军演中展现自身的强硬姿态。

面对这些复杂情形，中国既要重视新兴中等强国，又要清醒地认识到，新兴中等强国也可能是中国面临新矛盾的来源。如果不能从战略高度规划和布局，困扰中国与中等强国特别是新兴中等强国的问题就会不断出现。中国要对中国与中等强国的关系进行战略再认识，外交再布局，给予恰当的定位，并在具体工作中给予足够重视。比如，对澳大利亚、加拿大等西方阵营中的传统中等强国，要给予充分尊重，多倾听意见、多谈论合作；对新兴中等强国，要在扩大共识基础上协调相互立场，强调共同利益、功能合作、谋求双赢；在国际多边场合要加强与中等强国合作，对于目前无法达成共识的议题也要控制分歧。

中国与世界中等强国的关系可谓机遇与挑战并存，并且机遇大于挑战。一是中国的合作空间有了新扩展。一方面新兴经济体快速发展的势头不减，群体性崛起的良好局面继续保持，在世界经济治理机制改革、全球性问题应对处理等重大问题上的影响力、塑造力不断增强；另一方面，世界经济总体进入复苏轨道，势头不强、劲道不够，国际金融市场起伏不定，欧美债务危机愈演愈烈，世界经济不均衡性、不稳定性、不确定性仍然突出。在这种情况下，中国与中等强国特别是新兴中等强国迫切需要加强沟通协作，共克时艰。二是中国的合作平台有了新发展。中国注重深化国际多边合作机制，尤其注重团结"金砖国家""发展中五国"和"二十国集团"中的新兴中等强国，提升与发达国家对话、谈判的能力和地位，国际影响力和发言权得到明显提升。三是中国国际影响力增强，世界越来越离不开中国，而中等强国有与中国相近的立场诉求，有意愿同中国合作，并将中国作为其外交重点，如加拿大近期公布的新的外交政策确认了十几个"优先国家"，中国是其中的重点。

历史上一条亘古不变的规律是：当大国权势接近均衡时，居中力量的制衡至关重要。英国数百年秉持均势传统政策，其与欧陆大国争霸中，低地国家作用明显；梅特涅建构以均势为基础的欧洲协调，因德国力量崛起，权势结构失衡而崩溃。当前，美国绝对力量相对下降，中国实力加速上升，其他大国各自竭力占据优势地位，谋求未来的"一极"席位，国际局势可谓风云际会、变幻莫测。在此背景下，中等强国在大国竞争和新的国际政治经济权力结构形成过程中，加强相互联合，在关键的国际事务领域谋求以整体性姿态出现，并用同一种方式说话，发出与大国不同的声音，其地位和角色非常重要，居中制衡更加明显，将日益发挥关键性作用。新加坡国立大学李光耀公共政策学院院长马凯硕认为，随着亚洲崛起，未来世界极有可能形成美中欧三强（G3）鼎立格局，三者中谁获得中等强国的支持，谁就会占据优势，就会在竞争中立于不败之地。

（作者：金灿荣、戴维来、金君达，载于《现代国际关系》2014年第8期）

"走出去"战略十年回顾：成就与挑战

2001年在制定"十五"规划的时候，中央正式提出了"走出去"战略，在继续"引进来"的同时，强调"走出去"的必要性。随着全球化深入发展，中国深度融入全球体系，政府对"走出去"战略的重视程度不断提高，政策也日趋积极。"十五"规划对这一战略的官方表述为"积极稳妥地走出去"，"十一五"提出"进一步走出去"，"十二五"则明确指出要"加快实施走出去战略"。现在十年过去了，中国"走出去"战略已取得丰硕成果。截至2009年年底，中国出口总额达1.2万亿美元，外汇储备达2.4万亿美元，皆居世界首位；国内投资主体在近180个国家和地区设立境外企业1.3万多家，对外直接投资存量达到2500亿美元，跻身世界前五，每年出境人数超过5000万人次。该战略是适时、正确的——中国利用加入 WTO 的有利时机，主动参与国际经济技术合作与竞争，统筹内外两个市场，优化资源配置，促进了经济快速发展，密切了与世界各国的联系，综合国力与国际影响力均大幅提升，取得了举世瞩目的发展成就。这些成绩使我们对坚持"走出去"战略更有信心。但另一方面，许多问题和矛盾也开始突显，比如部分企业自身管理能力不足，外界批评中国"新殖民主义"之类的声音日益增多等。此外，许多发达国家还以国家安全等为借口给中国海外企业设置了很多非经济性的障碍。所以，在"走出去"十年之际，对该问题进行回顾和总结是非常必要的。

外界应客观看待中国的"走出去"战略。首先，该战略的提出是由经济和市场推动的，政府只是"顺势而为"。当一个国家的经济发展到一定阶段之后，必定有剩余的资本和产能，需要走出国门，开拓海外，去获取资源和市场。中国"走出去"是经济发展的必然要求，实际上也是"走了发达国家的老路"，西方对此不必大惊小怪。

其次，从历史经验看，各国"走出去"都是有政府权力配合的，东亚的一些先行者（如日本、韩国等）在"走出去"的过程中都是"政府与财团相结合"。而中国"走出去"实际上是"民间先行"，在 2001 年之前，浙江温州的很多企业家已经走向了非洲、中东和俄罗斯，中国政府把它作为一种国家战略来推行实际上是"滞后"的，未来想要走得更好，我们需要考虑民间和政府的力量更好地结合。

再次，中国"走出去"战略的基础是尊重市场规律，以企业和民间为主体，在争取自身利益的同时充分尊重国际规则、照顾东道国的感受，从而达到双赢的结果。毋庸讳言，中国"走出去"战略首先追求的是中国人自己的利益，如资源、市场、技术等。近十年，中国"走出去"步伐加快，导致外部世界有某种程度的紧张，这是可以理解的。但从长远来看，中国"走出去"会给外部世界带来资源、资金，可以取得双赢结果。例如，中国企业"海外找油"促进了油价升高，一些传统能源消费国对此不满，但"硬币的另一面"是涨价有利于资源出口国。从长期角度讲，随着中国在该领域投入更多的资源，石油产业将会有更大产能，从而推动其达到一个新的双赢均衡点。事实上，从 2002 年至 2007 年的油价上涨存在一个技术性原因——1979 年石油危机后，西方减少了石油需求，石油价格不振，勘探开采投入减少，其结果是一旦石油市场恢复，产能就跟不上。随着中国、印度等新兴国家对石油投入的增加，世界石油产业将达到新的产能均衡。

中国"走出去"要比一般国家更困难。首先，中国在所有"走出去"的国家中比较独特。"历史上几乎没有这样的国家，人均 GDP 很低的时候总量就已经很大了"——在中国人均收入比较低的时候，某些产业已经出现了产能过剩，并出现了资本过剩，"这是很独特的现象"。英国《金融时报》"中国是一个奇怪的超级大国"一文对此现象予以了介绍。这反映在我们的"走出去"战略上，可以说明很多问题。中国"走出去"的时候，自身并不是一个成熟的经济体，在人才储备、制度准备、经营管理经验等诸多方面都相对薄弱。所以中国的"走出去"战略就像曾经的改革开放政策一样，是"摸着石头过河"、边干边学，并没有做好充分准备，具有一定的冒险色彩与开拓精神。出于自身的这种特性，中国跟其他国家相比，在内部条件还未成熟时就必须"走出去"，开拓市场、实现自身发展，风险与挑战自然较大。

其次，外部世界对中国的防范要大于一般国家。外部对中国的防范一方面源于中国的巨型规模和经济世界第二的位置。中国被普遍认为是"当前唯一具备挑战美国霸权地位潜质的国家"。国际关系史告诉我们："老二"难当，20 世纪的三个"老二"（德国、苏联、日本）下场都不好。

在这个位置上,"老大"会防范,"老三""老四"会嫉妒,所以我们不能奢望外部世界以对待韩国、日本、新加坡等国那样的态度对待中国。另一方面,外部一直在用"异样"的眼光看中国,中国坚持走社会主义道路,与外部主流意识形态不一致。此外,西方世界对中国的文化和文明不够理解,对中国投资的政治排异和文化排异要大于一般国家。

再次,中国"走出去"面临"单兵突进"困境。目前,中国的崛起主要还是经济方面,反映到"走出去"战略上也是如此,中国向海外拓展的主要是经济力量,而政治影响力、军事保障、文化支持都很缺乏。这些"短板"对整体战略推进构成了限制和挑战。

总结归纳这些内外挑战不是为了削弱我们"走出去"的信心,而是希望中国走得更稳妥,准备工作做得更扎实,政府帮企业"走出去"更应"理直气壮"。一部近代史就是一部西方"走出去"的历史。早期西方国家帮助本国企业开拓市场的手段是"坚船利炮 + 资本 + 西方传教士",这些企业在政府的扶持下已逐步做大做强,现阶段其"走出去"时,企业自身作用比较突出,政府的作用则相对隐晦。而当中国实施"走出去"战略时,西方往往以其今天的标准来指责中国,过分强调这些企业的"国有"背景,这本身是很不公平的。以东亚后发国家的经验来看,其"走出去"基本上都靠政经结合,如日本、韩国、新加坡,都是以"财团 + 政府"模式走出去的。基于上述分析,中国政府有充分理由帮助中国企业"走出去",面对西方的指责应"理直气壮"。当然,在具体做法上,企业和民间是"走出去"的主体,政府的主要作用是保障,政府是"维护比赛的公正"而不是"取代民间成为运动员"。

为了更好地使中国企业"走出去",政府应做到如下几点。第一,要更加明确"走出去"战略的正确性,在战略定位上须加以明确。第二,要加强政策协调和部门协调。第三，要积极推进与"走出去"相关的人才培养。不仅培养国内人才，还应加强对东道国留学生的培养，使这些留学生为中国"走出去"的企业服务，既帮助了东道国，又能更好地帮助中国企业"走出去"，实现双赢。第四，要稳步增强中国保护海外利益的综合能力。包括加大中国在国际组织中的发言权，以帮助中国各个产业在世界市场中的定价权，加强公共外交，积极推动对中国"走出去"战略有利的国际舆论，更广泛地建立战略伙伴关系，为"走出去"提供政治保障。同时，还要加强军事力量建设，进一步提高中国军队的海外投送能力。

（作者：金灿荣、董春岭，载于《现代国际关系》2011年第8期）

有关中国特色军事外交的理论思考

随着中国日益承担大国责任，中国军队也正在以更加积极的姿态参与国际事务，军事外交面临前所未有的发展机遇期和挑战多发期。

20世纪90年代，学界有关军事外交的研究逐渐增加和深入，但相关成果更多是围绕政策和具体实践形成的，主动的理论总结相对匮乏。本文尝试以中国军事外交历程为依据，对中国军事外交理论进行初步建构，并对未来的研究方向进行探讨。

军事外交的定义与研究现状

我国官方首次使用"军事外交"一词是在1998年的《国防白皮书》中。目前，对于军事外交的定义，国内还无统一意见。一种理解是将"军事外交"

中的"军事"二字界定为军事领域、军事议题。金正昆在《现代外交学概论》中认为,军事外交是指国与国之间建立并加强军事领域的联系与合作,其形式包括人员往来、从事武器销售、提供军事援助、实行军事合作和缔结军事同盟。熊武一、周家法主编的《军事大辞海》将"军事外交"定义为:"由军事领导机关、驻外武官或军事代表团进行的外交活动。如军事代表团互访、谈判、缔结军事条约,或协调两军关系,以及处理国际上的军事事务等,也称'国防外交'或'国防外事'。"钱其琛主编的《世界外交大辞典》认为,军事外交是"对一国国防部门和军队旨在促进国家间关系在军事领域所进行的对外交往的一种提法","在对外关系中运用军事手段配合外交行动的做法不能称之为'军事外交'"。

另一种理解与钱其琛的意见不同,认为"军事外交"中的"军事"二字包含军事手段、军事工具。贺俊起在《国防的多维结构》一书中指出,军事外交并非单纯的军事行动与外交行为,而是兼具两者,并介于军事与外交之间。军事外交又称为国防外交,专指以国家安全为目的、在军事上建立的各种接触、联系和关系,以及与此有关的各种活动的总称,而此种活动带有显著的军事性质和战略意义。郭新宁的《试论军事外交的概念、定位及功能》一文认为:"军事外交主要指主权国家的国防部门及武装力量旨在增进和实现国家利益和国家安全,尤其是国防安全的目标,与其他国家、国家集团及国际组织进行的交往、交涉和活动,是一国对外关系和总体外交的一个方面和组成部分,同时又是该国防政策在对外关系中的体现。"

有学者对以上定义进行了综合,杨松河在《军事外交学概论》中认为军事外交有广义和狭义之分。"广义军事外交指一切涉及国家安全和军队的外交活动,狭义军事外交则专指国防机构和武装部队参与的涉外事务。"狭义军事外交包含军事高层访问、军购或军售、联合军事演习、军事科技的合作、军官培训与进修、军事援助、联合国维和行动、军舰访问、参与国际军事会议、军队文艺团体的表演、驻外武官任务等。

国外类似概念最早由英国提出，使用的是"防务外交"（defense diplomacy）一词。按照《外交辞典》的解释，指"通过包括武官在内的军事人员，支持冲突预防和处理工作。军事外交的行为多种多样，包括为具有民主性的军队的发展提供援助"。这一意义广泛的术语得到了少数国家的采纳。1998年7月，英国国防部公布的《战略防卫评估》中提到所谓的军事外交，指"国防部与武装部队具有预防冲突的合宜的经验及专业，而赋予其成为正式的国防外交任务将成为国防核心活动"。英国国防部于2000年正式推出了《防务外交》的文件，认为防务外交是"为国防部采取的各项行动提供力量保证，这些行动旨在消除敌视，建立和维持信任，帮助治理与民主的武装力量发展，为冲突预防和解决做出贡献"。英国定义的军事外交的涵盖范围甚广。

美国关于军事外交的理论研究相对空白，学术界的理论研究成果很少，也没有对军事外交做明确界定，官方也极少使用军事外交一词，更多使用涵义更广的"军事关系"（military relation），"军对军关系"（military-to-military relationship）或者涵义较窄的"军事接触"（military contacts）、"军事交流"（military exchanges）等词。

上述定义都有一定的合理性。笔者重在尝试以中国现实的国际国内环境为基础，总结出符合中国军事外交的行为逻辑、适应中国军事外交面临的机遇与挑战、有助于建构中国军事外交理论的"军事外交"的定义。笔者将军事外交定义为"国家战略的对外非战争军事延伸"。具体来讲，就是以国家利益为核心、以国家战略为遵循、以军队为主体、以军事为主要领域，国家在对外交往中利用多手段维护安全利益、促进世界和平的行为、艺术以及过程。这里"外交"二字的内涵远远超过了传统意义上的"外交即谈判"，它包括了战略的制定以及更具体化的政策措施组合。这一军事外交的定义既视"军事"为手段、途径，同时也是内容、领域。

具体到中国军事外交，其任务是为社会主义现代化建设营造一个和平稳定的国际环境和友好和谐的国际关系，其根本目标是从国家根本利益出发，反对霸权主义，维护世界和平，发展各国友好合作关系与促进共同繁荣。

然而对中国军事外交的理论性研究和实践需求之间存在着严重脱节，实践中面临的诸多问题目前还未得到理论的指导。笔者在中国知网上以"中国+军事外交"为主题检索，得到513篇论文，最早是在1946年。整体来看，中国军事外交在1994年前并没有引起充分关注，每年发表的期刊论文和学位论文等不超过10篇。1994年以后，对中国军事外交的研究开始明显增长，2010年首度超过50篇。然而以"中国+军事外交+理论"进行主题搜索，仅有5篇文章，理论性研究成果还不到总量的1%，并且最早直到2008年才出现。同时，既有研究存在以下问题：有关军事外交的定义、形式、作用方面还存在着诸多分歧，许多研究主要停留于简单的历史回顾与总结，缺乏理论层面上的升华。对中国军事外交进行理论探讨的需要由此显得格外迫切。

中国军事外交的历程

新中国成立以后，军事外交随之展开。进入新世纪，中国军事外交全面深入推进，也引起了西方的关注："中国人民解放军利用各种活动、计划和场合来开展军事外交，包括高级战略安全对话、军事交流、职业军事教育交流、武器装备进出口和参与维和行动等传统活动。"在60多年的实践中,中国以军事外交促进世界和平与繁荣,形成了自身特色。从1949年到1978年的30年是中国军事外交的起步时期,此时的军事外交围绕的主题是国家生存。从1979年到2009年的30年是中国军事外交的大发展时期,军事外交根据国内外形势进行了调整,主要目的是谋求中国发展的和平环境。2010年至今,中国成为世界第二大经济体,并开创性地提出构建新型大国关系倡议,致力于与他国建立更加平等均衡的新型全球发展伙伴关系,中国军事外交也随之发生变化。

1. 中国军事外交的起步时期

新中国成立之初,按照"一边倒"外交战略,我国主要发展同苏联等社会主义国家的外交关系。《中苏友好同盟互助条约》的签订确定了这一时期军事外交的主要方向和主要任务,即开展与苏联及东欧社会主义国家的军事交往,学习社会主义国家军队和国防建设的经验,建立现代化国防力量。从1950年至1958年,我国与苏联、东欧社会主义国家间的军事外交往来频繁,多次派出军事代表团到苏联学习、考察苏联军队的建设经验。从20世纪50年代末到60年代末,随着总体外交政策的调整,我国军事外交的方向和内容都发生了很大变化,开始转向积极支持和大力援助第三世界的民族独立运动。这一时期中国军事外交的主要对象是第三世界国家,内容包括提供无偿军事援助以及为第三世界国家培训军官。根据国际形势的变化,毛泽东同志在20世纪70年代提出了"一条线"和"一大片"的外交战略。在这一战略指导下,这一时期中国军事外交的特点是:空间进一步拓展,军事外交活动明显增多。在保持与第三世界国家军事往来、继续开展与我国友好的社会主义国家军事交往的同时,积极开展对美国、西欧等西方国家的军事外交。中国军事外交从此开始摆脱意识形态的束缚。

2. 中国军事外交的发展时期

改革开放后，邓小平同志对国际形势进行了科学分析，判断新的世界大战在一个时期内打不起来。在国家内政外交包括军事外交都服从和服务于经济发展大局、军队建设指导思想实施两个转变重大决策的指导下，中国军事外交开始了全方位、多层次、宽领域的大发展。到冷战结束前，中国军事外交已经超越了社会制度、意识形态、经济发展水平和地理位置的限制，对外军事交往的范围扩展到全世界，军事外交领域进一步扩大，广度与深度大大增强，中国在国际军事关系格局中的地位得到改善。

1998年的中国《国防白皮书》指出："对外军事交往是中国总体外交的一个重要组成部分，服从和服务于国防和军队现代化建设。中国坚持在和平共处五项原则基础上，独立自主地处理对外军事关系，开展军事交流与合作。中国在对外军事交往中，一贯主张互相尊重、增进了解、发展友谊、互利合作。中国军队积极参与多边军事外交活动，充分发挥中国军队在处理国际军事事务中的积极作用。"这一时期的中国军事外交在国家对外政策和新时期军事战略方针的指导下，积极发展不结盟、不对抗、不针对第三方的对外军事关系，开展多种形式的军事交流与合作，努力营造互信协作的军事安全环境，形成开放、务实、活跃的军事外交新局面。2008年，中国建立国防部新闻发言人制度，及时发布重要信息，加大公共外交力度。2008年的"国防白皮书"中提及，中国已"形成开放、务实、活跃的军事外交新局面。中国已与150多个国家建立军事关系，在109个国家设立武官处，有98个国家在中国设立武官处。近两年，人民解放军高级军事代表团出访40多个国家，有60多个国家的国防部部长、总参谋长来访"。这一时期的中国军事外交开始对外树立中国国防政策逐步开放、致力于增加透明度和努力贯彻新安全观的大国形象。

3. 中国军事外交的拓展时期

2010年，中国的GDP超过日本，成为世界第二大经济体。郑永年先生在《通往大国之路——中国与世界秩序的重塑》一书中说："不管中国对自己的国际定位是否还是传统的发展中国家，但从国际社会的期望来看，中国要承担的国际责任已经大大超出了发展中国家的范畴。"在国际体系转型的战略环境下，中国军事外交作为国家整体外交的重要组成部分，深化对外军事关系，提升与外国军队的互信合作水平；拓展务实性军事合作，进一步向服务部队现代化建设聚焦；积极稳妥地推进重要领域的工作改革，增强军事外交的升级与活力；加强文化建设，培育具有中国特色的军事外交风格。中国军事外交以之前的全方位、多层次、宽领域的格局为基础，始终保持和平的外交姿态，进一步扩大国际视野，拓展广阔的军事外交平台。中国与其他大国的军事关系在保持战略稳定中加强良性互动。中俄军事关系进一步深化，中俄"海上联合2014"军事演习于2014年5月在中国东海北部海空域展开。2014年6月，中国海军首次参加环太平洋军事演习。这一举动对于中美军事外交的发展具有十分积极的意义。中国还不断深化与多个国家的军事交流与合作，以联演联训深化同有关国家的互信合作，积极履行国际人道主义救援减灾等义务，塑造负责任的大国形象。

中国军事外交的理论建构

回顾历史，中国在国内建设取得伟大成就的同时，军事外交也在不断开拓进取。由于当前面临更为错综复杂的国际形势以及中国处于向全球性大国发展的新阶段，中国军事外交的任务更加艰巨。首先，中国已经成为世界第二大经济体，离国际舞台中心越来越近，中国军队的一举一动更加引人瞩目。无论是参加国际维和、派军舰去亚丁湾索马里海域护航，还是医疗船执行人道主义医疗救助任务等行动，在赢得国际社会的高度赞赏时，也引起了某些国家的误解和质疑。中国军事外交日益成为国际社会的关注点，因此还须对中国军事外交的根本理念、目的和指导原则等进行全面总结归纳和提升。其次，中国作为最成功的发展中国家，其理论日益拥有世界意义，国际社会也在期待着更多的"北京共识""中国道路"和"中国模式"问世。在为世界提供物质性公共产品的同时，中国更需要提供战略性、安全性和思想性的公共产品。[①]中国军事外交理论就是其中之一。再次，早在新中国外交部成立大会上，周恩来总理就提出了"外交学中国化"的大命题。当前构建中国特色外交理论体系已经在理论界引起了重视，探讨中国军事外交理论也属于新形势下军队建设的重要理论探索，中国军事外交理论的建设更具迫切性。

根据一般性的社会科学理论建构方法，理论建构包括本体论、认识论和方法论三个部分。本体论是探究事物产生、存在与发展的根本原因和依据，具体就中国军事外交而言，本体论对应中国军事外交的根本理念。认识论是联系本体论和方法论的中间环节，对应中国军事外交的目的、目标。方法论对应的是中国军事外交的指导原则。

1. 中国军事外交的根本理念

从中国军事外交的历程来看，中国始终反对霸权主义、维护世界和平，助力共同发展。中国军事外交呈现独立性、自主性、和平性、灵活性、非结盟的特点，倡导总体国家安全观和人类命运共同体的军事外交理念。

---

① 杨洁勉．"冲国走向全球强国的外交理论准备"，《世界经济与政治》，2013年第5期，第11页。

这一根本理念也是中国军事外交的理论核心。

国家安全观事实上是国家在自身所处安全环境和面临威胁判断的基础上，上升至理性层面的应对安全问题的总体认知。国家安全观是决定一国国防政策和外交政策的理论基础，又是应对国防和外交问题的基本方针。换而言之，国家安全观也决定着军事外交的走向。中国的国家安全观经历了一个逐步演进的过程。习近平在2014年4月15日召开的中央国家安全委员会第一次会议上的讲话，是第一次对中国国家安全的宗旨理念、地位作用、构成因素、实施原则、建设目标等进行了全面系统的阐述。他强调，要准确把握国家安全形势变化的新特点、新趋势，坚持总体国家安全观，走出一条中国特色国家安全道路。总体国家安全观的提出是中国作为一个负责任的大国对国际社会的重要理论贡献，标志着中国开始自觉主动塑造未来的国际事务。这也意味着中国军事外交将不仅仅是过去的被动参与和主动融入，而是进入了能动塑造的拓展阶段。

"命运共同体"是近年来中国政府反复强调的关于人类社会的新理念，是一种以应对人类共同挑战为目的的全球价值观。习近平就任总书记后首次会见外国人士就表示，国际社会日益成为一个你中有我、我中有你的"命运共同体"，面对世界复杂形势和全球性问题，任何国家都不可能独善其身。在"命运共同体"这一全球价值观的指导下，近年来中国外交关系不断拓展与升华，在与世界的互动中积极开拓进取，致力于与他国建立更加平等均衡的新型全球发展伙伴关系。同时，围绕打造"命运共同体"，中国军事外交近年来首先十分重视与大国之间的军事交流与合作。中美军事外交关系的发展虽然有所起伏，但中国一直致力于改善两军关系，加强两军各领域各层级的对话交流，加深相互了解和信任。中俄两军互信合作稳步发展，有定期会晤机制和联合军事演习，在重大国际和地区安全事务上的协调配合不断加强。其次是加强与周边国家的军事外交。例如在上合组织框架下，注重与各国的军事交往，促进地区和平与发展。再次是积极发展同发展中国家的军事外交，以相互尊重、平等互利、不干涉内政为原则，向有关国家提供军事援助。最后是热心参与多边军事外交活动，例如以联合国为中心的维和行动。

2. 中国军事外交的目的

军事外交具有深刻的战略意义，对中国国防现代化建设起着重要作用。因此，中国军事外交服从于中国整体大外交战略，同时也是国防政策下不可或缺的一部分，其主要目标包括塑造国际安全环境，保障国家安全；支持改革开放政策；促进军事及国防工业现代化；改善与外国的政军关系；提供对发展中国家的军事援助等，根本目的是维护国家安全与发展利益。

首先，塑造安全环境，消弭"中国威胁论"。改革开放以来，随着我国综合国力的提升，"中国威胁论"被炒作得沸沸扬扬，中国国防现代化发展也引来不少国家的侧目。实际上，中国的崛起依然更多是经济层面的，中国与美国在军事实力上仍有一段相当大的差距，国防预算也远远不及美国。中国军事力量并非以对抗为出发点，始终奉行的积极防御战略是用来维护国家安全的有效手段，可以维护国家主权、安全和领土完整，保障国家和平发展。中国军事外交通过多种手段和方式，诸如政府间安全对话、军方高层交流、积极参与国际安全机制、增加军事透明度等，以推动建立公平有效的集体安全机制和军事互信机制，加强边境地区建立信任措施合作，消除周边地区的疑虑，创造和睦的周边军事安全环境，以维护世界和平和地区稳定的实际行动消弭"中国威胁论"。

其次，保障发展利益，提升国际地位。保障国家发展利益已经成为

21世纪中国军事外交的重点。随着经济全球化,海外利益也成为中国发展利益的重要组成部分。军事外交除了为国内的经济发展塑造安全的国际环境之外,还需要通过开展海上护航、应急救援等海外行动来维护国家利益和履行国际义务。在这一过程中,还可以拓展中国军队的国际影响力,对外塑造中国军队积极正面的形象,对于塑造中国负责任的大国形象也发挥着重要作用,有利于提升中国的国际地位。

3. 中国军事外交的指导原则

基于倡导总体安全观和人类命运共同体的理念,中国军事外交以维护国家安全和发展利益为目的,遵循两条基本原则,即独立自主原则与和平发展原则。这是中国军事外交政策的基础和出发点。

独立自主就是"根据事情本身的是非曲直决定自己的立场和政策,秉持公道,伸张正义,尊重各国人民自主选择发展道路的权利,绝不把自己的意志强加于人,也绝不允许任何人把他们的意志强加于中国人……永远不称霸,永远不搞扩张。我们要坚决维护国家主权、安全、发展利益,任何外国不要指望我们会拿自己的核心利益做交易,不要指望我们会吞下损害我国主权、安全、发展利益的苦果"。① 新中国成立初期,鉴于当时的国际形势和国家安全利益,我国曾与苏联缔结了军事同盟,但这种同盟关系并没有因为"一边倒"而丧失原则性与独立性。毛主席认为,中国始终应该在相互尊重、独立平等的基础上发展与他国的关系。因此在《中苏友好同盟互助条约》谈判时,我国始终都坚持独立自主,对苏方共建"长波电台""联合舰队"等要求予以了回绝。新中国成立以来,中国始终坚持独立自主原则,并到20世纪80年代以此为基础开始了全

---

① 习近平."更好统筹国内国际两个大局夯实走和平发展道路的基础",新华网,http://news.xinhuanet.com/politics/2013-01-29/c_.114538253.htm.

方位的军事外交。

和平发展是"中国特色社会主义的必然选择,所以必须坚持开放的发展、合作的发展、共赢的发展,扩大同各方利益汇合点,推动建设持久和平、共同繁荣的和谐世界"。①正如 2012 中国国防白皮书《中国武装力量的多样化运用》开头中所提到的"走和平发展道路,是中国坚定不移的国家意志和战略抉择。中国始终不渝奉行独立自主的和平外交政策和防御性国防政策,反对各种形式的霸权主义和强权政治,不干涉别国内政,永远不争霸,永远不称霸,永远不搞军事扩张"。中国始终坚持和平共处五项原则,全方位开展对外军事交往,发展不结盟、不对抗、不针对第三方的军事合作关系,深化同各国军队的交流与合作,推进海上安全对话与合作,参加联合国维和行动、国际反恐合作、国际护航和救灾行动,举行中外联演联训。

中国军事外交实务的发展方向

中国新一代领导人和外交团队登上历史舞台后,不断提出一些新的外交理念,如探索中国特色大国外交之路,中国外交的特色立足于中国作为发展中国家的基本国情等。②这些都为加强中国军事外交实务明确了新重点。在今后一段时期,中国军事外交实务的发展方向应包括以下三个要点。

1. 因势而谋——立足于发展中国家国情的军事外交

---

① "习近平在十八届中共中央政治局第一次集体学习时的讲话",新华网,ttp//news.xinhuanet.com/lianzheng/2012-11/19 / c_123967017_2. htm.

② 王毅."探索中国特色大国外交之路",《国际问题研究》,2013 年第 4 期;杨洁篪."站在历史新起点上的中国外交",中国外交部网站,2013 年 11 月 2 日,http://www. fmprc. gov. cn/mfa_chn/zyxw_602251 /t1095281.shtml.

尽管按经济总量来算，中国已经成为世界第二，但是中国仍属于发展中国家，其国防和军队现代化水平离发达国家仍有一定距离，中国军队的对外军事交往合作程度和范围仍然有待进一步提高和扩展。当前，中国还在努力建设与我国国际地位相称、与国家安全和发展利益相适应的巩固国防和强大军队。这一发展中的现实状况导致中国在诸如对外军事技术引进谈判中经常处于弱势地位，美欧等国防科技发达国家针对中国的限制多、要价高，我们更多地处于被动守势。如何深化既有的军事互信与合作，如何在传统和非传统安全领域加强与别国合作，如何拓展与周边国家的防务与安全交流合作，如何构建与其他发展中国家的命运共同体关系，这些都需要进一步深入思考。

此外，中国军事外交面临的一个重要问题是如何处理好大国军事关系，特别是中美军事关系，走出新兴国家与守成大国之间容易发生矛盾的历史逻辑，构建新型大国军事关系。回答好这一问题也是接下来中国军事外交理论研究者的时代责任。

2. 应势而动——契合于大国责任的军事外交

基辛格在其代表作《大外交》的开头即感叹："几乎是某种自然定律，每一世纪似乎总会出现一个有实力、有意志且有知识和道德动力，希图根据其本身的价值观来塑造整个国际体系的国家。"[①]中国综合国力和国际影响力的不断上升、国际地位的日益提高也要求中国承担相应的国际军事安全责任，解决各种全球安全问题，同时提供与其世界第二的经济地位相对应的国际安全"公共产品"。如何对发展中国家更好地进行军事援助，如何推动双边和多边安全机制建设，如何与其他国家就反恐、维和、

---

① ［美］亨利·基辛格著，顾淑馨、林添贵译.《大外交》，海南：海南出版社，1998年版，第2页。

网络安全等全球性安全热点问题展开积极合作,如何更好地对外展示中国负责任大国的形象和中国军队和平、文明、威武之师的风貌,如何参与国际安全体系的变革与完善,如何推动建设持久和平、共同繁荣的世界以及促进人类的和平与发展,都关系到中国军事外交的合理性、合法性,这一系列问题都亟待我们研究解决。

3. 顺势而为——植根于中华文明的军事外交

进入21世纪以来,尤其是自2008年金融危机爆发以后,西方理论界开始把目光更多地转向了东方,转向了中国,以中华文明为代表的东方文化赢得了极大关注。有学者认为,21世纪除了是东西方文化合流的世纪,还应是从"以西方文化为主流"向"以东方文化为主流"转化的世纪。只有这样,才能实现恩格斯主张的"人类同自然的和解以及人类本身的和解"。

和平与发展是当今世界的时代主题,中华文明中倡导的"协和万邦""亲仁善邻""大同世界"理念是对"命运共同体"的绝佳注解。中华文明对于当下世界建构一个符合人类整体利益的价值标准和价值体系,各国交往中实现真正的公正、公平、平等、合理,以及处理国际关系的各种争端,都有重大的指导意义。

毫无疑问,中华文明既是中华民族赖以生存延续的基础和动力,同时也应是构建中国军事外交理论的文化源泉。中国军事外交在未来一个阶段还将面临诸多挑战,发展中国家和大国身份的杂糅将给中国军事外交带来诸多考验。中国军事外交理论解决这些现实问题,除了向西方学习,更应该植根于中华文明,对传统文化进行整理和扬弃,将其中符合我国现实国情和世界形势的科学思想理念以及思维方式提炼出来,对其理论化、现代化后用于构建中国军事外交理论和指导中国军事外交实践。

具体来说，要进一步加强对外军事外交，中国应采取以下政策和措施。

（1）推动务实性合作，发展对话空间，增强合作磋商机制。要加强对外军事外交，就要与他国巩固和拓展正在合作、需要合作以及能够合作的领域，可以从非传统安全领域切入，例如太空安全领域。中国与他国之间潜在的各种太空冲突应该优先通过对话、协商和外交途径得到解决。当下应当尽快建立与完善中外在太空安全领域合作与沟通的渠道以及机制，将中外太空安全合作置于中国对外军事关系全局中来统筹设计与安排，建立健全合作机制。同时，要积极加强同他国在全球和区域性组织的军事合作。

（2）制定并对外公布国家安全战略，完善危机管理机制。在一些国家看来，中国国防发展的神秘性、区域强权的现状、不对称战争理念的出现，以及不断采购、研发高科技武器装备等，都使它们担心中国会随着力量的壮大不断拓展在亚太和全球的利益，从而损害他国利益以及威胁周边国家的安全。针对这一点，除了国防白皮书的继续发布，中国还应制定并对外公布国家安全战略，明晰中国核心安全利益，使他国了解中国的底线，并表明中国和平发展的意愿。随着中国对外军事交往向更高的层次和更广的范围拓展，中国应通过与他国建立完善的危机管理机制来避免和妥善处理可能发生的危机事件，确保双边或多边军事关系的顺利发展。

（3）积极培养军事外交专业人才，保证沟通顺畅。军事外交专业人才的培养有利于中国军事外交的推进，表明决策者重视对外沟通与对外形象，对外的沟通协调也越方便。而且军事外交专业人才比单纯的军人或者外交官更了解情况，更能在谈判时掌握分寸和把握时机，提高沟通效率。反过来，中国军事外交的发展也能发挥军事外交专业人才在沟通上的专业与价值，增进与他国友谊。

（4）加强并改善与他国政府及民间交往，拓展第二轨道外交。中国军事外交需要与他国政府高层建立良好的互动关系，与相关负责人维持密切的联系，保持经常性的双向沟通，透过快速、清楚的沟通渠道，在互动沟通的过程中建立良性关系。所谓"二轨外交"，是一种特殊的非官方外交。政府间的官方渠道可被认为是"一轨外交""二轨外交"则是指通过加强民间友好信任的外交活动，由包括学者、退休官员、公众人物、社会活动家、非政府组织在内的非官方人物，利用多种渠道进行交流"二轨外交"的非官方色彩使之更具有灵活性，能够做官方不便做的事情，起到官方渠道难以起到的作用。一旦条件成熟，"二轨外交"成果可向官方外交轨道转化，从而推动"一轨外交"顺利进行。

（作者：金灿荣、王博，载于《太平洋学报》2015年第5期）

中美关系

博弈中共生

作为世界舞台上两个最活跃的主角，中美两国的双边关系及其发展趋势对全球局势的影响不言而喻。要建立"前无古人，但后启来者"的中美"新型大国关系"，中美双方应努力做到"分享与分担"，即美国与中国分享"国际权力"，尊重中国作为大国的地位，尊重中国所选择的发展模式和发展道路；中国与美国分担国际责任，共同维护世界和平，促进世界协调发展。

构建中美新型大国关系的复杂性与助力

新型大国关系的核心内涵

从宏观层面上来看,"新型大国关系"这一理念意在表明中美关系作为十分敏感和相对脆弱的"老大与老二"关系,应努力探索走出一条新路,以避免陷入在国际关系史上反复出现的崛起国与霸权国之间进行冲突、对抗甚至战争的旧有模式,从而实现习近平主席提出的"前无古人,但后启来者"这一目标。具体而言,从习近平主席提出的上述方针出发,笔者认为在理解这一理念的过程中尤需注意以下两点,它们构成了新型大国关系的核心内涵。

第一,该理念意味着美国应当真正尊重中国作为大国的地位,尊重中国所选择的发展模式和发展道路:一方面,在涉及中国的领土主权和政治制度等核心利益问题上,美国需要改变过去横加干涉的做法和高高在上的姿态,因为中国在维护自身核心利益上的决心不可动摇;另一方面,在共同应对各类全球性挑战的过程中,美国应把中国视为平等协商的合作伙伴,因为在当今时代,如果没有中美合作,任何全球性的重大问题都将无法得到有效解决。

第二,它还意味着中国应开始更多地承担国际责任,逐渐由国际公共产品的受益者发展为国际责任的承担者,而这种转变对于诸多全球性问题的妥善解决以及促使中国发展为受人尊敬的世界大国都大有裨益。简而言之,新型大国关系就是指中美双方应努力做到"分享与分担",即美国与中国分享国际权力,中国与美国分担国际责任。

构建中美新型大国关系的复杂性

通过界定新型大国关系的上述核心内涵可以发现，在实践中发展这种新型关系面临的障碍全面而又复杂，因此，中美双方都要有坚定的政治意志和政治决心才能不断推进。当前，中美关系中存在一系列特有的问题，它们可能会对新型大国关系的构建形成显著的障碍。具体而言，笔者将这些问题总结为"3T+8N"，即三个老问题（它们的英文首字母均为"T"），包括台湾问题、西藏问题和贸易问题，以及近年来出现的八个新问题，包括中美在亚太地区的领导权竞争、中国的军事现代化、中美在无线空间（如电子、网络和太空）的技术竞争、中国产业转型升级和人民币国际化对美国利益的冲击、中国走向海洋的深远影响、中国国内政治多元化带来的挑战、"中国模式"的出现和美国不安全感上升对两国关系的冲击等。

首先，台湾、西藏、贸易这三大双边关系中的既有问题仍将会对未来的中美关系造成负面影响。就台湾问题而言，它依然是引发中美直接冲突的最重要诱因，并且由于涉及国家主权和领土完整这一中国核心利益，如何解决这一问题将考验中美两国领导人的政治智慧。就西藏问题而言，不仅由于它涉及中国整个西部边疆地区的稳定，还由于近年来恐怖主义活动蔓延而威胁当地中国人的生命财产安全，因此，美国在今后能否在人权和恐怖主义等问题上抛弃"双重标准"，将事关中美关系健康发展的全局。另外，贸易问题一直是中美关系中的热点，双方的分歧主要集中在人民币汇率、知识产权、贸易不平衡和保护主义等问题上，并且这些分歧在未来一段时期内仍将不可避免。

其次，近年来随着中国的快速发展和美国全球战略调整而涌现出的一系列双边关系新问题也会对未来中美新型大国关系的构建构成挑战。具体而言，首先是中美在亚太地区的领导权竞争。当前，中美在亚太地区已经形成"双领导体制"，即中国在国际经济、贸易和金融领域开始发挥领头羊作用；与此同时，美国作为全球范围内唯一的超级大国，在军事、安全及政治领域仍然发挥着决定性的领导作用。2012 年，中国成为全球 127 个国家和地区的第一大贸易伙伴，相比之下，只有 53 个国家和地区的第一大贸易伙伴为美国。因此，只要中国经济继续保持当前的增速，就将会有越来越多的国家（尤其是其周边国家）在经济上日益依赖中国。这样，中国在自身所在的亚太地区持续增进的经济影响力将不可避免地转化为政治和外交影响力，从而对美国在该地区的既有地位形成有力的挑战。特别是在美国高调推进亚太"再平衡"战略的情况下，中美如何协调在亚太地区的战略利益将是未来十年中美关系的一项重要内容。

再次，中国军事现代化的持续高速推进、中美在无线空间领域愈演愈烈的技术竞争以及中国海上力量的快速发展等，都会给未来的中美关系带来不小的压力。其一，中美军事关系是两国关系中最为敏感的部分，也是两国关系的"短板"，因为在美国看来，中国军事力量的持续快速壮大将直接威胁其维持全球地位的最重要战略资产——军事优势。其二，中美在高新技术领域的竞争已经成为一片新的"战场"，特别是在中国看来，美国 2012 年年初公布的"新军事战略"以及近年来备受瞩目的"空海一体战"和"网络战"等新概念，多少都有针对中国的成分。其三，当前中国海上力量的发展已经成为美国战略家关注的焦点之一。作为典型的海洋霸权国，美国对中国"走向深蓝"的趋势尤为敏感，因此，这种战略猜疑有可能对未来中美关系的发展造成不利影响。

除了军事和技术领域，中国经济、政治和社会领域出现的新变化都会成为影响中美关系的新变量,而其中的一些因素可能会给两国关系带来新的挑战。例如,中国未来的产业转型升级会给中美贸易带来新的冲击,使中美经贸关系由目前的"互补型"演变为"竞争型"。截至目前,在中国向美国出口的全部商品中,有大约92%的商品是后者不生产的,然而,随着中国加快转变自身发展方式、加速产业转型升级,今后中美在国际和双边贸易中的竞争将会日趋激烈。又如,中国政治和社会近年来发生的显著变化也使中美关系面临一些新的不确定因素,特别是随着中国市民社会的发展壮大,国家—社会关系已经由过去的"强国家、弱社会"日益发展为"强国家、较强社会"模式,因而中国的对外决策机制将会越来越体现为"双层博弈",从而增加了决策的复杂性。再如,近几年广受瞩目的"中国模式"这一概念预示着中美意识形态领域的竞争可能会在未来加剧。冷战结束后,美式自由民主制度曾经长期被视为现代国家发展的最理想模式,然而,广大发展中国家在"第三波"民主浪潮过后向民主制转型的过程中经历的普遍阵痛甚至失败,肇始于2008年的全球金融危机,以及2011年开始持续发酵的欧洲部分国家主权债务危机,都不约而同地昭示着"新自由主义"意识形态内在的严重弊病。与此同时,中国在改革开放以后特别是冷战结束20年来取得的历史性成功,显著地超越了同期西方世界的表现。这样,中美竞争的本质已经越来越体现为哪个国家能够为其国民提供一种真正可持续的社会发展模式,并由此作为榜样为世界其他国家所借鉴。

通过以上分析可以看出,随着中国在经济和军事等"硬权力"方面以及发展模式吸引力等"软权力"方面的快速发展,美国已经感受到了来自中国的竞争压力。此外,由于20年来美国"浪费了冷战和平结束所提供的独特全球机遇",对外滥用自身武力,对内盲目被单一意识形态绑架，致使其长期深陷两场战争的泥潭，同时深受金融危机对整体经济所造成的严重创伤，所有这些战略失误的结果都使美国力量出现透支，陷入了历史上罕见的"内外交困"的局面。在这种背景下，美国开始隐约出现不安全感。因此，一个更为"敏感"的美国将不可避免地"夸大"其与中国在全球和地区事务上的分歧，从而给未来的中美关系造成困扰。

构建中美新型大国关系的历史和现实助力

尽管中美在构建新型大国关系的过程中面临诸多问题和挑战，但在中美关系的现有框架内也有许多有利于推动建立新型大国关系的诸多主客观条件，具体来讲，主要有以下三个方面。

一是中美关系的"主体特殊性"。它主要由三部分构成。其一，中美两国都是具有"洲级规模"的巨型工业化国家，因此，任何一方都不可能压倒性地征服对方。其二，中美两国都是文明国家，从而有别于近代以来发源于欧洲的"民族国家"，这意味着它们能够相对成熟和更加包容地接受不同文化，接受差异与分歧。其三，中美两国都属于"全能冠军"型国家，亦即两国在硬权力和软权力两个方面都非常强大，这就使得双方均比较自信。尽管美国在这两方面的实力依然远远超过中国，但不可否认的是，中国不仅在2010年超越日本成为世界第二大经济体，且于同年超越美国成为世界上工业规模最大的国家，而其软实力长期以来被严重低估。例如，中国文化的核心儒家学说曾在历史上有着巨大的影响力，并且现在已处于复兴之中；又如，"中国模式"优越性的彰显也使中国的制度和发展模式的吸引力日益上升。

二是国际政治形势和时代条件的新变化有利于中美构建新型大国关系。一方面，"二战"结束以来，核时代条件下的"恐怖平衡"早已使得中美之间的全面战争变得难以想象。20世纪上半叶,主要大国间战争频仍的一大原因是缺乏有效的外部制约。而冷战期间,尽管美国和苏联的力量远远超过此前的英德两国,但由于核武器的出现,美苏在处理双边关系中的矛盾与冲突时显得格外谨慎。同样的逻辑也适用于中美关系。虽然中美两国构建新型大国关系的目标远远高于冷战时期美苏之间单纯的"避战",但无论如何,核时代的到来至少有效阻止了中美两国大规模地兵戎相见。另一方面,国际政治的"无政府文化"在"二战"之后的变化,同样有助于中美新型大国关系的构建。根据亚历山大·温特的建构主义理论,国际政治存在三种"无政府文化":霍布斯文化、洛克文化和康德文化。与这三种文化分类相对应,体系中的主要大国对彼此的认知分别为"敌人""竞争对手"和"朋友"。自1648年现代国际体系产生直到1945年"二战"结束,国际政治一直处于霍布斯无政府文化之中,因而20世纪上半叶英德两个体系中的最主要大国将对方视为敌人,并引发了两次世界大战。从国际关系史的发展历程来看,笔者认为,人类社会之所以能够在"二战"后由残酷的霍布斯文化过渡到相对和平友善的洛克文化,美国在战争结束之初无与伦比的强大实力和坚定意志起到了近乎决定性的作用。例如,它主导推动建立了一系列有利于维持和平和促进发展的国际组织和国际制度,如联合国、国际货币基金组织和世界银行;又如,它还将欧洲从崩溃的边缘挽救回来,通过经济军事援助推动了欧洲的复兴。在洛克无政府文化之下,伴随着"二战"后科学技术突飞猛进的发展,世界各国越来越将注意力集中在经济合作而非领土蚕食上,其中的典型案例即日本在近代历史上的第二次崛起(即"二战"后作为贸易国的兴起)与1868年明治维新后的第一次崛起(通过武力侵略、占领殖民地)在方式上全然不同。尽管冷战期间的意识形态对抗从某种程度上削弱了洛克无政府文化的积极作用,但后者毕竟使国际政治变得更加文明,同时为冷战后全球化时代的来临提供了有利的基础。更为重要的是,中国1978年以来的飞速发展也得益于洛克无政府文化下的国际环境,因而中国没有理由去破坏或者改变这种环境。此外,时代条件的新变化还体现为冷战结束以来,人类经历了一场迄今为止在深度和广度上都无与伦比的全球化,并因此在国际体系层面产生了具有重要意义的三大影响:首先,越来越多亟待解决的全球性问题日益突显,这就不可避免地要求中美两大国加强合作以共同应对,如果中美出现对抗,则不仅有损于各自的利益,更会加剧各类全球性挑战的严峻形势。其次,随着城市化的不断推进、中产阶级力量的持续壮大以及互联网等现代科技创新的不断涌现,一个松散却明显的"全球市民社会"正在形成,它将在限制国际冲突方面发挥越来越重要的作用,因为市民社会天然地需要一个和平稳定的环境去实现追求财富、提升教育等现代人的生活目标。所有上述条件在两次世界大战及冷战期间均不存在。再次,当前国际法和各种全球性、地区性国际合作机制的不断完善和日益刚性化也为中美构建新型大国关系创造了积极条件。例如,越来越多的国际及地区合作机制的建立,为包括中美两国在内的双边和多边国际议题的探讨及解决提供了有效平台。更为重要的是,在全球化时代,如果没有这些全方位的合作机制,那么任何全球性问题都难以得到有效解决,故而国际机制正趋于刚性化。例如,如果在2008年国际金融危机之后没有二十国集团(G20)这样较具普遍代表性的国际合作机制,那么各主要大国尤其是中美两国显然将无法有效地协调应对金融危机、推进全球金融体系改革。此外,国际法在解决国际争端的过程中也在扮演越来越重要的角色,因为在以和平与发展为主题的时代,世界各国都希望找到一种更为和平、公正和更具权威的解决国际争端的方式，因而从这个意义上说，国际法也开始日益刚性化。

三是双边关系中存在一系列有利条件助推中美新型大国关系的构建。中美关系自1972年实现正常化以来，经过40多年的发展，取得了举世瞩目的成就，使两国从中均获取了巨大的战略利益，也为今后两国关系的健康发展奠定了坚实的基础。首先，从1972年到1989年，中美在共同应对第三方威胁，即苏联全球扩张这一基础上形成了"准联盟"关系，这一关系在促成苏联瓦解的外部地缘压力方面起到了至关重要的作用。其次，从1992年开始，中国全力推进以市场化为导向的经济改革并扩大对外开放，积极参与美国主导下的经济全球化进程，从而一方面收获了巨大的经济和战略利益，另一方面也在客观上帮助美国加强了作为后冷战时代独一无二的超级大国和世界领导者的地位。正因为如此，中美两国都没有任何理由改变国际体系的现状。当前，中美两国已互为第二大贸易伙伴，经济上的相互依赖程度越来越深，因此，经济合作已成为中美关系的"压舱石"。此外，当前中美两国的社会联系之广在主要大国关系史上也极为罕见，特别是由于海外华人的特殊纽带作用，中美关系存在十分深厚的人文及社会基础。而且，通过两国政府的不懈努力，中美之间已经建立了近百个政府间的交流对话机制和更多的非政府二轨道沟通机制，用以加强两国协调。毫无疑问，这些机制的确立对于增进战略互信、减少双方误判将起到积极的作用。总之，由于中美关系将在某种程度上塑造21世纪的世界政治格局，因而努力推动构建中美新型大国关系具有不言而喻的历史和现实意义。在这一过程中，由于双方对彼此的认知至关重要，因而未雨绸缪，对一些重大问题进行前瞻性的分析和沟通能够减少战略互疑，对发展新型大国关系大有裨益。

（作者：金灿荣、王浩，载于《领导科学》2014年第12期）

"印太"概念背后的美国动机

概念中，"印太"位于太平洋东岸的美国、地处印度洋的印度与印度洋和太平洋之间的澳大利亚三国，起着重要的战略作用。美国力推此概念，正是要加强三国在地区事务上的联系，更有效地制衡中国的崛起。

最近一段时间，"印太"这个词成了美国、印度以及澳大利亚的政界、学界与媒体口中的新宠。"印太"是一个将印度洋与太平洋合二为一的概念。在美国国务卿希拉里的讲话与美国国防部2012年的"战略规划"中，这一概念都被多次提及。

"印太"概念的出笼有着主客观两方面的原因

客观因素方面，主要是地缘方面的。支持这个概念的人认为，印度洋与太平洋通过马六甲海峡相连，印度洋已成为亚洲新兴经济体能源需求的大通道，亚洲经济的融合也需要依赖印度洋能源通道，因此，印度洋地区与西太平洋地区在战略上已经紧密联系在一起。

主观因素方面，则是美国在实现其"重返亚洲"的战略中，希望能够拉拢印度。此前常用的"亚太"概念，很难将印度包括进去，如果有一个概念能够把印度纳入美国的整个亚太战略，那么对于美国来说，在政治上和宣传上都会比较方便。

所以国际关系中，一些看似中立客观的词汇背后往往蕴含着一定的政策导向。

随着美国战略重心的东移，它希望通过建立一个包括日本、澳大利亚与印度在内的大联盟来更有效地制衡中国的崛起。在"印太"新概念中，位于太平洋东岸的美国、地处印度洋的印度与印度洋和太平洋之间的澳大利亚三国起着重要的战略作用。美国大力推广"印太"新概念，正是要加强三国间在地区事务上的联系，甚至也希望印澳两国能在南海问题上插一脚。

对于"印太"这个美国学者生造出的词，印度一些人非常欢迎。因为这个词不仅突显了印度的重要地位，也符合印度一些想通过与美国结盟来遏制中国的人的胃口。但同时，印度国内也有相当多的人认为，应该谨慎对待这个新概念。印度素有不结盟外交的传统，它希望能更多地在诸如东亚峰会这样的开放的多边框架下跟多个国家保持合作，保持自己的外交独立，并不希望被强行绑在美国的战车之上。因此，印度的政府文件中尽管出现了"印太"这个词，但也同时淡化了其中结盟美国、排斥中国的政治意涵。

美国抬高印度的战略地位，拉拢印度，是看到了印度崛起的前景，意图利用一个大国制衡另一个大国；然而，印度的崛起还存在很多的不确定性。它的民主与法治体系是从英国殖民者那里沿袭下来的，而非发自本国的内在需求；由于没有经过真正的社会革命，印度社会仍然存在着严重阻碍其现代化的封建遗存；印度参与更大范围的地区或国际政治博弈需要现代化军事力量的支撑，但印度整个国家现代化的根基仍然不够牢靠。

印度政府非常清楚本国国情的现实。因此，在区域合作的问题上，印度更希望通过与周边大国之间的合作，发挥其连接资源丰富的中东、非洲与经济快速发展的东亚的纽带作用，更多地促进本国的经济发展。总体而言，印度也并不希望在南海问题上搅浑水，从而破坏与中国的关系。

与印度一些人类似，澳大利亚一些学者与官员也非常喜欢"印太"这个概念。澳大利亚一面是印度洋，一面是太平洋，位于中国与印度之间，又同时保持着与美国的同盟关系。在"印太"概念中，澳大利亚处于中心枢纽的位置，这一角色，可以使澳大利亚一面与美国保持同盟关系，一面与中国和东南亚国家发展经济联系，同时又能与印度发展亲密关系。

然而，对于"印太"概念中排斥中国、遏制中国的内涵，澳大利亚也不得不谨慎对待。虽然美国与澳大利亚有着同盟关系，但中国是澳大利亚最大的贸易伙伴。虽然澳大利亚有着西方的文化与传统，但身处亚太地区之中，澳大利亚要发展不得不融入亚洲。不久前，吉拉德政府还出台了澳大利亚名为《"亚洲世纪"中的澳大利亚》的国家战略白皮书，明确指出澳大利亚的未来需要拥抱快速发展中的亚洲，加强同亚洲国家特别是与崛起中的中国的联系。包括前总理陆克文在内的许多澳大利亚政要也表示，澳大利亚希望能成为加强中美关系的桥梁，与中国搞敌对并不符合澳大利亚的国家利益。

由此可见，美国力推的"印太"概念，前景并不被看好。

（载于《环球》2013年第2期）

战后国际安全秩序视角下的中美关系

中美关系是国际政治中最错综复杂、最重要的关系之一。在新中国成立乃至近现代史的绝大多数时间点上，即使中美严重对立，甚至兵戎相见，双方的战略关系也难以简单地用一个词概括。随着中国国际地位的提升，中美关系已逐渐成为决定国际安全的核心因素，牵动着亚太地区甚至全球的秩序稳定。

近年来，中美关系可谓"机遇与风险并存"，两国间贸易、政治甚至军事往来不断深化，但也在多个领域发生直接或间接的竞争与摩擦。部分美国战略家对中国仍存"冷战思维"，认为现实主义逻辑势必导致中美关系紧张化；奥巴马政府上台后提出"重返亚太"和"巧实力"外交原则，在亚洲地区的多个层面采取疑似针对中国的政策。然而在高度全球化的国际秩序下，中美两国都无法承受大规模冲突；"斗而不破"、避免军事冲突是两国外交的现实需求。中国提出"新型大国关系"的要义，也是主要在于避免中美两国重蹈历史上"霸主"与"挑战者"的斗争覆辙，为中国的和平崛起提供良好的外部条件。

事实上，中美关系在"二战"后的发展本身体现了实用、共赢的精神，其历史经验对两国和未来的国际安全都有启迪意义。为把握中美关系脉络、控制两大国间冲突，本文就中美关系的演变进程，分析中美关系发展的影响因素和经验教训，并总结其对现实政治的启示。

战后中美关系的演变

新中国与美国的外交关系经历了三个阶段。新中国成立初期的中美关系以意识形态对立为主，受制于冷战美苏相争的大背景。在冷战后期，随着中美开始接触、最终建交，中美关系开始成为影响国际秩序的重要因素。中美关系在20世纪80年代稳步发展，但在"北京政治风波"后，两国关系经历了一个低潮期。随着冷战结束和中国改革开放的深化，中国经济实力的增强，中美关系逐渐成为塑造国际秩序的决定性因素之一。2005年美国副国务卿佐利克呼吁中国成为美国的"负责任的利益相关方"，中国在近年来也注重提升自身"负责任大国"的形象。在伊核、朝核问题等领域，拥有相似利益和立场的中美两国积极主导国际合作。在两国存在分歧的领域，尤其是南北矛盾上，中美两国也通过多种渠道展开接触，其谈判成为主导国际秩序变化的重要因素。

影响中美关系发展的两个因素

回顾历史，中美关系在国际安全格局中的地位日益上升，与中国的综合国力发展有直接关系。同时，中美关系的演变也受到各自外交政策的影响。

首先，随着中国逐渐发展，美国对中国日趋重视，且难以采取单方面惩罚措施。两国经济往来日益深化，美国不但不再打经济牌威胁中国，甚至需要忧虑中国经济衰退对美国经济的冲击。同时，中国国力上升使得中国外交的独立性日益体现。近年来，中国的综合发展受到世界瞩目，与俄罗斯、巴西、印度、南非等"金砖国家"成为发展中国家在"南北对话"中的代表；在2008年金融危机后，中国成为世界经济复苏的主要驱动力；同时因为中国更多地参与到各项国际事务中来，中国也有更强动机与以美国为首的发达国家谈判，塑造更加公平的国际秩序。在此阶段，中美的国际分歧，如自由市场和政府干预、"普世价值"与尊重主权、知识产权保护、世界金融秩序、国际合作中责任划分等，很大程度上代表了南北国家的普遍分歧。中美两大国的博弈也因此成为塑造国际秩序的关键因素。

其次，倘若说国力演进是国际关系的物质基础，外交政策则是国家间关系的主观能动因素。中美关系的演变同样受制于两国的外交方针和政策。在冷战初期,中国的"一边倒"外交政策比较激进,既有外界形势的影响,也有领导人的主观因素。例如,美国哈佛商学院著名教授克里斯坦森认为,中国需要利用外部压力尽快推进工业化。而20世纪50年代的美国则因为1949年苏联核试验、1951年朝鲜战争等因素陷入"红色恐慌"的麦卡锡主义,有关"红色阴谋"的指控不时出现,多位高官和科学家被以"间谍行为"定罪。在这种大背景下,美国专注于建设以旧金山体系(San Francisco System)为基础的反共"统一战线",并摆脱其亚洲支点——日本对中国的经济依赖,不可能与中国展开积极的外交对话。到了60年代,中苏关系恶化,中国开始寻找制衡苏联的手段;而美国国内开始批判对中国的孤立主义政策,约翰逊、尼克松等人改变策略,这一转折得到了与苏联方面渐行渐远的中国政府的欢迎。尼克松70年代初提出的"多极世界"是对冷战格局的突破,通过外交手段调整,美国改变了两强格局下的力量平衡。这也说明突破性的外交理论能够影响现实外交的大趋势。

阻碍中美关系发展的历史教训

纵观战后历史,中美关系的演变不仅给中国外交提供了经验,也对世界格局产生了从理论到实践的影响。中美关系虽总体趋于平稳,但也历经波折。

1. 中美两国沟通机制的欠缺是造成外交风波的技术原因

中美双方的部分危机如"银河号"、北约轰炸中国驻南联盟使馆、南海撞机等事件,体现出双方互信和沟通机制的欠缺。首先,中美在第一时间未能进行沟通,有时是由于缺乏意愿,有时则是缺乏应急准备。其次,中美在此类事件上通常各执一词，由于缺乏联合调查组或第三方仲裁等机制，双方之间的误解无法消弭。再者，部分中美纠纷属于"外交事故"，由某些政府或军方利益集团在未通知本国政府情况下私自行动所引起。面对此类事故，当事国在加强沟通的同时，也有责任对内进行协调监管。中美双方需要弥补这一缺陷，在战略、经济、军事等领域建立多种沟通机制，在热点区域积极展开沟通。

2. "两强对峙"的视野局限影响了中美两国关系

"两强对峙"的视野格局会加剧双方的战略猜疑。在苏联解体后，世界安全格局中不存在明确对垒，多边对话渠道更为现实，然而这种猜疑仍然存在。例如，美国与印度、缅甸等国开展外交活动或许不以中国为假想敌，但客观上也造成了"围堵中国"的形象。中国在拉美、欧洲的活动也引起了美国的警惕。中国需要灵活使用对己有利的双边对话机制，在双边关系不利时设法开辟新的沟通渠道，同时把握两者间的微妙平衡。

同时，在"两强对峙"的意识下，中美关系也与国际大背景，尤其是"第三方势力"密切相关。在冷战后期，美国通过强调中、欧、日的重要性，将美苏一对一的博弈转变为多对一，兵不血刃地扭转了力量对比。在当今格局下，美国故技重演，一方面将日本、菲律宾等盟国推至前台，另一方面要求中国参加"多边框架"下的谈判，意图使用国际制度下的"人数优势"在争议领域得分。同时美国政府和非政府组织积极挑动部分国家的反华势力，煽动资源国民族主义情绪，指责中国的所谓"新殖民主义"投资，意图影响中国与相关国家的关系，突显中国在国际秩序中的"孤立"地位。

在近年来中国逐渐成为能够在国际上与美国叫板的世界大国后，"第三方外交"对中国尤其重要。昔日苏联由于咄咄逼人的外交给人以"社会帝国主义"的印象,在国际社会众叛亲离。中国在合理声张自身主张(领土争议)和发展诉求(对外投资)的同时,也必须避免咄咄逼人的印象。同时,中国也应积极推进与德、俄、韩、东盟等国家和地区的外交,在多极世界里尽可能地争取各大国的支持。中美之间的博弈,反映在中美两国的战略布局上,美国的TPP、TTIP等倡议与中国的"一带一路"都是在国际社会争取多数支持的表现。中国若想在这场国际影响力竞争中避免失败,必须警惕"中美对垒"的思维和"世界第二"的自我认识,以"多极之一"的身份与第三方平等接触。

当前中美关系的机遇与挑战

中美两国在冷战后期打破意识形态壁垒展开接触,是对"两极对抗"格局与"绝对安全"安全观的突破和创新。然而中国近年来国力相对上升,引起美国的警惕,两国日益面临对抗的风险。纵观历史,新兴大国与守成大国总难以走出两强相争的"修昔底德陷阱";中国在践行"和平崛起"、探索"新型大国关系"的同时,不得不设法解决这一问题。由于中美间角力是继美苏"冷战"后的首次大国博弈,以及史上第二次核大国间博弈,处理中美矛盾对世界未来安全格局乃至人类文明的可持续发展都至关重要。

1. 中美两国首先要面对的问题是共同利益的消减以及两国竞争的加强

长期以来,美国商会一直是中美关系的积极推动者。然而近年来部分中国企业进行产业升级,其产品对美国公司构成竞争,此外中国的反垄断等政策直接影响了美国公司的在华利益。另外,美国方面始终对中国的知识产权保护状况颇有微词。这些都造成原先的"温和派"商界力量转向对华强硬。与此同时，随着中国成为世界第二大经济体，美国的不安全感也与日俱增。2010 年中国成为 GDP 世界第二、工业生产总值世界首位的经济体，从国际政治结构上正式成为继德国、苏联、日本后的第四个"美国挑战者"。2014 年 9 月 29 日，按世界银行的购买力平价计算，中国 GDP 已超过美国。同样在 2014 年，中国展开了一系列"走出去"外交，如提出"一带一路"等规划，推动亚洲基础设施投资银行等，这些动向令美国高层感到压力和潜在挑战。

2. 中美两国的关系受到美国国内政治的影响

自 2014 年起，美国政界学界开始了新一轮的"中国政策辩论"，针对中国的遏制和敌对思维有所上升。例如，传统上对中国共产党态度温和的沈大伟宣称"中共统治的残局已经开始"。五角大楼专家白邦瑞指责中国的韬光养晦政策为"战略欺骗"。这种思潮也直接体现在正在进行的 2016 年美国大选上，潜在总统候选人希拉里·克林顿称中国"试图黑进美国一切不能动的东西"；唐纳德·特朗普则指责中国"从美国偷走工作岗位"。虽然奥巴马致力于将战略重心移回亚太，但美国国内对奥巴马亚太政策的批判仍日益集中于其对华态度"软弱"。此外，美国在"跨太平洋伙伴协议"（TPP）谈判中进展艰难，部分战略家忧虑美国对亚太地区的经济影响削弱，从而主张美国更加积极地遏制中国的影响力。

3. 中美两国本质上的诸多分歧仍然存在

中美两国在意识形态上的首要分歧是"美国能否尊重中国的政治制度"，而问题的实质仍是美国能否允许中国挑战它制定的国际政治、经济规则。中美的热点分歧，如知识产权、美军南海侦查等，均缘于美国不接受对现有规则的改变。例如，在知识产权的问题上，即使对盟国如澳大利亚，美国均在贸易谈判中要求其修改国内法律、采取更为严格的美国标准。面对中美知识产权摩擦，奥巴马政府的策略是发展将中国排除在外的 TPP，其固守现有制度的态度十分清楚。如果双方甚至无法达成相互妥协的意向，中美就无法解决具体问题。

结语

历史上，中美外交体现了"多极世界"的战略观，突破冷战的对抗格局。在中国逐步成为"世界第二"的同时，应考虑世界各国的多元利益，防止新冷战的发生。"两强对峙"的世界观，从本质上源于单一国家目标（安全）的假设，而现实中各国精英很可能考虑经济、政党、个人等利益。由于现代国家利益的多元化，一国的决策者应尽量避免"选边站队"的对抗思维。中国的和平发展充分利用了各国利益的多元化，以经济发展为核心，搁置政治矛盾、展开经济合作，避免世界格局走向"两强对峙"。在复杂的国际社会中，中美之外的第三方往往需要考虑安全以外的目标，如经济发展。例如，东盟国家、韩国与澳大利亚都从与中美两家的良好关系中获得经济回报。在中美发生"对峙"风险的情况下，这些国家有动机阻止两大国发生冲突，在现有国际安全格局中扮演"稳定剂"的角色。

同时也须看到，在中美双方致力避免冲突的大背景下，两国还应努力防止第三方势力挑动中美对峙并从中渔利。日本安倍政府利用中日领土纠纷为"修宪"造势；朝鲜意欲通过导弹试验加剧地区紧张，从而增加与美国谈判的筹码；台湾地区政客屡次冒险推动民粹主义"台独"运动，这些第三方行为可能不符合美国利益，但美国因为种种条约陷入与中国的冲突风险。不难看出，这些第三方行为仍然基于"两强对峙"的世界观，它们带来的困境是由冷战思维下订立的一系列安保、同盟协议造成的。中美两国一方面应充分理解利益多元化，组织展开各国平等参与的多边对话机制；另一方面也需要加强沟通，增进战略互信，彻底摒弃加剧冷战对抗的"遏制政策"。

（作者：金灿荣、金君达，载于《当代世界》2015年第9期）

如何构建中美新型大国军事关系

作为世界舞台上两个活跃的主角，中美两国的双边关系及其发展趋势对全球局势的影响不言而喻。军事关系是中美全面关系中不可或缺的组成部分，也一直是观察两国政治气氛友好与否的重要指标。中美军事关系的妥善处理和稳步推进，将成为构建中美新型大国关系的积极因素。构建中美新型大国军事关系有助于避免和妥善处理中美两军因误解、误判引发的危机，促进中美两国在军事方面巩固和拓展正在合作、需要合作以及能够合作的领域，提升中国应对现实和潜在的与美国发生摩擦冲突危机的能力，从而有助于维护国家安全利益。同时，中美新型大国军事关系的不断发展和深化，也将对外传达中国和平发展以及乐于担负大国责任的意愿，有助于中国在国际社会树立良好的大国形象。

2012年2月，时任中国国家副主席习近平访美期间首次明确提出构建"中美新型大国关系"的倡议，指出中美应拓展两国利益汇合点和互利合作面，努力把两国合作关系塑造成21世纪的新型大国关系。2012年3月，美国国务卿克林顿在美国和平研究所的演讲中对探索崛起的中国与守成的美国之间双边关系的新方式表示认可。2013年6月，中美两国元首"庄园会晤"时，习近平主席就关于如何将新型大国关系的精神贯彻到中美关系的方方面面提出了四点建议，其中之一是探索管控分歧新办法，积极构建与中美新型大国关系相适应的新型军事关系。2014年7月9日，习近平主席在《努力构建中美新型大国关系》的演讲中指出，"应该深化两军对话，完善沟通和合作机制，推进中美军事关系建设；应该在双向和互利基础上加强对话合作，共同打击一切形式的恐怖主义；应该发挥各自优势、承担各自义务，共同应对气候变化这一全球性挑战；应该加强在重大国际和地区问题上的沟通和协调，为维护和促进世界和平、稳定、繁荣做出更大贡献"。

在构建中美新型军事关系的背景下，中美两军目前在以下方面进行了交流并取得了一定的进展。

其一，高层互访。近年来，中美两军之间通过高层互访，交换有关国际安全环境的意见，进一步明确共识，深化相互理解。中国国防部部长常万全、海军司令吴胜利、总参谋长房峰辉等先后访美；美国参联会主席邓普西、太平洋舰队司令黑尼、空军参谋长威尔士、美国海军作战部副部长弗格森、陆军参谋长奥德耶诺等美军高层先后访华。2014年4月，美国国防部部长哈格尔访华，成为首位登上中国首艘航母的外军领导人。2014年11月12日，习近平主席在人民大会堂会见奥巴马时强调，中美要构建同新型大国关系相适应的新型军事关系。中方愿意同美方继续推动两军在高层交往、机制性交流、联演联训等方面不断取得新进展。就在此次奥巴马访华期间，中美两国国防部签署了《建立重大军事行动相互通报信任措施机制的谅解备忘录》和《海空相遇安全行为准则谅解备忘录》。建立这两个互信机制被认为是中美两军关系长期稳定发展的机制化保障，也是加强对彼此战略意图了解、增强战略互信和管控危机、预防风险的重要措施。

其二，机制性交流。机制性交流是中美年度防务磋商的重要组成部分，是中美日常对话机制的重要表现形式。在第十四、十五次中美防务磋商中，两军讨论了构建中美新型军事关系的具体方法，包括保持实质性对话，开展具体务实合作，创造更多有利条件以降低双方在关键战略领域发生误解误判的风险。2014年7月，中美两国首次将"致力于发展中美新型军事关系"列入第六轮中美战略与经济对话成果清单。

其三，专业性和事务性交流。目前中美两军的专业性和事务性交流以网络安全讨论为亮点。2013年4月，美国国务卿克里宣布中美双方在双边战略安全对话框架下设立网络工作组。2013年6月举行的中美首脑会晤中，双方领导人同意在网络安全问题上寻求共同的准则和方法，以建立互信关系，减少误解误判风险。2013年，中美网络工作组举行了两次会议。通过这一机制，中美政府及军队得以就网络问题开展实质性对话。

其四，联合演习。联合演习显然是中美军事关系的又一亮点，也标志着中美军事关系的发展进入了更高的层级。2013年11月，中美两国在美国夏威夷举行首次人道主义救援减灾联合实兵演练，这是中国军队首次派出实兵到美国本土举行演习。2014年1-2月，中国首次派出实兵参演"金色眼镜蛇"演习。这也是中国军队首次参与美国及其盟国的传统演习。2014年6月，中国海军首次参加由美国主导的"环太平洋2014"多边联合军演。这是中美军事关系史上最令人瞩目的标志性事件之一。美方邀请中国参加"环太"军演，中国积极响应，两军展示了透明的善意互动，有利于缓解近来比较紧张的中美两国和两军关系，同时利于消除外界误判，避免别有用心的国家故意利用中美矛盾制造事端。2014年10月，中国派兵参加"袋融"中美澳三边陆上军事演习，实现了"中美+X"多边联合演习。

在两国军事关系保持良好发展态势的同时，不可否认，目前中美构建新型大国军事关系还面临着很多挑战。

一是定位问题。中美军事外交已经开展多年，但是两国军事关系实质进展并不明显，深度上并未有太大变化。中国一直到 2014 年才参加美国主导的"环太"多国联合军演。由于美国不愿看到中国借演习之机学习、提升军事能力，从而威胁美国安全，在对华军事外交中通常都是实行"限制"和"交流"的混合战略。如果两国仍然倾向于将军事外交定位为用来沟通、表达意见的渠道，以及试着解决问题、降低冲突的一般性手段，那么中美军事外交未来的作用将十分有限，构建新型大国军事关系也更艰难。

二是互信问题。中美军事关系的维系和发展需要战略互信做支撑。但是，以往的交流经验和广泛的交流活动，却未能使任何一方建立对对方长远目标的信任，相反，甚至可以说缺乏互信的问题正日趋严重。不信任本身即具有缓慢的破坏性，而在此基础上形成的态度和采取的行动反过来又会加剧不信任。这样具有高度戒心的情况会同时影响两国的战略部署、外交政策的实施以及对彼此的认知，导致两国关系发生摇摆，而这种摇摆也会引起军事关系出现大幅波动。

三是平等问题。平等是中美两国构建新型大国军事关系的"基石"。中美两国在军事领域的实力不对等显而易见，并且差距之大远胜于中美在其他领域的比较。美国在军事领域的优势地位造成了以往的中美军事外交过程中美国自觉或不自觉地颐指气使、施压强迫和漠视中国核心利益。在许多议题上，美国都表现出只顾自己的国家和军事利益，公然对华不友好或敌视，并且时不时违反平等安全、不干涉别国内政、不针对第三方等基本原则；而且由于美国没有把中国放在一个平等的地位来对待，所以也就不可能与中国在军事领域进行密切的对话与沟通。这种平等互惠的缺失将持续影响未来中美构建新型大国军事关系。只有美方愿意克服这一问题，放下身段对华发展平等的军事关系，中美新型大国军事关系的构建才会得到更好的推动。

四是机制问题。中美之间目前已经建立了初步的军事外交机制，但是这与中美军事关系的重要性和脆弱性相比，还是远远不够的。一方面，已有的中美军事外交机制仍然更多地处于避免冲突的初级阶段，很容易受到外部形势变化的影响；另一方面，中美已有的军事外交机制在操作规范和实施细则上仍存在一定的模糊性。这样双方共同遵守并执行的以权利和义务定义的标准行为就难以界定，一旦有突发性外交事件，大部分时候并没有事先的规范预案。因操作失当而导致人为因素的事故也有可能发生。如此无章可循或者有章难循容易造成事故发生后两国陷入相互指责攻击的恶性循环，致使矛盾升级扩大；再者，中美已有的军事互信机制中还存在着政治意义大过军事意义的问题，实际作用相当受限，对于推动两军务实性合作仍然不够。此外，中美军事外交机制缺乏多边平台。中美作为世界上的两个大国，在诸多国际安全问题上的合作协调需要考虑其他各方反应。而且中美两军在多边框架下开展救灾、反恐、维和等领域的务实合作还有待探索，在多边防务与安全机制中的良性互动也有待加强。

中美双边军事关系发展中存在的上述问题主要受限于中美两国的国家属性差别、国家利益博弈、军事实力差距以及国际体系结构变化等因素。这些长期性、深层次的因素或问题阻碍着中美军事关系的发展和深化。

第一，中美两国的国家属性差异。处于崛起过程中的中国和要维持世界霸主地位的美国无论是在意识形态还是在文化上都存在着很大的差异，两国国家属性的相异给中美军事关系的发展造成阻碍。自中华人民共和国成立以来，意识形态因素就横亘在中美之间，影响着两国对彼此的外交决策。实际上，"中美在意识形态领域没有根本性的冲突，这与当时的美苏关系有着本质上的区别"，"尽管中美两国宣称或者在实践着完全不同的意识形态，但是两者并无冲突"。但中美在意识形态上的差异却成为美国对中国否定和攻击的借口和突破点，给中美军事关系造成了严重和长期的伤害，引发中美之间的怀疑、不信任，成为双方建立友好合作军事关系的基础性障碍。

文化迥异带来的不同思维方式也对中美军事关系有较大影响。在中美军事关系史上，中国在意"见到谁"，但美国在意"谈些什么"与"看到什么"。由于东方文化偏重于人际关系调节，等级观念强烈，所以中国在推动中美军事关系时在意"见到谁"，希望通过"由上而下"的方式，经由军事高层领导人的接触，缓和双方气氛，化解美国对"中国威胁"的疑虑，因此积极推动高层军事领导人之间的互访活动。然而，西方文化更偏好实效，美军在军事外交过程中在意双方能"谈些什么"，尤其基于对中国潜在军事挑战的关切，美国希望能将具有敏感性的安全议题包括网络安全、太空安全等引入两国军方的安全对话议程。同时，美军十分在意在交流过程中能"看到什么"，希望中国基于"透明"与"对等"原则，对美军开放更多重要的军事设施，以达到提升双方军事互信的目的。

第二，中美两国的国家利益博弈。中美军事关系的跌宕起伏主要受到两国国家利益博弈的影响。当涉及双方共同的生存利益、核心利益和主要利益时，中美军事关系就容易推进；当双方存在利益分歧或者仅仅涉及次要利益时，中美军事关系就不可能一帆风顺。

与中美军事关系密切相关的中国国家利益主要在安全利益和政治利益方面，基本包括国家的领土和主权完整、稳定的地缘政治环境、可持续发展的经济安全环境、防止新的威胁出现，维护国家的基本政治制度和意识形态。当前影响较大的中国主权和领土问题包括台湾问题、南海问题、钓鱼岛问题等，而这些问题美国都有介入。台湾问题是中美关系最大的冲突来源和中美军事关系深入发展的最大障碍。中美建交以来，贯穿中美三个联合公报的中心内容就是关于台湾问题的表述。回顾中美关系半个多世纪的发展历史可以看到，中美关系的主要波折，几乎都与台湾问题有关。正如2012年2月习近平会见美国总统奥巴马时所指出的，"台湾问题……是中美关系中最核心、最敏感的问题"。尽管两岸关系进入了和平发展历史新时期，但两岸关系在未来仍将面临许多挑战，和平发展仍将是漫长、曲折的过程。台湾当局的"亲美"、台湾政局发展的不稳定性、民进党对于"台独"立场的不放弃以及重新执政的可能性，都为美国继续插手、干涉台湾问题提供了机会，同时也将继续在中美之间制造不安定因素。尤其是美对台军售问题也将严重影响到中美军事交流合作和中美军事关系的发展。塑造稳定和谐的外部环境是中国外交最重要的任务之一，美国是中国国家安全的重要外部因素，也是关乎中国稳定和谐的外部环境的关键变量。美国在希望中国成为负责任的"利益相关方"的同时，又不愿意看到崛起的中国对亚太地区安全格局产生主导性影响从而挑战美国在亚太的地位。同时，由于中美之间存在意识形态差异，中国一直面临来自美国试图改变中国根本的政治制度和重塑意识形态的压力，这在中美军事外交的过程中体现在美方希望通过更频繁的人员来往、院校交流来影响塑造中方人员的看法和思想意识。

与中美军事关系密切相关的美国国家利益主要是安全、价值观和国际秩序。美国对国家安全利益的判定可以概括为维护本土安全、保持自身地位、防止世界范围内出现能够挑战其霸权的国家。就目前国际格局来看，中国的崛起正在给美国的后两项安全利益带来挑战。美国2014年《四年防务评估报告》中就提到，中国高速度、广范围的国防现代化一直持续，其真实军事能力和战略意图很少公开，缺乏透明度。这让美国为未来的安全环境感到担忧。而且，美国的外交和安全政策历来受到价值观的影响，并且力图在对外交往中向全世界输出所谓的"普世价值观"。美国对华交往过程中，从未放弃对中国价值观的重新塑造，其中人权问题就是典型的例子。在国际秩序上，美国认为中国正在以一种间接的、不直接与美冲突的方式在全世界逐步增加自己的影响力，尤其是在亚太区域。美国2014年《四年防务评估报告》提到，美国国防部还将继续重新平衡和保持全球态势。亚太地区是对美政治、经济和安全利益日趋重要的地区，美国将通过继续保持其在东北亚地区的坚实存在，强化在大洋洲和东南亚的存在，推进亚太"再平衡"，促进亚太地区和平与稳定。对于中国主导的上海合作组织，强化东盟"10+1""10+3"机制，强化中俄、中印战略对话，积极推进东亚共同体等举措，美国通常都认为是中国精心设计的想要将美国势力驱逐出亚太的多边关系网。

第三，中美军事实力的差距。根据"环球军力"组织公布的最新2014年世界军事大国实力排行榜，美国仍是世界头号军事大国，俄罗斯第二，中国第三。斯德哥尔摩国际和平研究所（SIPRI）的年鉴统计显示，2013年美国国防经费高达6330亿美元，美国军费开支占全球军费总和的44%，相当于美国将GDP的5%都拨给了军方，美国联邦政府预算的20%用于军费开支。从各方面的数据来看，美国在军事实力上都明显领先于中国，这也就带来了相关问题：中美关于对等性和军事透明度的争论。

军事实力的差距导致中国在与美国进行军事外交谈判时经常处于弱势地位。如美国作为世界顶级国防科技的拥有者，对中国的军事技术转让限制多、要价高,1989年6月后更是单方面停止了军事技术转让,且一直没有恢复,在欧盟对华军售禁令问题上也频频施加压力。因此在中美军事关系中,中国更多处于被动守势,美国更多处于主动位置。并且,由于美国的中心点永远是自己的国家利益,导致中美军事外交主要是随着美国对华政策的起伏而改变。对于美国军方来说,缺乏对等性的问题主要是他们认为中美军事外交缺乏对等的互惠。1997年在国防大学发表演讲时,时任美国参联会主席沙里卡什维利就曾提到,美国希望和中国人民解放军进行更平等的信息交流,因为美国已让中方军事代表团更多更好地接触并了解美军的作战理念、军事技术和军事基地。此外美国还有观点认为,中国军方官员的知识有限影响到了中美军事外交的开展。

军事透明度是中美军事关系中长期争论的问题,时常被美方拿来和缺乏对等性一起讨论,双方在军事透明度的作用、范围和程度等各方面都存在或多或少的分歧,彼此也都承认分歧的存在。在中国看来,美国对于军事透明度的要求更多的是军事强国对于弱国的一种手段,强国和弱国不可能在同一水平上对等"透明"。"对强者来说,透明不仅是增进国家间相互信任的必要手段,而且是威慑弱者的工具……对弱方来说,相对稀少的军事资源一旦暴露在强者面前,就意味着把制约强者的仅有手段告诉对方,从而失去遏制对手的能力,使强者永据强者地位。因此,强方过分要求弱方保持军事透明必然会使后者警惕强方的动机。"国际安全研究中心主任滕建群写道。而且在现实中,中国在军事透明度最关键的战略层面是积极的。然而,美国并不满足于战略层面的透明度,也不认为中国军队是"透明"的。美国国防部认为,正是由于中方缺乏军事透明度阻碍了双边军事关系和安全合作的发展。前美国驻华大使馆军事专员霍珀(Charles Hooper)曾在其总结1994–2001年中美军事关系的文章中提道:"中国人民解放军代表团在美国前所未有地接触到了一些军事设施、装备和人员,但是美国军事代表团在中国却受到极为不同的对待。对孙子兵法的信奉,使得中国军事战略中保密和欺骗成为基本原则,从游击部队成长起来的中国人民解放军是中国最神秘的一个部门。"美国领导人和军方之所以偏好开放透明的军事关系是因为他们可以以此为根据来制定军事战略,部署美国军力,塑造更有利于美国的安全环境。中国自身也承认军事对外开放的程度不如美国高。美国国防部的主要数据如预算、人力、领导都是对外公开的,直到"9·11"事件前,几乎所有的美军军事基地都在一定程度上对公众开放。这是因为,传统上,中国人民解放军就是最保密的部门,这种保密不仅仅针对外国,即便是中国普通老百姓也不了解军队内部情况。所以中国不免觉得美方提出的全方位军事透明度难以接受。但中国近年来也一直在致力于提高军事透明度,包括发布国防白皮书、建立军事发言人制度等。

第四,国际体系的结构变化。按照结构现实主义的观点,国际结构本身有特定的规律与制约,并且是影响国家行为者的主要因素。苏联解体改变了国际结构,也相应地改变了许多国家在冷战体系下的战略思考和国家行为。目前可以确定的是,后冷战时期的国际政治早已不是冷战时期传统的两极体系,美国已成为世界上唯一的超级大国,冷战后新的国际体系还没有形成均衡。首先,国际体系中缺乏让主要大国必须合作面对的共同威胁。后冷战的国际体系中并没有类似的在传统安全方面的共同潜在威胁,非传统安全威胁的恐怖主义目前并没有足够强大的国际行为主体承载,其对当前国际体系秩序的威胁也相对有限。其次,后冷战的体系中,冷战思维模式仍然占有一定地位。从实际情况看,大国更偏向于以维持竞争性权力平衡的观点来思考与其他国家的竞争关系;许多区域内的地缘政治利益合作还没有达成妥协安排；苏联解体后在东欧、中亚出现的权力真空并没有得到有效填补，乌克兰冲突从侧面也反映了这种权力真空下的混乱状态。所以即便增加多边合作机制，以及增加国际双边乃至多边会议外交的次数，仍然无法促成均衡的国际体系的形成。

  后冷战国际体系一直处于变化中，且中美对此持不同意见。在中国看来，大国关系的新特征与新模式正在生成，而且显而易见的是，多极化的国际格局比两极化更有助于维护世界的和平、稳定与繁荣，还可以制止霸权主义，避免极个别国家操纵国际事务。中国愿意积极促进国际多极格局的形成，也具备成为国际政治一极的基础。中国通过多年的改革开放，综合国力得到大幅度提升，相应地也提升了自己在国际事务中的作用。中国希望推动建设更加公正合理的国际政治经济新秩序，同时也了解这是一个渐进的过程，只能在维护现行国际秩序整体框架不变的基础上，对国际格局进行局部的修正与调整。从美国方面看，从战略、国家利益与安全的角度思考，后冷战时期美国有三大战略调整选择：一是采取外交孤立主义及美国优先的主张；二是选择多极化和国际权力平衡；三是美国充当全球领导，主导单极世界。目前看，美国更偏向于第三种选择，这与中国判断和提倡的多极化趋势明显相反。美国希望冷战后的国际格局是由美国主导的单极世界。美国为了确保"单极论"的实现，在地缘政治方面的战略考量就是必须先控制欧亚大陆，而要控制欧亚大陆，就要阻止任何一个占主导地位和敌对的欧亚大陆强权出现，确保没有任何国家或国家集团具有把美国赶出欧亚大陆或大大地削弱美国关键性仲裁能力的作用。在此基点上，美国预判当前欧亚大陆只有中、俄两国具有挑战美国在欧亚大陆霸权的战略潜力。在此背景下，后冷战时期的国际体系结构的变化造成了希望追求"多极化"的中国与主导"单极化"

的美国之间的摩擦和冲突。这是制约中美军事关系发展的一大环境因素。

中美关系是当今世界上最复杂的一对双边关系，在中美之间构建新型大国关系尤其是新型大国军事关系则是一项长期复杂的工程。对于中国来说，在未来几年这都是对外政策中的重点和难点。

中国应以扩大合作、正视分歧、控制冲突为原则去制定对美军事外交政策，才有助于相互之间军事外交的稳定，有助于新型大国军事关系的构建。对于中国而言，努力拓展与美军的战略合作内容，其潜在利益远超过负面风险。中美两军合作广度和深度的扩大会降低双方对彼此的质疑和抗拒。即使同美军进行战略合作在本质上还是偏向于"消极性战略合作"（目的在于避免发生军事意外、防止两国军事对抗态势升高），也应该努力尝试。如果这种合作能够开启良性循环——深化合作促进建立战略互信，战略互信又进一步深化合作——那么中美新型大国军事关系将取得重大突破。中美之间可以考虑尽快建立健全国防安全领域的"2+2"高层会晤和磋商机制。在诸如太空安全、网络安全等具有典型安全困境特点的问题上，中美双方应相互提供更大的透明度，签署在特定领域相互制约的可行性协议，并深入了解各自的关切和理论，很有可能降低在这些动态技术领域出现动荡变化的概率。

尽管扩大合作对双方都有益，但要扩大合作仍存在着潜在障碍。如果意识不到在扩大中美军事合作的广度与深度方面存在着巨大困难，未免太过天真。因此，必须正视双方确实存在的尖锐分歧，特别是在传统安全领域的分歧，并且向对方公开承认分歧所在。按照分歧大小和重要性分期分步解决。在近期，优先解决事务性的分歧问题，以便为实际的协商与谈判培养默契做好准备。需要注意的是双方沟通中的措辞方式，以免误解与误判。中期可多管齐下，建立多层级的官方热线，举行联合军事演习,以便增进理解、化解分歧、产生良性互动。远期则是签订协议,除了突出双方的共同利益,仍然要立足于中美之间的分歧、阐明中美双方的不同立场,以如何共同解决分歧为主调。

关于控制冲突,首先是寻求在谈判或者对话机制中解决冲突,避免直接诉诸武力、兵戎相见。在中美两军之间尝试建立相对合理、完善的危机管理机制和利益表达通道,尽可能将冲突纳入规范的渠道加以解决。这是控制冲突的首要要求,即确保中美双方能够在产生冲突时有一个共同遵守的范畴。其次,两军之间有所冲突时,要将冲突具体化为个案,使冲突不扩大、不泛化,以利于逐一化解,使两军不致因为冲突完全敌对、全面对抗。再次,双方必须明确,非武力的各种措施——妥协、克制和对话才是解决冲突的最佳手段。非武力解决冲突需要两军都确立通过合作解决争端的思想,要动员两军广泛地、积极自觉地参加双边合作,要充分利用理智的力量,寻求双方都能和平接受的方法和局面。

从中国方面来说,要进一步加强对美军事外交,应采取以下政策和措施。第一,推动务实性合作,发展对话空间,增强合作磋商机制。要加强中美军事外交,就要巩固和拓展正在合作、需要合作以及能够合作的领域,如太空安全领域。中美作为当今世界两个太空军事能力大国,两国间的合作对于维护太空安全,维持太空的长期可持续环境等起着重要作用,同时这也符合两国的共同长期利益。中美之间潜在的各种太空冲突可能应该优先通过对话、协商和外交途径得到解决。当下应当尽快建立与完善中美在太空安全领域合作与沟通的渠道及机制,将中美太空安全合作置于中美军事关系全局中进行统筹设计与安排。因此,加强中美两国在多个军事领域的战略合作,建立健全合作机制是今后两国军事外交的重点内容。中国要积极加强同美国在全球和区域性组织的军事合作，寻求同美国建立解决中美两军因误解误判引发危机的多层次磋商机制。

第二，制定并对外公布国家安全战略，完善危机管理机制。从美国的观点来看，中国国防发展的神秘性、作为区域强权的现状、不对称战争理念的出现，以及不断采购研发高科技武器装备等，都使美国担心中国会随着力量的壮大不断拓展在亚太和全球的利益，令美国相当忧虑区域安全将受到威胁，挑战美国维持亚太地区和平稳定的发展。针对这一点，除了继续发布国防白皮书向外界介绍相关情况，中国还应制定并对外公布国家安全战略，明晰中国核心安全利益，使美国了解中国的底线，并表明中国和平发展的意图。

随着中美军事关系向更高的层次和更广的范围拓展，中美间应通过建立完善的危机管理机制，避免和妥善处理可能发生的危机事件，确保中美军事关系的顺利发展。危机处理的原则如下：面临危机时的决策重点在于争取时间，并且提出不致恶化态势的选择；决策者此时应当思考的问题不在于谁要让步，而是提出双方都能接受的选项；在面临外在威胁时必须排除情感因素、谨慎处之；疲惫、愤怒或饱受惊吓的决策者，将会使决策的质量下降；危机中的双方不应过度夸大争端议题的重要性，必须认知到战争才是对国家生存最大的威胁，战争是不得已的政策选择；处理危机时应充分考虑对手的立场，而非仅专注自身的要求，使对手有回旋余地而不至于诉诸武力；处理危机时须威慑与妥协并用，勿将道德原则与国家利益过分挂钩，在次要问题上不妨妥协；而且应逐渐提升威慑以应付对手的挑衅；危机情况下的双方沟通管道必须保持畅通，使彼此能充分了解对方的要求、威慑与可能提供的让步；危机处理时应以政治而非军事主导，重大的战略决定须避免不当地使用武力。

第三，加强并改善与美国政府、国会、民间交往，拓展第二轨道外交。中美军事外交需要在两国政府高层之间建立良好的互动关系，并与相关具体负责人保持密切的联系，保证经常性的双向沟通，在互动沟通的过程中建立起彼此信任的关系。

中方要积极做好美国国会的工作，减小美国国会对中美军事外交合作的阻力。从中美军事外交发展历程来看，美国国会是阻挠中美军事技术合作或者坚持对华武器禁运的积极鼓动者。此外，美国国会还在对华技术出口管制中起着主要作用。因此，中国应积极加强同美国国会的交流沟通工作，多邀请国会议员来华访问，消除国会议员对中国的偏见。

在开展对美军事外交层面上，中方还要积极做好在中美军事交往中收获重大经济利益的美国军工企业的工作。美国军工企业出于对丰厚利润的追逐，会主动努力去影响美国对华政策，这在客观上导致美国军工企业成为影响两国军事关系的重要力量。因此我们需要善于利用其来抵制美国对华的消极军事外交，同时使其成为沟通中美两国政府以及军方的有效渠道，为中美军事关系避免大的波动和保持平稳发展发挥积极作用。此外，和美国媒体的关系也是需要重视的。媒体作为美国社会的"无冕之王"，对于民众的影响不容小觑，应尽量消除媒体过分炒作"中国威胁论"、反华言论甚嚣尘上的不良影响。

中美军事外交还应积极拓展"二轨外交"。所谓"二轨外交"，是一种特殊的非官方外交。政府间的官方渠道可被认为是"一轨外交"，"二轨外交"则是指通过加强民间友好信任的外交活动，由包括学者、退休官员、公众人物、社会活动家、非政府组织在内的非官方人物，利用多种渠道进行交流。"二轨外交"成果在条件成熟时可向官方外交轨道转化，从而推动真正影响大局的"一轨外交"的顺利进行。"二轨外交"的非官方色彩，使得它更具有灵活性，在交流过程中进可攻退可守，可从各方的反应中掌握更多的信息，以供决策者进行判断。在贯彻国家对外方针方面"二轨外交"还能够做一些官方不便做的事情，起到官方渠道难以起到的作用。"二轨外交"最大的作用不在于其对政府出台军事外交政策的影响，而在于双方了解彼此的观念和深入建立私交等。

第四，建设"共同进化"环境，创造双赢局势。雷默（Joshua Cooper Ramo）在《寻找美中关系的出路》一文中首次提出"共同进化"（co-evolution）的概念，他认为中美关系已经进入一个新的时代，美国如果仍然按照旧观念对中国采取"遏制"或"接触"战略是没有意义的，中美关系将是以"共同进化"的形式存在。中美两国应该坦然面对军事领域彼此之间存在的竞争，并将竞争引向更加有序的良性轨道。建设"共同进化"的竞争环境，双方应确立共同行为准则，有效规避恶性竞争，为竞争烈度划定红线，同时要大胆尝试更多前无古人的非零和合作，在双方利益并不一致的领域开展各尽所长、各取所需的合作，创造双赢局面。

正如习近平主席所强调的，宽广的太平洋有足够空间容纳中美两个大国。中美两国面对历史性的机遇，应该致力于在军事领域实现良性互动，加强安全问题上的沟通协调，理性行动、大胆创新、共同进化，为万世开太平。

（作者：金灿荣、王博，载于《现代国际关系》2015第3期）

中美经贸关系的未来挑战

中国的产业升级有可能改变中美贸易的性质，由目前的互补性走向竞争性，美方对此需要适应，如果能够利用中国的竞争推动产业升级，则中美贸易可向良性发展，否则会向恶性发展。

从过去40多年的经验来看，中美贸易关系是很成功的。1972年，中美之间只有几百万美元的贸易量，1979年两国建交时的贸易量是10亿美元。2013年，根据美国方面的统计，两国贸易总量接近5300亿，如果算上香港的转口贸易，总量要超过6000亿美元，这在人类的贸易史上都是相当罕见的。

目前，中美两国都是对方的第二大贸易伙伴，考虑到中国的最大贸易伙伴是多个国家组成的欧盟，而美国的最大贸易伙伴是与其有着特殊密切关系的加拿大，实际上甚至可以说中美两国互为最重要的贸易伙伴。

另外，双方的投资关系也非常紧密，美国在中国有着大量投资，而中国对美投资也在迅速增长。据统计，2013年中国对美投资超过了美国的对华投资。在国际贸易制度方面，双方也有着共同利益，都在推动贸易自由化，多哈回合的谈判就表现出这一点。2008年金融危机之后，双方也展开了一系列合作，G20峰会的召开和机制化也离不开中美的共同努力。

2014年7月9日至10日，中美两国第六次"战略与经济对话"在北京召开，双方承诺加快《双边投资协定》（BIT）的谈判，这个协定将有助于中美双方增加相互的投资额，稳定相互关系。在过去四十几年中，中美经贸关系可以说是两国关系的压舱石，未来也是两国在全球治理方面的合作平台。

当然，这四十几年也并非一路顺风，可以说是波折不断，如20世纪90年代美国国会年年审查给中国的最惠国待遇，现在仍然存在技术转让歧视，以国家安全为由拒绝中国企业进入美国，以及美国承诺的在世界银行及国际货币基金组织增加中国投票份额至今仍未兑现,等等。

一些潜在的问题需要两国好好应对。第一,中国的政策调整与制度改革,从2011年开始取消了对外资的优惠政策,将外资与国内投资的待遇统一,外资享受的一些"超国民待遇"正在消失,美商会对此也提出了一些抱怨。2013年下半年以来,中美关系的不稳定,也与贸易这一支柱被削弱有关。然而为了中国的进一步发展,这一趋势是不可避免的,外资企业对此还需要适应。

第二,双方都加入WTO,也都希望在WTO之外获得更好的贸易待遇,于是都在推动"WTO+"。美国是TPP,跨大西洋自由贸易协定;中国是RCEP,地区全面经济合作伙伴关系。两者有一定冲突和竞争关系。

第三,中国的产业升级有可能改变中美贸易的性质,由目前的互补性走向竞争性,美方对此需要适应,如果能够利用中国的竞争推动产业升级,则中美贸易可向良性发展,否则会向恶性发展。

第四,人民币国际化在金融领域与美国形成竞争。

最近,习近平主席提出了一些宏大的设想,包括"丝绸之路经济带"和"海上丝绸之路",这两个设想都是"百年战略",需要几代人的努力。从长远来讲,这将改变世界的地缘政治现状,美国如何适应也成为问题。中国参与建设金砖银行、上合银行,以及在APEC峰会上宣布的亚洲基础设施投资银行(AIIB),这三大银行如何与布雷顿森林体系相处,也成为需要注意的问题。

总之,随着BIT的推进,双方相互投资会增加,经济合作深入。然而,随着中国参与的一些国际倡议的实施、产业升级和人民币国际化,一些矛盾也会突显。因此,如何建构出某种协调机制就成为研究者新的任务。

(载于《中国科学报》2014年12月5日06版)

美国政治的"怪圈"

2016年年底,美国进行的第45届总统角逐,激烈而跌宕起伏,全世界的目光都集中到了美国。其实每届美国总统的选举,都会为全世界所瞩目。因为作为目前世界"老大"的美国,谁当总统,很可能影响到世界格局的走向。对于特朗普,他是商人,而中国人最会与商人打交道。

美国的腐败与治理

腐败，扭曲人性、破坏公平、侵蚀正义，是人类寇仇、社会毒瘤、各国公敌。然而，腐败是一个普遍现象，即使发达如美国也难享例外特权，与其他国家一样经历过腐败肆虐。近期，中国方正出版社翻译出版了美国青年学者泽菲尔·提绍特的著作《美国的腐败——从富兰克林的鼻烟盒到联合公民胜诉案》。作者以大量笔墨介绍了一系列美国反腐案例，剖析制宪时期的腐败、建国至 19 世纪末反腐败法的发展，以及 20 世纪的竞选募资法和反贿赂法。透过这些描述，读者可以深刻地感受到美国早期如何防治腐败。

第一，扩大腐败范畴，强化严苛的反腐观念。美国"开国先父们"认为，欧洲政治文化中的法治思想需要继承，但腐败习俗必须摒弃，因为前者是美国立足于国际社会的基础，后者却是一种可憎的陋习。基于此，美国建国者极其警惕和抵制腐败，在《联邦条例》中明确规定公职人员不得接受任何礼物，收礼要向国会申请批准。在他们看来，接受赠礼可能影响官员的判断、言行或政策，从而导致腐败。"四个鼻烟盒与一匹马"的结局不尽相同，但都在当时的美国政坛引起轩然大波，这与早期美国人的反腐观念密切相关。如作者所言，他们"扩大对腐败行为的定义范围，将英法文化中某些不被视为腐败的行为划归腐败范畴"。美国人对腐败宽泛而严苛的界定，展示了美国早期建立"新世界柏拉图理想国"的愿望与努力。

第二，强调公民美德，防止私利影响公权力。出于对欧洲社会的失望，美国希望建立一种全新的政治与社会秩序，强调以公民道德为核心。因此，美国"国父们"决定改章建制，建立一个真正的代议制共和国。这种制度不仅实践分权制衡原则，而且强调公民及选民代表的道德取向。"只有用心爱护国家和公共利益的公民，才是具有集体美德的公民，一旦他们利用自己的公共角色达到私人目的，他们就是腐败的公民。有美德的公民将公共利益置于其他利益之上，不会将政府首先视为个人活力的潜在资源，而是把它视为集体利益的资源。"美国在这方面的反腐经验体现为建立和坚持三权分立制度，维护分权制衡的原则，探讨金钱、权力、政治、人性的关系，寻找消除诱惑和治理"禄虫难题"的途径。

第三，突出法律手段，规范选举政治的过程。在美国建国者看来，帝制在治理效果上不如共和制，维护共和制需要实行代议制，真正的代议制要求规范选举制度。规范的选举制度不仅要求选举产生公共权力掌控者的过程公平合法，而且要求组建公共权力机构依法行使权力。一方面，美国制宪者制定规范选举制度的条款。例如，在备选名额方面，根据各州人数分配议员代表名额；在备选资格方面，规定参议员和众议院候选人的年龄和国籍年限。另一方面，运用分权制衡原则确保权力公正。例如，在选举财务方面，将财政拨款权赋予立法机构而非行政机构，以免行政部门因金钱贿赂而产生依附关系。此外，为了保护公民支持政府和参与政治的积极性，美国规定了"征用条款"，即"未经公平补偿，不得将私产充公"。

早期的美国人由衷地厌恶和警惕腐败，不仅对腐败行为的界定更加宽泛，而且从制度设计上竭尽所能地防止发生腐败。在他们看来，为了私利而影响公权力的行使都属于腐败行为，这种认识有深刻的背景和社会根源。如作者所言，"其一是亚里士多德主义和共和主义的观念，它体现于法国政治哲人孟德斯鸠的思想；其二来自基督教和清教，又与自然法理论盘根错节，体现于英国哲人约翰·洛克的学说"。由于这种根深蒂固的反腐理念与合理有效的制度设计，美国的腐败问题与其他国家相比程度较轻。然而，随着资本主义的发展，特别是19世纪中期之后，以贪污受贿和以权谋私为代表的腐败现象在美国趋于严重。面对当时严重的腐败问题，美国各州与联邦政府出台各种反腐败的法律措施。

首先，针对贿赂日益盛行的趋势，美国出台反腐败法。根据提绍特的介绍，1816年，美国佐治亚州通过专门的反贿赂法，规定任何试图"影响"州议会议员、行政官员、法官和大法官的人判刑五年；19世纪20年代之后，更多州出台反贿赂法，并通过模糊贿赂与敲诈勒索界线的方式扩大其适用范围；1853年，美国通过第一部联邦反贿赂法，规定任何向美国官员许诺有价值的物品以影响其决定的行为都要受到惩罚。此后，反贿赂法不仅向成文法发展，而且逐渐从司法领域扩展到立法领域。

其次，针对愈演愈烈的游说行为，美国出台反游说法。游说体现了自由主义政治理念，但也对其造成挑战。原因在于，游说有利于信息交流并产生理性，但过度游说助长花言巧语对理性的侵蚀，甚至扩大金钱对政治的影响。因此，选举制度中常见的游说行为并非总是具有积极作用。如该书所说，1851年，"哈里斯诉鲁夫案"判决首次否定了游说合同的有效性；1852年，联邦反游说法规定国会禁止充当受雇代理人；1877年佐治亚州在制宪会议上开展了关于是否将游说定罪的公开辩论，最终通过的州宪法明确规定游说有罪。1878年，该州通过立法界定"游说"。

再次，针对选举中的腐败乱象，美国挥舞两根大棒。对于防止腐败，不外乎惩罚和预防两种，美国也从这两方面发挥法治手段的作用。根据提绍特的介绍，一方面，美国以腐败罪起诉选举上台的官员。1903年，罗斯福在国会演讲中将贿赂列为最大的反民主之恶。1905年，借助俄勒冈州和堪萨斯州两次起诉贪官并将其定罪，美国改变了反贿赂法执行不力的状况。另一方面，美国出台竞选资金法。1905年，罗斯福倡导改革竞选资金立法，主张为竞选提供公共资金，禁止社团法人捐款，并全面公开竞选资金来源。1907年，美国通过《蒂尔曼法》。1910年，通过《联邦反腐败行为法》。这些法律不仅限制了选举开支，而且导致参议院直选和反垄断法的出台。

从作者的描述中可知，美国长期坚持反腐败的理念，不断推进反腐法律建设，从多个方面加强腐败防治力度，并取得了明显的效果。然而，提绍特的写作目的并非仅为宣扬美国反腐经验，而是针对她认为美国在反腐领域存在的问题提出自己的见解与主张。提绍特认为，腐败概念在美国一直处于变动和模糊状态，各种法律中未明确规定什么是腐败，这成为美国反腐努力中的最大问题。

第一，狭隘理解腐败概念。提绍特认为，在1976年的"巴克利诉法雷奥案"判决中，法院没有界定腐败，也没有将其狭隘地理解为权钱交易，该判决造成了日后的司法困境；2010年判决的"联合公民案"过分误读了"巴克利案"，将腐败界定为贿赂，并将贿赂等同于利益交换；2014年的"麦卡钦诉联邦选举委员会案"，大法官的判决认为宪法认定的唯一的腐败形式是利益交换。她反对这种对腐败概念的狭隘式理解。

第二，混淆平等与腐败的关系。提绍特指出，自由主义者大多认为腐败是一个没有意义的概念，它从属于平等关切；真正的问题是平等关切，而非腐败关切。在作者看来，腐败关切与平等关切虽有重叠，但不完全相同，两者都是国家的基石。

第三，以团体利益掩盖腐败。提绍特认为，美国是一个多元社会，利用公权力使代表一部分群体利益的团体利益压倒公共利益常常不被视为腐败。在她看来,维护团体利益不应以牺牲公共利益为代价,否则也是腐败。

基于上述认识,提绍特提倡复兴反腐败原则,强调明示规则,明确腐败概念,协调个人利益、团体利益和公共利益,建立公共财政资助选举制度,与纯粹的垄断做斗争。总体而言,该书视角独特、案例丰富、论述深刻、观点鲜明,展示了作者的学术素养与关怀,为相关领域的研究提供了可资借鉴的参考与启示。

(作者:金灿荣、孙西辉,载于《中国纪检监察报》2016年4月1日007版)

西方选举政治的"圈子"现象

虽然距离2016年美国大选尚有时日,但美国围绕新一轮大选的争夺战已经日趋激烈。无论是总统"夫妻档"还是总统"父子军",美国政坛的豪门世家左右美国政治的现象再次浮出水面。

西方政坛的门阀政治现象为何普遍

西方经济普遍实行资本主义私有制,家族企业非常普遍。据统计,西方国家的二级市场上3/4以上的企业、初级市场上2/3以上的企业都是家族企业,美国的家族企业占美国企业总数的96%。罗斯柴尔德家族、杜邦家族、奥纳西斯家族、洛克菲勒家族、IBM沃森家族、高尔文家族、福特家族、马克斯家族、迪斯尼家族、摩根家族这十大家族控制着西方的经济命脉。"金钱是权力的脐带""政治家是资本家的代言人",与这些左右西方经济的豪门世家相对应，西方政治的豪门世家也非常普遍。

在民主外衣的包裹下，对金钱、社会地位、政商关系的世袭和继承奠定了西方门阀政治的基础。研究表明，过去400年，英格兰基本控制在1000个家庭手中，2500个家庭操纵着整个英国。而美国作家费尔南德·伦德博格在《美国六十个家族》一书中指出，美国政治实际上是由最富有的60个家族控制着。在英国，埃奇坎伯家族在1945年之前几乎从未间断地向国会输送了20多名议员，曾三度出任保守党首相的索尔兹伯里勋爵，其家族从1868年至1955年间向英国政府贡献了1/10的内阁大臣。在美国，有700多个家族每个至少向国会输送了2名家族成员。BBC著名主持人帕克斯曼在其专著《政治动物》中一针见血地指出：在英美，政治上成功的第一法则是选好父母。亚当斯、汉密尔顿、塔夫脱、哈里森、罗斯福、肯尼迪、洛克菲勒，这些大名鼎鼎的姓氏贯穿于美国200年历史中。

美国的政治豪门因何绵延不断

政治世家们通过经营各种资源、按照隐性的游戏规则复制着一代又一代"权贵"，使家族的政治遗产得以绵延不断地传承。亚当斯家族、罗斯福家族、肯尼迪家族、布什家族和最新崛起的克林顿家族并称为美国政坛的"五大豪门"。

亚当斯家族兴起于美国建国之初，约翰·亚当斯和约翰·昆西·亚当斯父子俩先后担任过美国第二任和第六任总统。

罗斯福家族中先后有西奥多·罗斯福和富兰克林·罗斯福担任过总统。1901年，年仅43岁的西奥多·罗斯福当选总统，后获得连任，著名的"胡萝卜加大棒"的扩张主义政策便是他的"杰作"。1933年，他的堂侄富兰克林·罗斯福当选为总统，帮助美国度过了经济危机，打赢了"二战"，成为美国历史上唯一连任四届的总统。罗斯福家族的政治力量也在这一时期达到了前所未有的巅峰。

肯尼迪家族兴起于约瑟夫·帕特里克·肯尼迪时期，约瑟夫25岁时就担任波士顿一家银行的总裁，后通过政治联姻——迎娶波士顿市长的女儿成功跻身政界，后由于支持富兰克林·罗斯福成功当选而得以出任驻英大使。他的四个儿子，除了大儿子早年因飞机失事而身亡，个个都是美国政坛上的明星。约翰·肯尼迪先是担任参议员，后入主白宫。罗伯特·肯尼迪先后担任参议员和司法部部长。最小的爱德华·肯尼迪也是参议员。对政治权力的孜孜以求成为肯尼迪家族延续至今的传统。在他们之后，肯尼迪家族中又涌现出一批政治新星，约有26人活跃在美国政治的舞台上，驻日大使卡洛琳·肯尼迪便是其中代表。

布什家族的从政经历至少可以追溯四代。布什的曾祖父萨缪尔·布什是钢铁石油大亨，曾担任过胡佛总统的顾问。第一个在政坛站稳脚跟的是布什的爷爷普雷斯科特·布什，他先经商后从政，当联邦参议员多年，结识了艾森豪威尔总统，为后辈从政打下了基础。普雷斯科特之子乔治·布什先后担任过国会议员、驻联合国大使、美国中央情报局局长等要职，在里根政府时期担任两届副总统，后来当上美国总统，在其任内，美国赢得了海湾战争,国力达到冷战以来的巅峰。他的两个儿子紧随其后，又成为美国政坛举足轻重的人物。长子乔治·沃克·布什的发展轨迹与父亲十分相像，他耶鲁大学毕业后，进入石油业发展，后来担任得克萨斯州州长，曾在2000-2008年担任了两届美国总统，二儿子杰布·布什担任两届佛罗里达州州长，2016年已经宣布参选，将延续布什家族的政治传统。

克林顿家族并非典型意义的政治家族。在比尔·克林顿和希拉里·罗德姆投身政治之前，双方家庭均未有载入史册的政界要员。但凭借夫妇二人的个人努力与相互配合，这个初出茅庐的政治家庭已经在盘根错节的美国政坛上闯出了一片天地，大有后来者居上的态势。比尔·克林顿从阿肯色州总检察长开始做起，后成为该州州长。1992年，年轻、充满活力、主打经济牌的克林顿一路高歌猛进，超越了老布什总统，在竞选中获胜，后又因出色的经济治理能力连任，被誉为"最聪明的美国总统"，在美国民众中享有很高声誉。他的妻子希拉里·克林顿在丈夫卸任总统后投身政坛，一举拿下了纽约州参议员的席位，并在2008年向总统之位发起冲击，虽然最后未能在党内胜出，但她出色的能力获得了奥巴马的认可，并被任命为国务卿。利用这一职位，她充分展示了自己的敬业精神与外交风采，成为奥巴马第一任期内外交战略的主要设计者和推手，被民众誉为"劳模国务卿"。若2016年大选能够胜出，她不仅能成为美国历史上首位女性总统，还能使克林顿家族成为美国历史上最新崛起的政治豪门。

纵观美国五大政治豪门，我们不难发现，政治世家的经营模式和豪门巨贾的家族生意有着异曲同工之处。雄厚的经济基础、良好的教育背景、庞大的人脉关系网络、较高的社会声望和关注度、一以贯之的参政意识和权力欲望、对政治智慧和经验的心口相传，是支持这些豪门"江山代有才人出"的根本原因。政治世家通过经营上述资源、按照隐性的游戏规则复制着一代又一代"权贵"，使家族的政治遗产得以绵延不断地传承。对于这些政治豪门来说，投身政治与其说是一种事业，不如说是一种生意或是产业。

"圈子"现象有何制度弊病

众所周知，在西方，金钱是和权力划等号的，个人财富决定着一个人的社会地位。以美国的选举为例，竞选的双方候选人比拼的不只是政治主张，更重要的是各自的筹款能力。通常情况下，竞选资金的多少决定了选举的最终结果，金钱和权力被紧密地捆绑在一起。美国的民主政治事实上成为"有钱人才能玩得起的游戏"，决定美国政治走向的，只是占有社会99%财富的1%的精英而已。有政治学者尖锐地指出，美国实际上是由富人在制定规则，维护富人利益的社会。这种精英政治和金钱政治，为政治世家的形成提供了便利。

在美国的制度设计中，一部分腐败行为被合法化了。不仅利益集团向候选人提供政治献金是合法的，当权者利用一部分官职来回馈支持者也是合法的。总统能够完全按照自己的意愿组建自己庞大的幕僚团队，"一朝天子一朝臣"、任人唯亲的现象极为普遍。在小布什政府，从切尼、拉姆斯菲尔德到鲍威尔、赖斯，这些高官清一色的是老布什的旧部。布什家族为他们提供的是迈向更高权力的机遇，而这些人则毫无保留地奉献了自己对布什家族的忠诚，他们已经形成了和布什家族"一荣俱荣"的权力关系，和其他高官相比，这些人更像是布什世家的"家臣"。

在美国政治中，利益集团政治也是一个鲜明的特征。想要问鼎白宫，利益集团的支持必不可少。前共和党竞选战略家菲利普斯在《美国王朝：贵族统治、财富和布什家族的欺骗政治》一书中，揭示了布什家族通过强大的关系网、巨大的财富赢得了白宫宝座，并认为布什家族和金融、石油、军工企业以及情报机构结成了无形的同盟关系。事实上，小布什发动的两场战争，这些利益集团是直接的受益者。缺少了这些实力雄厚的财团的支持,一个候选人很难问鼎白宫,而一旦入主白宫,当权者不仅需要回馈这些利益集团,还需要用实际行动与这些利益集团结成一种政商同盟的关系。一个总统在任期间所积累下来的这种信誉和口碑,不仅能为自己卸任后带来大量利益,还能够通过政治世家的权力传承,将这部分关系过渡给自己的下一代。而利益集团也急需寻找这种"稳定的代言人",使他们在"下注"的时候"心中更有底气"。可以说,美国的利益集团政治加剧了美国政治的世袭现象。

(作者:金灿荣、董春岭,载于《领导之友》2015 年第 6 期)

美国总统选举出现了"新常态"吗

2016 年年底,美国将举行第 45 届总统的角逐,除美国各界对大选高度关注外,此次总统大选也引发了世界各国的瞩目。美国是总统制民主的代表国家,其四年一度的选举制度是美国政治生活的重要部分。它将决定今后数年内美国的内政外交班子和执政方针,影响中美关系在未来几年的议题重心。

虽然美国大选形势瞬息万变,但从目前初选形势来看,美国社会的民粹主义思潮已经产生了明显的政治影响,这种思潮又与美国目前经历的社会变化有关。由于这些社会变化属于长期、慢性的过程,可以预见,本次选举中表现出的政治思潮将在今后一段时期影响美国的内外政事。这些变化能否形成"新常态",则有待进一步观察。本文以 2016 年美国大选中出现的新变化为契机,探讨选举背后美国社会的变化。

总统选举对美国的重大意义

美国的政体是总统制（Presidential），其总统既是国家元首也是政府首脑。纽施塔特（Neustart）强调总统既是最高权力机构又是具有全国影响力的政客个体，相比起其他政治部门拥有三大优势：政治声望（Political reputation）、全国知名的社会威望（Public prestige）和主导政策制定的职务优势（Position）。总统能够利用其先发制人的政治优势推动政策出台，并利用声望和专业信息优势与国会博弈，达成个人与政党的政治目标。

通过总统大选，政客、政党和社会三个层面各取所需。对政客本人而言，总统宝座是职业声望的巅峰。对社会而言，寻常百姓得以通过大选了解参选政党的政治主张，选举具有设立议程（Agenda setting）、游说（Persuading）和增强透明度（Clarifying）的功能，其相对公开的竞争模式给美国的社会矛盾提供了有效的缓解渠道。对于政党而言，为了吸引特定人群或团体，参选政党将调整政策主张，总统大选因而使得两党部分团体有机会重新组合。

在此基础上，2016年的总统大选也被近期美国国内外发生的一系列事件赋予了特殊色彩。在美国国内，虽然2015年前三季度的经济指标显示出强劲复苏迹象，海外资金也从新兴市场流入美国，但美国第四季度的GDP增长低于预期，人们对美国经济的"强劲复苏"前景再度抱有疑虑。经济问题与两大争论焦点——医保改革和移民问题密不可分。奥巴马政府的医保改革是惠及低收入人群的福利政策，但部分经济学家认为它降低了穷人追求全职工作的意愿。而移民问题则受到国内经济和国际难民潮的两方面影响，成为美国社会日益关注的话题和竞选中的关键争论点。国际方面，除奥巴马大力推进的《跨太平洋伙伴协议》和《跨大西洋伙伴协议》受到质疑外，中东、俄罗斯、南中国海、朝鲜半岛等地爆发的紧张事态也影响着美国的外交政策走向，难民危机和随之而来的恐怖主义更在美国引起一场有关人道主义和社会安全的争论。由于众多竞选人、两大政党在上述问题立场各异，大选的结果将影响美国未来政策走向。

2016年美国总统竞选中的常态和"新常态"

本次美国总统大选的进程既在意料之中，又在意料之外。主流竞选理论认为，两党候选人在最终大选中会以温和的言论吸引中间选民，而在初选中则以相对极端言论吸引本党多数，因此初选中的激进言论属正常现象。另一方面，一些主流学者，如高曼（Galman）和金（King）认为，总统选举的结果在选举之前就可以预测，对竞选民调的持续炒作只是吸引民众保持政治关注、为参选人增加知名度的活动。到目前为止，特朗普、桑德斯等被预测为"边缘人物"的竞选人意外获得高人气，激进保守人士泰德·科鲁兹在共和党内后来居上，而希拉里·克林顿在巨大政治优势下仍未取得决定性胜利，被共和党寄予厚望、有望争取中间选民的杰布·布什和鲁比奥等参选人表现不佳，大幅度败给"黑马"特朗普而黯然退选，令预测人士大跌眼镜。

政治实践上，2016年总统选举体现出与以往选举的延续性。近年来的美国总统选举要求竞选人投入大量时间和金钱，因此许多竞选人在2015年已经开始筹备大选，例如，希拉里于该年4月宣布参选，特朗普于6月宣布参选。总统选举也需要大量资金投入，部分竞选人，如威斯康星州州长斯科特·沃克因为筹集不到竞选资金而早在2015年就被迫退出党内提名的角逐。

另一方面，数名缺乏从政经验的候选人也参加了本次总统竞选，其中企业家唐纳德·特朗普和前神经外科医生本·卡森吸引了相当数量的共和党选民支持，超过了部分职业政治家。特朗普是美国知名的地产大亨，拥有众多酒店、娱乐设施和地产，在曼哈顿等区域被当作美国商业家的代表人物。他在2000年曾经试探性地参加过选举，此次再度参选获得广泛关注。特朗普的竞选投入至今仅有2367万美元，低于杰布·布什和科鲁兹等职业政客，却取得了出人意料的好效果。卡森是美国著名神经外科医生，曾获美国平民最高荣誉"自由总统勋章"，因保守言论而受到宗教人士热捧；他在2015年的党内辩论中表现优异，在民意调查中一度位居前列。

相比起先前的总统大选，2016年的多位参选人都以极端言论著称，并因此大受欢迎。在民主党方面，佛蒙特参议员桑德斯旗帜鲜明地主张社会民主主义，被美国人视作"极左"的桑德斯在环境、少数族裔、弱势群体等领域阐述其进步主义思想。共和党方面，多位参选人都以保守言辞著称。特朗普在宣布参选的演说上指责部分墨西哥移民为"瘾君子、小偷、强奸犯"。在2015年11月的巴黎恐怖袭击后，他主张对穆斯林移民采取严厉的治安措施，包括审查移民材料和监控清真寺。位于移民管理第一线的得克萨斯州参议员科鲁兹也明确支持特朗普，并试图推动严格的移民立法。分析人士原先预测杰布·布什和鲁比奥会由于其宽容拉丁裔移民的立场受到欢迎，然而这两人都大幅落后于特朗普，面对党内压力不得不提前退选。"政治草根"和激进言论的强势，显示出美国社会情绪近期发生的变化。

2016年美国总统竞选"新常态"的背景

在本次总统大选中，"黑马"们的脱颖而出体现出美国社会对传统政治家的怀疑。民主党方面，希拉里由于资深的从政经历和丰富的社会关系而提早被当作大热门，然而她至今还没有显示出压倒性的优势。而共和党方面的职业政客仍然大幅落后于特朗普。一种解释认为美国社会的左右两翼趋于分化，另一种观点则认为温和派政治参与度低，导致少数激进声音占据主流。无论如何，这种变化体现出美国社会的整体焦虑情绪，尤其是中产阶级的焦虑不安。

美国社会中始终存在一股民粹主义思潮，该思潮源于美国第17任总统、民主党创始人之一、战争英雄"老胡桃"安德鲁·杰克逊就任总统期间提出的"杰克逊民主"。他力主加强政治参与，主张降低选民的财产门槛，成功将投票率由1824年的25%推高至1828年的60%以上，并因为支持者的踊跃投票而当选。杰克逊可谓是今日桑德斯和特朗普的集合体：他主张限制垄断资本，尤其表现出对银行的不信任，同时对政府内部腐败现象大加批判，主张引入官僚轮换制度，这些主张都赢得了美国东北部产业工人的支持。同时他的军旅生涯，尤其是屠杀印第安人的记录则受到以南方种植园主为代表的保守派肯定，其向西扩张的战略思想则深受中西部农场主的好评。他成功地将小农场主、产业工人和部分天主教徒整合为美国民主党，并将"人民利益"这一观念引入美国政治讨论。

受到杰克逊影响，在总统竞选中，激进政党数次以第三股势力活跃于政治舞台，例如19世纪后期的绿背党（Green Back）、人民党（Populist Party）、20世纪初的进步党（Progressive Party）等。美国的部分非主流参选人试图在总统选举诉诸民粹主义，典型例子包括与比尔·克林顿竞争总统的亿万富翁罗斯·佩罗，自1996年起多次参选的活动家拉尔夫·纳德和小布什时期的民主党参选人爱德华兹等。近年来，美国兴起的极右翼政党"茶党"和左翼运动"占领华尔街"都宣称他们代表草根人群的利益。由于代议制民主和"赢家通吃"选举的制度安排，这些声音在美国政治中多数时间不占主流；然而当社会对精英政治日趋不满时，人们就会通过对民粹思潮的支持表达抗议。

在这股思潮背后，特朗普出人意料的高支持率也表明了美国右翼对进步主义的反扑。以民主党为代表的美国左翼在政治上强调对少数族裔、女性、弱势群体等的包容，提出了平权法案（affirmative action）的概念，该法案要求美国政府、公司和其他机构必须照顾少数族裔。在政治生活中，进步主义思潮表现为美国媒体的"政治正确"，关于少数族裔、弱势群体等的负面描述经常会被扣上"种族主义""仇外"的帽子，激进思想则遭到主流媒体的噤声。长此以往，部分美国人开始反感"政治正确"，将其与虚伪挂钩；而特朗普的狂言无忌则被视作坦诚直率的表现，受到部分民众的热烈追捧。

在民主党方面，参议员伯尼·桑德斯的高支持率则掺杂了个人原因和结构性因素。在个人层面上，热门竞选人希拉里·克林顿在围绕昔日"邮件门"的辩解和与桑德斯的辩论中连续失分，其计算之中的民主党传统支持者部分流向桑德斯。虽然希拉里公开宣称自己是女权主义者，但其阵营针对女选民的恐吓性言论也受到批评。相比之下，桑德斯在20世纪80年代任伯灵顿市长期间就以左翼主张受到大学生欢迎，其人格魅力也吸引了部分年轻选民。在社会层面，渴望变革的年轻人在2008年支持了奥巴马，然而奥巴马对金融机构改革的进度不如预期，左翼人群对华尔街的不满情绪仍广泛存在。桑德斯继续受惠于美国左翼对华尔街金融家和大企业家的愤怒情绪。

归根结底，美国中产阶级的焦虑引发了整个社会的不安。皮尤公司近期调查显示，2015年年初的美国高收入人群与低收入人群之和超过中产阶级的数量，美国中产阶级从 20 世纪 60 年代的 61% 萎缩至 50%。整个中产阶级人群也体现出老龄化、族群多元化的特点，这意味着许多传统中产家庭正在强烈感受到身边的变化，以及"同类人群"的逐年减少。另一方面，中产阶级的稳定生活受到金融危机的冲击。犹如美国失业率的统计会去除长期失业的劳动力，2008 年的金融危机有可能已经积累下一批淡出政府视线的无业人群。这些人因为社会不安全感而支持主张排外的特朗普，因为经济不安全感而支持主张福利的桑德斯。

对 2016 年美国总统选举的展望

美国选举制度本身拥有制衡民粹主义的机制，这种机制使得希拉里等"主流"候选人在党内提名的争夺中拥有优势。美国两党的党内初选机制略有不同，民主党设置有无须经过州级别投票选举自动参加全国代表大会的超级委员，这些人多为有实际工作经验的一线政客，他们对于希拉里的支持很可能发挥决定性作用。目前的民主党委员调查显示，希拉里已经赢得 65% 的超级委员表态支持，桑德斯则仅赢得 4% 的超级代表，这使得希拉里的总代表数达到桑德斯的近两倍。即使在民意投票层面，希拉里仍然拥有全国优势，尤其在少数族裔群体中获得压倒性优势。

共和党方面的党内初选相对直接，竞选人通过各州的初选获得足够多的委员支持即可获得提名。目前特朗普赢得的委员多于科鲁兹等人，但如果其他候选人陆续退出并整合，其委员总数仍可能超过特朗普。特朗普在辩论中表现出的缺乏政治经验、言论粗俗出格等缺点使得不少共和党人对其敬而远之，其竞选团队工作不细致的缺点也将影响特朗普的最终表现；特朗普所期望的首投选民并未给他特殊照顾，宗教人士更是对其三次婚姻的历史颇有微词。最后，由于特朗普引发的巨大社会争议，其现阶段人气优势可能反而引发缺乏投票热情的温和选民对落后者的同情支持，继而投票支持科鲁兹等人。前纽约市长、媒体大亨迈克尔·布隆伯格在2016年1月声称自己有意作为独立参选人竞选总统，却为了防止分流"反特朗普联盟"的选票而放弃该计划，鲁比奥等参选人也陆续放弃选举，让科鲁兹有机会反超，共和党的初选尚未尘埃落定。然而最有希望抗衡特朗普的科鲁兹以强硬保守派著称，比起退选的鲁比奥等人，科鲁兹并不是理想的、能够争取中间选民的提名人选，相比之下批判伊战、支持计划生育政策的特朗普显得更加温和。传统共和党人可能面临输掉初选或是输掉大选的两难选择。

综上所述，2016年的美国总统大选见证了特朗普、桑德斯等"黑马"的意外表现，涌现出了左右翼两极的种种激进政治主张，这都与美国社会的不满情绪有关。纵观美国历史，其社会多次面临民粹情绪抬头、社会观点极化的紧张局面；然而美国克服了这些困难，表现出社会内部修复的能力。当前希拉里仍然拥有党内党外的竞争优势，很可能当选总统，使得初选中的种种"乱象"回到正轨。然而倘若特朗普成为"黑马"，那么美国社会或许面临前所未有的、难以愈合的分裂，而世界各国也需要对美国"另眼相看"了。即使本届选举的局面在将来几个月内趋于温和，"特朗普现象"所揭示的美国社会变化仍然值得长期关注。

（作者：金灿荣、金君达，载于《当代世界》2016年第4期）

美国大选：不得不考虑中国市场

虽然观察美国大选很多年，但跟我的美国同行一样，今年其实是很困惑的。特朗普现象，所有美国的专家都没有预计到，都糊涂了。共和党的主流精英层是非常焦虑的，共和党的主流现在在力保克鲁兹和卢比奥，更喜欢卢比奥，能不能挡住特朗普先生，现在不知道。3月1日超级星期二应该有一个答案，如果超级星期二特朗普还是赢了，那美国政策可能就乱了套，就挡不住了。

特朗普先生后面反映的是美国很大的变化，就是社会透露了极端化。这边是底层白人的民粹主义，其实美国有非常强大的民粹主义传统。

另外就是老百姓不信任政治家，特朗普就是房地产商，当然这个人聪明绝顶，别看他讲话傻乎乎的，美国是很多人鼓掌的，这是一个非常奇怪的政治现象。

后面有严肃的东西，就是美国老百姓对于国家治理的状态不满意，对现在的政治家不满意，他们认为政治家虚了，伪君子，还不如接受一个真小人。所以去政治化是以前没有预计到的。2016年正在展开的美国大选有很多新现象，我们正在看到一个不确定的美国。

民主党都是知识分子主导的，知识分子其实是很不民主的，说你给我闭嘴，因为我在谈民主，很喜欢这样的。为什么中国人喜欢和共和党打交道，干什么就是商量，简单一点，他也爱钱，有时候还讲一点原则，但是两者一搅，就不太好打交道了。

无论是特朗普还是希拉里，对中国不是很大问题，重点还是要恢复经济，美国经济其实是不好的，实体经济其实比较糟糕。奥巴马总统有一大政策目标，就是重振制造业。美国经济还是被华尔街掌控，实体经济也拿不到钱，政府印了很多钱，都给银行拿走了，也不是给小企业家的。无论是谁上台，还得去搞经济，搞经济就要跟我们合作。

特朗普先生在竞选当中批评中国是挺厉害的，但是在我们猴年春节的时候，他让他们家那个小外孙女发了一段视频，大概四分钟，用中文向中国老百姓拜年，猴年大吉，还背首唐诗。他面上骂你，是要讨好老百姓选票，让他小外孙女给你拜年，是要保持中国的市场，革命和生产两不误。特朗普反映了右翼情绪，不顾美国政治的正确性，"所有的穆斯林都不能进入美国"，这个话非常犯忌讳，联合国都出来批评了，说不能这么说。最近要建一个墙，防止墨西哥人进来，教皇也批评了，说你不像天主教。这个人输了，他也赚了，相当于广告，他的资产是增值的。成不成都赚了，在政治上潇洒走一回。

（载于清华大学·中国与世界经济论坛，2016年2月27日版）

特朗普是商人，中国最擅长和商人打交道

特朗普赢了，有人说这是底层民众的胜利，"啪啪啪"打了美国精英的脸。也许没错，从"占领华尔街"开始，美国的99%就已经开始觉醒，底层草根对政治精英、金融大鳄的不满已经汹涌在美国的每条街道。只是上层选择性失明，看不到民众的怒吼。也正是这样的掩耳盗铃，让自己的代言人在通往白宫的最后一公里上人困马乏。

而今，恐怕全球都在思考，特朗普会带领美国走向何方？作为大富豪，他又如何代表美国草根阶层？入主白宫的政治素人，如何转变身份和思维应对复杂的国内、国际局势？作为商人的特朗普成了政治家，对于中国来说是好事还是坏事？观察者网采访中国人民大学国际关系学院教授、美国问题专家金灿荣，且听他如何分析这些问题。

观察者网：您曾经在接受采访时称，"别看特朗普说话傻乎乎的，他真有可能赢得美国大选"。那对于他今天的胜出，您觉得意外吗？您怎么看美国人民的这个选择？

金灿荣：老实说，我还是感到意外的。9号上午10点之前接受采访时我还说，希拉里获得多数选举人票的可能性大，现在看来预测错了。

我觉得有这么几点原因，首先特朗普的胜利反映了美国精英对基层社会存在的愤怒估计不足。特朗普代表着基层造反，有人把他称为"反建制"，就是中国习惯说的造反派。因此他自然受到精英层的集体镇压，连共和党高层都和他翻脸，但是精英层集体镇压都压不住，说明基层的推动力太强大了，美国的社会结构真的有很强的阶级分裂，而且很深刻。这是特朗普胜选的结构性原因，也是根本原因。

还有技术性原因。一是希拉里本人的把柄很多，使人们很难信任她。特朗普是政治外行，没有政治禁忌，有时候会乱讲话，但又恰恰把很多基层百姓的心里话讲出来了，大家就把他当知音。第二，希拉里身体不好，曾在竞选过程中当众晕倒。另外，阿桑奇一直盯着希拉里，FBI局长詹姆斯·科米对她损害也很大，在距离大选还有一个礼拜时重启了希拉里"邮件门"调查，使得选民质疑希拉里不诚实。作为政治家，第一要赢得人们信任，第二才是展现能力。

这都是技术层面的原因，结构原因才是第一位的，就是我刚才讲的，大量基层群众对政权不满，是他们把特朗普抬进了白宫。但美国的精英层恰恰看不到这一点，他们一直很自信，觉得希拉里会赢。从这点来看，中国的精英层现在也需要反省，我们还是太相信美国的精英，我们有点路径依赖，依赖美国传统精英，过度自信。其实这之前已经表现得很明显了，比如社交媒体的声音和CNN的声音是不一样的，比如特朗普的集会现场总是人潮涌动，希拉里那里就很冷清。如果精英阶层能跳出来，注意到这些现象，注意到自媒体的声音，可能判断得会更准确一些，现在大部分精英都判断错误了。

观察者网：正如您提到的，特朗普现象表明美国社会有极端化趋势，反映的是底层白人的民粹主义，是草根对精英的胜利。现在特朗普胜出，美国社会内部矛盾会弥合还是更加尖锐？

金灿荣：从常理上讲，特朗普上台的第一个任务是恢复社会团结和政治团结，有人说他上台就要把希拉里送到监狱里去，当然大家都知道他是个大舌头，也就是说说玩玩。但是他有可能不是这样，特朗普是那种睚眦必报的人，他没准会携胜利之威去整希拉里，整精英层。哪怕精英层集体沦亡，可是老百姓支持我。所以现在来讲还不知道，就看他以后的做法。

观察者网：特朗普本身在共和党内就受到很多人的反对，在党外和军方、民主党的关系也不是很好。他上台之后，对未来美国政治会带来哪些影响？

金灿荣：特朗普对整个体制反感，他会对体制提出很多挑战。将来在美国可能会有一个很有意思的现象，就是共和党控制的国会和共和党总统吵起来了。这帮共和党人在选前都和特朗普拉开距离，他又是记仇的，说不定会和党内这些兄弟先打起来。总之他会和现行体制发生矛盾，至于具体影响，还是要看后续。

观察者网：有人认为，特朗普是一个保守主义者，他总是讲美国利益优先，他的胜利是对全球化的反叛。他上台后，对全球治理秩序会有哪些影响？

金灿荣：特朗普对过去美国精英主持的全球化会有所修正，对现在的全球治理会有一些冲击。具体来讲，现在世界经济本来就不好，美国在维持世界经济方面还是有些贡献的，它每年承担了8000亿美元的逆差，世界经济还是过剩时代，美国提供了很多需求。特朗普上台以后，要搞美国优先，不给你8000亿美元的逆差了，现在的世界经济就会更不平衡，世界经济不稳定性会增加，全球化的进程就会受到冲击，但这个冲击是好事还是坏事呢，也不好说，可能对中国也是个机会。

观察者网：但特朗普在竞选期间，有一些不利于中国的言论，比如"中国让美国工人失业""中国操纵货币"等，您怎么看特朗普时代的中美关系？

金灿荣：中国首先要淡定，特朗普带来的影响首先是在美国国内，其次是美国的盟国。这些盟国依赖美国，整个战略是以美国为中心的，有很多盟国都不知道以后该何去何从了。特朗普作为孤立主义者，如果不愿意承担责任，那盟国还跟不跟美国走？他们就有怀疑了。但总体来讲，对中国冲击不大，因为我们本来就不在美国体系内。

落到具体的中美关系上，特朗普上台对我们的贸易政策会有一定压力，竞选期间他把话说得很直白，中美之间将来会有贸易摩擦，但战略压力可能会小一些。因为希拉里是美国重返亚太战略的设计者，把中国当主要对手，而特朗普在他的表述中，是把中国、欧洲、中东平衡看待的。特朗普一上台，TPP 就要面临死亡，亚太战略压力会小很多。而且他是个商人，从来没搞过政治，一定会把他的商人特性带进政治，中国很习惯和商人打交道，从这点来讲，可能比希拉里要相对好一些。

（载于《观察者网》2016 年 11 月 10 日版）

世界

有点焦虑

现在全球好像都有一点焦虑,中国、日本、美国和欧洲,印度除外,可能是因为有宗教的精神因素吧。20世纪90年代的时候,世界秩序比较清楚,美国和小伙伴(G7)制定一切规矩。现在,G20很大程度上逐渐取代了G7,老体制打破了,新体制又没有完全建立,似乎世界有点乱了。公共疾病传染、全球贸易、网络安全、反恐、打击海盗、气候变化、新能源开发、消灭贫困、世界经济和国际金融稳定、防核扩散等一系列世界问题,需要全球治理。如果我们尽量把家里的事处理好,外部挑战就不再是问题。

消除恐怖主义既要治标更要治本

关于恐怖主义，中国的立场是这样的：恐怖主义是国际社会的共同威胁，中国是恐怖主义的受害方，所以中国非常坚定地支持国际反恐。为此，我们还做了一些具体的事情，比如说中国是上海合作组织的积极参与者。上合组织一个重要的功能就是打击"三股势力"，其中包括恐怖主义。所以，中国不仅是立场坚定的国际合作反恐支持者，而且是实践者。

从最近发展势态来看，中国的恐怖威胁还有一点变化。原来中国的恐怖威胁主要是国内的恐怖袭击，但是随着近年来中国的海外利益扩大，中国的海外利益也遭到了恐怖袭击。

当然，相比之下，美国面临的恐怖威胁要多一点。美国的恐怖威胁首先还是国际恐怖势力对美国本土的威胁。另外就是美国的海外利益，美国的海外利益一直受到威胁。

中国和美国虽在面临的恐怖威胁结构上有点趋同，但中国到目前为止还没有国际恐怖势力对中国本土的威胁，目前应该说威胁不大，或者有威胁也是在有效的控制中。中国现在有两个威胁，一个是本土的，一个是海外利益的威胁，这跟美国是有重叠的。这种结构上的趋同，意味着未来国际合作，特别是中国与美国的合作共同点是有增加的。

关于怎么应对国际恐怖主义，一个大方向就是要尽量让现有国际社会成员参与国际反恐。中国在这方面是做好了准备的。在中断恐怖组织的资金，在情报交流、反恐训练、联合培训有关国家的军警等方面，中国可以做一些事情。

也门总参谋长提到过，反恐一定要避免双重标准。完全避免双重标准非常困难，但是我们应该尽量避免双重标准，因为双重标准肯定有害于国际上的合作。如果立场不统一，我们就无法统一行动。所以，在减少双重标准方面，国际社会要做更大的努力，西方国家要做得更多一些。

另外，国际合作一定要关注极端主义意识形态和行为，尽量帮助有关"温和势力"国家的发展。伊斯兰文明在历史上是非常伟大的文明，对人类的发展做出了很大的贡献。但是近代以来，伊斯兰世界的现代化面临困难，这个可能跟极端势力在这个地方的影响较大有关。但我个人认为，也有些成功案例，比如，土耳其的现代化就非常好，近年来印度尼西亚的经济发展势头也不错，这说明伊斯兰世界现代化还是很有潜力的。我觉得，国际社会应帮助这个世界的"温和势力"的发展，从而限制极端势力的发展。

我们通过国际合作制止恐怖主义，不能局限于治标这个层面，也就是短期的一些措施，长期来看还要更多地治本，消除恐怖主义产生的根源。

我认为恐怖主义产生的根源主要有两个：一个就是贫困。贫困使人绝望，导致极端主义，这就跟恐怖主义联系起来了。通过发展国际社会合作，消除贫困，至少要降低贫困率，可以部分地解除恐怖主义根源。恐怖主义另外一个根源应该是"恶治"。应该用多种办法推进"善治"。如果能在消除贫困、推进善治方面有所进步，恐怖主义的根源是可以得到一定程度控制的。在这个基础上再加一些治标之策，整个形势就可以控制得好一些。

（载于《国防》2015年第3期）

海洋与现代国际关系

现代化的起点是大航海时代,它开启了工业化时代,使人们与海洋的关系有了根本性的变化。在此之前,海洋是阻碍人类的天堑,而当人类启动了工业化之后,海洋却成为不同大陆的人们联系的纽带。海洋占地球表面积的70.8%,陆地被浩瀚的海洋所包围,海洋分割着陆地,也连接着陆地,成为人类生存发展空间的一部分。正是人类的活动,使得海洋与陆地的关系有了社会价值,海洋依托于陆地,服务于陆地,作用于陆地。作为一种客观存在,海洋在不同的时代对于人类的意义却是不同的,从最初的恐惧,到认识到它的"渔盐之利""舟楫之便",以及把它作为赖以防御的自然屏障,再到连通全人类的桥梁。在整个现代化的过程中,伴随着人类认识自然、适应自然、改造自然能力的不断提高,海洋的重要性也在不断突显。

海洋对于国际关系的意义

从军事角度讲,强大的海军是军事优势的集中体现。海洋最便利于大规模的兵力投送和后勤保障,在当前,各国发展和运用海军实施海上战略控制的意识比以往任何时候都强烈。立足于海军发展,大力加强海军力量建设与运用是国际社会的普遍做法,各国为应对世界新军事变革,纷纷进行战略调整,减少军队数量,但很少进行海军裁军,反而各国都在采取各种措施加强海军规模、提高海军质量。在军事领域的国际竞争中,海军力量的竞争表现得尤为明显。

从国家安全角度看，海洋安全是国家安全的重要组成部分。国家的海上安全是国家陆上安全的扩展，不仅关乎国家的生存安全，更关乎国家的发展安全。除了传统意义上的"渔盐之利""舟楫之便"，对于很多国家而言，当前海洋作为国家陆地"护城河"的意义已经减弱。然而，海洋作为当前商品流通、国际贸易最重要的通道，已经使得传统的陆地安全边界扩展到了海上，亚丁湾各国的护航行动可以说明这一点。此外，作为可以认识和开发利用的"人类第二生存空间"，海洋资源对于一个国家的经济和可持续发展而言，也具有不可替代的作用，而我们目前认识和利用的海洋只是其中的一小部分。随着科学技术的进步和社会的发展，人类对海洋资源、海上交通的价值认识在不断前进，对海洋空间、地缘政治意义的认识也在不断前进，海洋日益成为现代国家、尤其是大国必不可少的发展空间，海洋安全就是现代各国重要的国家安全。

从现代国际关系角度来讲，取得海上优势成为领导世界的前提，它决定了一国的国际地位，充分利用海洋发展经济也成为在现代国际经济竞争中占据优势的重要前提。马汉"海权论"的逻辑也可以反映这一点：（一个国家）通过发展海上力量（主要是海军）获得海权－控制海洋（重要是海上通道）－控制世界贸易－获得世界财富－获得世界霸权。纵观近代多数崛起的大国，它们都是拥有强大海军的，当海权强国和陆权强国竞争时，结果往往是海权强国获胜。16世纪的西班牙和葡萄牙，都是依靠强大的海军力量称雄海上，在世界各地巧取豪夺；17世纪的荷兰，以无与伦比的"海上马车夫"开辟了遍及亚洲、非洲、澳洲以及美洲的殖民地，控制了海上航道和世界4/5的贸易量；后来居上的英国，也是通过大力发展海军，经过三次英荷战争击败了荷兰，又通过资产阶级革命，特别是以蒸汽机为代表的工业革命，彻底打败了拿破仑的大陆体系，获取海上霸权长达3个世纪,成为"日不落帝国";而此后美国在"海权论"的指导和影响下,积极发展海军,争夺海上优势,英国的海上霸权以和平方式禅让给美国,经历了两次世界大战和冷战的洗礼,美国已经在海洋上树立了牢固的优势,强大的海军力量是其全球霸权的有力后盾,至今仍影响着国际政治战略格局。纵观近代国际关系的几次大博弈,海权强大的国家总是笑到了最后,例如,英法博弈、英德博弈以及冷战时期的美苏博弈,前两次博弈以英国的胜出而结束,美苏博弈也因苏联的解体、美国全胜而告终。诚然,冷战时期的苏联也重视海军力量,在海权的争夺中同样表现抢眼,但美国在总体上以海洋性为特征,而苏联则以大陆性为主,美国在海权的争夺中处于上风。

从经济发展的开放性来看,一个开放的经济体效率更高,而海洋则寓于开放的国际空间,对国际秩序与国际合作至关重要。开放经济体的重要特点是强大的海外贸易能力,涉及海上运输、海外疆域的拓展以及对海洋通道的军事控制能力。海洋是一个开放的国际空间,任何国家进入海洋,也就意味着进入了世界。在15世纪地理大发现之后,群雄逐鹿于海洋,用坚船利炮争夺着海权和利益。而在当代,一场没有硝烟的战争却在同样一片海洋上展开,如今经济全球化的发展突破了传统的国家疆界概念,将国家的利益空间延伸至海洋,国家在海上利益所到之处已经成为国家无形的新的安全边界。要保持经济的发展动力,开放是必然选择;重视海洋是一个国家追求开放的重要标志,海洋也能成为各个国家之间寻求合作、建构秩序的平台;如何利用海洋实施对外开放战略、发展自身经济,成为经济竞争中占据优势的重要前提,而如何实现对海洋的战略控制以寻求在国际格局中的最有利地位,成为服务于国家的战略家们所孜孜追求的重要目标。

海洋性与中国现代化

从地理条件上讲，中国是一个海陆复合型国家，既有海洋性又有大陆性；同时，中国也拥有成为海洋大国的天然禀赋——中国拥有18000千米的海岸线，6500多个面积超过500平方米的岛屿和近300万平方千米的管辖海域。从历史角度看，中国也拥有着成为海洋大国的文明基因。例如，与古罗马帝国同时期的秦汉盛世，中国的海上丝绸之路已经西至印度、斯里兰卡，东至日本、朝鲜；而明代的郑和下西洋也被公认为世界航海史上具有开拓意义的壮举。因此，说中国只是一个大陆性国家不是准确的历史事实，中国的这些海洋实践活动，伴随着历史的发展，逐渐融入以农为本的中华文明的主流，使得中国的大陆性特色压倒了海洋特色。近代以来，中国遭受的大的威胁都来自海上，禁海政策和闭关锁国政策使中国关上了开放的大门，逐渐落后于现代文明进程，这种海洋性的弱化给中国的现代化构成了障碍。

从历史的进程来看，"使中国的海洋性与大陆性达到相对平衡，回归地理本性"，是中国现代化成功与否的重要标志。改革开放30多年，中国的经济建设取得了举世瞩目的成就，现代化进程加速推进，国际地位迅速提升，一个很重要的原因就是开放。利用独特的地缘优势，沿海的经济特区成为中国现代化建设的第一批引擎。开放的中国用海洋与世界联通，中国逐渐融入国际市场，成为国际分工的重要环节。当前，中国的对外贸易飞速扩展，经济的开放和贸易的扩展导致中国的海洋性突显，海外利益在扩展，海上利益需求也在扩展，海洋经济的比重也在增加。总体而言，开放的中国离海洋更近了。当前，中国的经济发展已经进入了一个新阶段，经济发展方式正在朝着更科学的方向转变，经济结构也在逐步优化提升。在这种情况下,中国经济的海洋性一定要进一步增加,海洋国土的意义也应进一步提升。

从未来的发展来看,中国国内现有的资源储备不足以支撑十几亿人拥有较好的生活条件。中国对国际资源、贸易市场的依赖在加深,为确保国家长期的发展能力,我们对海洋的控制利用能力应进一步加强——应加强对海洋的科学研究,更好地认识海洋;应加强对海洋的开发能力建设,增加资金投入,充分利用海洋主导交通渠道的便利,发展对外经济合作关系和远洋运输,开发渔业资源和矿产资源;应加强国家的海上安全建设,加强海上军事力量,维护国家的主权领土完整和海洋权益;同时还应改革现行的管理制度,构建新型的海洋管理体系。国家的经济战略布局除了陆上的东中西部协调发展,还应强化海洋国土的开发与利用,将其纳入中国经济发展的整体布局中,使东部沿海地区继续强化其内陆地区与海外联系纽带的作用,重视海上经济区的作用,发挥中国海陆复合的特性与优势,进一步发挥海洋的价值与功能。这不仅为中国当前的经济建设服务,更关乎中国经济未来发展的前途与命运。

太空时代的海洋作用

从大航海时代一直到 20 世纪航空工业起步,国际地缘政治的争夺焦点都是海洋控制权。但是到了 20 世纪,世界各国开始了空中优势的争夺,在 21 世纪,太空优势争夺也呈愈演愈烈之势,很多人开始怀疑海权的作用。

海洋的作用在于它的一些物理的基本属性,它的物质存在形式,决定了它是人类生存的"第二空间"的基本地位。陆地可以提供人类"脚踏实地"的运动和停留,支持、承受人类基本的生存活动以及社会活动;

海洋虽可以成为人类短时间的活动空间，却只能供给有条件的滞留，因此，没有建立在海面上的国家。人类的海洋活动必须依托陆地，陆地是人类生存的第一空间；只有在陆地不能满足人类基本需求，或更高需求的时候，人类才去开拓海洋，一个显而易见的原因就是，开拓利用海洋比开拓利用陆地要困难得多，开拓空天与太空更是如此。

除了丰富的渔业与矿产资源，就现代市场经济而言，海洋与陆地和空天相比有着独特的价值和作用。海洋与陆地有着完全不同的社会经济属性——方便、廉价的水上公路，一个不直接产生财富却可以通过跨海越洋的商品流通带来财富的特性。社会越发展，海洋经济越发达这一特征就表现得越鲜明，因为海上贸易、海洋经济具有天然的商品经济属性，它与陆地上春华秋实的农耕文明不同。后者遵循的是自然经济规律，前者遵循的是商品经济规律，而商品经济带来的财富增值，是远远高于自然经济的。

从陆权论、海权论到今天的空权论、太空战学说，伴随着人类科技的进步，人类的活动领域一步步拓展，对战略优势的争夺不断推向科技的最前沿领域。然而我们必须看到，正像20世纪对海洋的争夺服务于陆地优势那样，对空天的争夺以及对太空优势的寻求同样服务于陆地优势和海洋优势，海洋的价值并不会因空天时代的到来而下降，反而会随着商品贸易的繁荣和人类科技的进步而逐步上升。而空天的竞争只有落实到陆地和海洋，这种竞争才有价值。

（载于《探索与争鸣》2011年第10期）

中东乱局的成因及影响

2010年12月，突尼斯一个年轻小贩因不满警察扣押自焚于当地县政府门前，此事经社交网站"脸谱"传播后，立刻激起突尼斯民愤，并最终导致激烈的街头运动，致使总统下台。此后，中东地区多国相继爆发类似事件，特别是掌权埃及30年之久的穆巴拉克总统被迫下台更使整个阿拉伯世界为之一震。但由于事发突然，并且事态仍在进一步发展之中，所以不宜过早对局势做出结论。目前可以判断的只是引发此次事件的主要原因与发生在东欧和中亚的"颜色革命"不同，并非大国策划推动，而是国内人民自发的政治运动，具体来看包括以下几个方面原因。

第一，经济原因。事件发生国政府应对全球化不力，经济发展没有让老百姓得到实惠。值得注意的是，突尼斯、埃及，1978-2008年的年均经济增长率分别达到5.07%、4.52%，排名世界第12和19位。在这样的经济成就下依然爆发了激烈的街头政治运动，说明其经济增长本身蕴含问题，即经济总量增长，但质量低下，所以遇到外部经济冲击便会陷入困境。加之发生全球金融经济危机，全球市场需求锐减，由此带来石油价格和旅游人数大幅下降，使得此次事件当事国普遍陷入经济困境。这说明，尽管曾经保持经济较快增长，但这些国家并未就应对全球化挑战做好准备，包括产业升级和多元化、增强抵御外部经济冲击的能力等。除此之外，更重要的是经济增长没有使老百姓得到实惠，这是导致动乱的根本原因，而这又与这些国家的政治问题紧密相连。

第二，政治原因。此次事件发生国普遍具有半开放性特点，同时面临国内强人统治下的恶性腐败和国际社会干预的双重压力。此次被推翻下台的几个国家领导人都因长期统治而在国内积累了严重的家族腐败问题,由此导致经济增长成果无法惠及百姓,从而逐渐失去民心。更重要的是,这些国家普遍具有半开放性特点,即对内施行强人统治,对外又保持一定程度的开放。比如,突尼斯就积极参与了法国推动的地中海联盟合作,埃及也是推动中东和平的重要国家。在此背景下,主导国际社会的西方价值观便会潜移默化地影响这些国家的青年,增强其对本国强人政治的不满。另外,西方价值观中对于军队国家化的要求也成为对这些国家军队的一种无形监督。埃及军方在此次事件中保持中立而置国家动乱于不顾就是这种国际压力的典型体现。

第三,社会原因。严重的贫富分化和失业状况,使大量无业青年成为街头政治主力军。政治腐败的必然结果之一就是贫富分化,这在积累社会矛盾的同时也降低了政府治理能力,使其一方面无法创造足够的工作岗位,另一方面也难以通过有效教育提升人口的就业能力。从理论上看,一个生物人要转变为有效劳动力必须满足三个条件:一是肯干精神,二是技术能力,三是团队合作精神。目前来看,阿拉伯年轻人普遍缺乏这三个条件,因此他们虽然人多,但无法形成强大的劳动力,相反由于年轻气盛特别容易成为街头政治的导火索和主力军。

第四,技术原因。互联网迅速发展对矛盾激化和扩散起到推波助澜的作用。互联网对于此次中东变局的负面作用主要表现在大大降低了社会动员成本,使社会成员自发而非有组织相互联系。在此过程中,互联网容易夸大仇恨和传递负面信息,最后使大家只关注几个网站而完全不顾官方媒体报道,因而严重损害了政府公信力。当然,这种技术因素起作用的前提是社会已经积累了深刻矛盾,所以社会成员,尤其是年轻人对政府缺乏信任，此时互联网如果散布反政府言论就特别容易起到夸大和扩散效应。当然，这也是突尼斯、埃及等国半开放政治体制导致的结果，即在国内施行强人统治的同时又对媒体监管不力，最后导致民怨集中爆发。

此次中东变局可以给中国带来一些启示。

一是经济发展成果一定要惠及百姓。相对于阿拉伯国家，中国政府应对全球化的能力和成果都更加显著，这不仅表现在持续的高速经济增长上，更表现在中国政府为经济社会发展做出的科学规划和及时战略转变上。中国目前已进入人均收入4000美元的关键阶段，在国民财富总量增长的同时，如何公正地分配财富的问题日益突显，如何保证普通百姓能切实享受巨大的财富蛋糕直接关系到社会稳定。

二是必须高举反腐败和维护社会公正两面大旗。这是保证经济成果惠及百姓的基本前提。中国政府下一阶段应当重点在这两方面有所作为，特别是在关系百姓切身利益的领域，如就业、住房、医疗、教育等。政府只有始终在反腐败和维护公正方面取得重大成效，才能使民众看到生活改善的希望，也才能使其保持对政府的信心。胡锦涛同志在中央党校就加强和改进社会管理工作所做的重要讲话正表明了党中央在这方面的坚定决心。如果能真正落实，那么必然有助于缓解社会矛盾。

三是必须有效应对大学生就业问题。此次突尼斯事件的重要原因之一就是大学扩招过快导致严重失业问题，而这也正是中国社会面临的主要问题之一。中国大学生就业问题目前的突出表现是收入与学历倒挂，一方面农民工工资迅速增长却出现"民工荒"，另一方面大学生工资止步不前甚至低于农民工。这种现象容易使大学生产生对社会和政府的怨恨。网上流传的话语"我用一麻袋的钱上大学，换了一麻袋书；毕业了，用这些书换钱，却买不起一个麻袋"，就是这种心理的生动写照。要解决这一问题关键还在于产业结构升级，增加适应大学生和更高学历者的高技术和高附加值岗位供给，实现个人回报与社会发展的平衡。

四是对互联网要"管"不要"关"，用之所长，补之所短。此次中东变局的主要原因被普遍归于互联网，但互联网其实只是社会危机传播的途径而非症结，因此正确的态度应是充分利用互联网优势有效缓解甚至化解社会矛盾，切断互联网传播的危机之源，而不是本末倒置。互联网的确是人类现代化的一大成就，尽管在危机中有一些负面作用，但正常情况下对于促进经济发展、社会进步、文化繁荣和国家建设都已起到无法替代的作用。比如，北京奥运会境外火炬传递期间，正是清华大学学生主办的"反CNN"网站帮助中国缓解了国外媒体的肆意攻击，也正是在互联网传播下，海外华人才迅速组织起保护火炬传递的活动。至于残疾女孩金晶勇于护卫火炬的事迹，更是首先通过互联网迅速传遍全球。在此过程中，互联网已经起到增加中华民族认同感的重要作用，帮助人们跳出地域限制，形成更广阔的国家视野。同时，互联网还可以使政府更好地关注百姓诉求。曾任美国驻苏联最后一任大使的马克西姆在其所著《最后的70天》一书中写道，苏联的家庭妇女在苏联解体前居然抱怨买不到手纸。对于一个能送卫星上天的国家来说，这绝不是能力不行，而是因为沟通不畅没有及时了解百姓诉求。因此，中国政府一定要利用媒体在平时积累信誉，危机时则抢抓发言权。具体对策包括：公共媒体要在第一时间抢发言权和解释权；解释一定要力求公正，以树立公信力；高级官员要利用互联网多与民众直接沟通，了解民众的真实需求。

此次中东变局对世界格局的影响大致有如下方面：第一，欧洲国家受到的直接冲击较大，目前欧洲各国最担心的是难民潮，未来则意味着欧洲与北非国家的合作面临更多的困难。第二，阿拉伯国家近期的经济困难进一步突出，但如果在政治骚乱后其政治有所改良，则对其长期的现代化进程有好处。第三，美国对中东地区的关注不得不有所加强。

中东乱局对中国的不利影响主要是中国在该地区的投资有所损失；另外，由于油价高涨，中国未来一段时间将面临更严重的输入性通货膨胀。但是，该事件的战略影响看来利大于弊。第一，中国政府在12天内从利比亚撤出35860名中国公民，显示了强大的行动能力和以民为本的外交理念，有助于改善中国的国际形象。第二，此次事件中未被推翻的阿拉伯国家领导人可能会对美国不满，因为美国一直处于犹豫状态，并最后抛弃了阿拉伯盟友，比如，穆巴拉克在下台后就拒听奥巴马电话，其资产则被瑞士银行冻结。第三，穆巴拉克之后的埃及目前处于军方、自由派和既得利益集团、"穆斯林兄弟会"代表的宗教势力三方博弈状态，其中美国会助推前两者结合共压"穆斯林兄弟会"。但是，三方争取的对象都是动乱的主力军即埃及年轻人，其中"穆斯林兄弟会"对年轻人的吸引力最大，所以选举若真能顺利举行，有可能是"穆斯林兄弟会"获胜。正如美国外交关系协会主席理查德·哈斯最近撰文所言，革命之后最有可能胜利的恰是最有组织的力量。若此，中东便会出现埃及、伊朗两大反美国家联盟，这是美国无法接受的。第四，如果埃及军方和自由派共压"穆斯林兄弟会"，那也将造成埃及局势进一步混乱，美国不得不分散精力维持其稳定，从而减少对东亚地区的战略投入。

（载于《现代国际关系》2011年第3期）

大国来了

安倍政府解禁集体自卫权及对东亚和平的影响

2015年7月16日,在中国人民抗日战争与世界反法西斯战争胜利70周年之际,安倍政府不顾国内民众反对和周边国家忧虑,在众议院全体会议上表决通过了以解禁集体自卫权为核心内容的安全保障相关法案。9月19日,参议院全体会议表决通过了上述法案。人们将此次众参两院通过的法案统称为"新安保法案"。该法案由两部分组成,一是《和平安全法制完善法案》,由《自卫队法》《武力攻击事态法》《周边事态法》《联合国维和行动(PKO)合作法》等10部法律的修正案综合而成;二是《国际和平支援法案》,是一部随时允许为应对国际争端的他国军队提供后方支援的新法。鉴于执政党联盟在众参两院中拥有多数席位,法案过关没有什么悬念。"新安保法案"的通过使日本解禁集体自卫权迈出了关键的一步,标志着日本军事战略的重大转变。实际上,东亚在"二战"后经历了长达70年的和平时期,包括日本在内的东亚国家普遍获得快速发展,日本成为成功发展经济的范例并具有重要影响力的国家。那么,当下安倍政府缘何执著于解禁集体自卫权,对东亚地区和平会产生什么影响,中国应如何看待这一问题,这正是本文要着重讨论的内容。

解禁集体自卫权的国内外动因

日本谋求解禁集体自卫权并非始于今日,但大多言止于行,安倍政府却以"三步走"的方式推动实质性突破。第一步是表明决心和制造舆论氛围。2013年1月,安倍在NHK电视节目中表示,修改集体自卫权的宪法解释是自民党的既定方针。2013年2月15日，安倍晋三出席自民党宪法修正推进总部会时称，将修宪定位为"需解决的重大课题"。第二步是以行政手段推动解禁集体自卫权。2015年5月14日，日本临时内阁会议通过了旨在扩大自卫队海外活动的"新安保法案"。第三步是以立法形式落实解禁集体自卫权。2015年7月和9月众议院和参议院分别通过了以解禁集体自卫权为主要内容的"新安保法案"。从现实的角度看，安倍政府解禁集体自卫权具有多方面的原因，可归纳为"两个层面"和"两个维度"，即国际与国内两个层面以及中美日实力变动与日本社会心态变化两个维度。

1. 国际层面：中美日实力变动

从性质上看，国际层面的原因是安倍政府执意解禁集体自卫权的背景性原因，但这些外部因素起到非常重要的推动作用。总体而言，可以从中国、美国和日本的实力变动角度观察国际因素对安倍政府解禁集体自卫权的"催化效应"。

首先，中日实力地位逆转。20世纪70年代，日本是跃居的世界经济大国，80年代日本经济达到高峰，中国经济开始腾飞；90年代至2008年，日本经济长期低迷，中国经济则一路高歌猛进。全球金融危机爆发后，中日经济的不同发展趋势更加明显，而且产生了"质变"，2010年中国的GDP（国内生产总值）超越日本成为世界第二大经济体，2014年中国经济总量达到日本的两倍以上。中日经济实力地位的反转给日本带来巨大心理压力，进而波及日本国民的心态。在这种情况下，在维持地区影响力上的对华优势成为日本决策者的考虑目标，解禁集体自卫权并实现所谓"国家正常化"被视为重要途径。

其次，中美力量此长彼消。冷战后，美国成为全球唯一的超级大国，同时中国也开始加速发展。进入21世纪后，美国忙于中东反恐，中国抓住难得的"黄金机遇期"迅速崛起，成为东亚绝大多数国家最大的贸易伙伴。由于反恐战争和金融危机对美国实力的折损，以及中国的持续快速发展，中美两国在东亚地区的力量此长彼消。面对这一趋势，奥巴马政府开始"重返亚洲"，实施所谓的"亚太再平衡"战略，并不断要求日本解禁集体自卫权以强化美日同盟。同时，日本感到美国在东亚的影响力大不如前，美国"保护伞"的可靠性下降，因而一面推动加强日美同盟关系，一面谋求增强自身实力与影响力，这些都促使安倍政府加快了解禁集体自卫权的步伐。

再次，日本在岛争中处于下风。日本与多国存在领土争端，且近年来趋于激化。日俄领土争端始于"二战"后，但2009年以来不断升级。由于俄罗斯拥有强大的军事实力和强硬的外交政策，且"二战"后一直实际控制着争议岛屿，日本在日俄领土争端中没有太多选择。日韩岛屿争端在2005年至2008年开始激化，2012年之后争端愈演愈烈。由于韩国实际控制该岛且美国竭力调节日韩关系，日本亦不能对韩国采取激烈手段。与中国间的钓鱼岛争端在20世纪70年代和90年代曾两度爆发，2010年之后激化，2012年至2013年达到白热化程度。日本依仗日美同盟，对中国态度强横，甚至将钓鱼岛"国有化"。为了捍卫国家主权尊严，中国对钓鱼岛实行常态化立体式巡航，在很大程度上刺激了日本国内的民族主义情绪，这成为安倍政府推动集体自卫权解禁的一大因素。

2. 国内层面：日本社会心态变化

如果说国际层面的因素是外因，那么国内层面的因素就是内因。除了安倍本人的民族主义"政治基因"外，日本经济、政治和文化领域中存在的问题导致社会心态发生变化，右倾化趋势日益明显，这是促使安倍政府解禁集体自卫权的重要原因，也为其提供了合适的政策环境。

第一，经济长期停滞导致日本社会焦虑。20世纪90年代之后，日本经济经历了"失去的十年"。一方面，80年代日本签署"广场协议"和"卢浮宫协议"，使之在追求"大国责任"的雄心中"透支"了国力。另一方面，日元大幅升值，凯恩斯式财政刺激效果不佳，导致日本经济在90年代停滞不前。新世纪以来，日本实施结构改革，金融货币政策滞后，应对通货紧缩不力，经济陷入"萎缩的十年"。长期经济不景气导致民众普遍对前途不安，对现状不满，危机感和焦虑感日益增强，日本社会逐步"向右转"。对此，美国政治学家约瑟夫·奈认为，日本的右倾化是"软弱的表现"，这种软弱源自日本自信心的丧失。

第二，政治僵化为"右倾化"提供了"土壤"。除了极少数时期外，自民党战后长期把持日本政权，政治僵化为政治"右倾化"提供了"土壤"，而且"右倾化"趋势不减，右翼党派轮流"坐庄"，而共产党和社民党等日本传统左翼政党长期无缘政权。尽管左翼政党公明党参与联合执政，但由于其议席数量少，影响力有限，难以影响自民党的决策。此外，一些日本政客为了私利煽动民族情绪。他们为了捞取选票、提高支持率，经常故作对外强硬状，否认历史、歪曲事实，如安倍晋三参拜靖国神社，视为"理所当然"，再如石原慎太郎的"购岛"言行、麻生太郎提出效仿纳粹德国修宪的主张、桥下彻否认慰安妇问题的言论，等等。

第三，教育偏颇导致日本社会缺乏正确史观。长期以来，日本右翼势力不但否认侵略，还以扭曲的历史观影响国民对战争的认识，许多未经历战争的新生代形成了不正确的史观，易产生不符合史实的民族主义情节。《读卖新闻》总编渡边恒雄接受中国媒体采访时曾表示："他们对自己的父辈、对自己的祖辈到底做了一些什么事情，可以说完全不了解。

并且在学校的教科书里面都没有教过相关的内容。"此外,部分日本学者、作家等文人为了提高自己的"人气",常常迎合右倾化潮流。甚至一些普通民众或出于历史知识方面的无知,或由于被误导而盲从,或为了某个目的而"搏出位",逐渐投入右倾化的大潮。

解禁集体自卫权对东亚和平的影响

2015年新安保法案的通过,使日本向海外派兵更为便利,甚至可以参加对外战争,日本解禁集体自卫权迈出了关键的一步。日本解禁集体自卫权对东亚地区的和平势必产生影响,本文主要关注对国际社会,特别是对军备竞赛、冲突风险等方面可能会产生的影响。

1. 刺激周边国家安全神经

"二战"后,经过民主化改革,日本政府坚持不行使集体自卫权的立场,实行专守防卫的军事战略。需要指出的是,专守防卫行使的是自卫权或个体自卫权,与集体自卫权的最大区别在于是否允许一国在本国没有受到武力攻击的情况下对另一国宣战或采取军事行动。此外,日本宪法规定禁止自卫队走出国门,而新安保法案则赋予日本海外派兵的权利。由此可见,安倍政府解禁集体自卫权是日本军事战略的重大调整。

尽管安倍政府一再鼓吹所谓"积极的和平主义",但以无中生有的"外部威胁"为幌子解禁集体自卫权,刺激了曾经饱受日本军国主义蹂躏的亚洲各国的神经。正如中国外交部发言人华春莹所说:"由于历史原因,日本军事安全动向一向受到亚洲邻国和国际社会的高度关注。日本众议院通过新安保法案,是战后前所未有的举动,可能使日本军事安全政策发生重大变化,人们有理由质疑日本是否要放弃专守防卫政策?是否要改变战后长期坚持的和平发展道路?"我们不能对此就说解禁集体自卫权意味着日本一定会重走军国主义道路，但安倍政府在世界反法西斯战争胜利 70 周年之际通过新安保法案仍不免使亚洲各国产生深切的安全忧虑。

2. 导致地区军备竞赛升级

东亚是极具多元性的区域，各种矛盾错综复杂，历史与现实因素导致各种争端此起彼伏。同时，东亚也是世界上经济发展最快的区域，这使得各国有能力研发或采购更多先进的军事装备，进而导致地区军备竞赛日趋升级。在这种背景下，安倍政府解禁集体自卫权将在三个方面进一步加剧地区军备竞赛。

第一，增加军费引发地区连锁反应。"二战"以来，日本奉行专守防卫政策，军费开支较为稳定。解禁集体自卫权后，不仅可以向外国军队提供援助，而且可以向海外派兵，这或将使日本大幅增加军费，从而打破地区内原有的战略均势与平衡。在"安全赤字"严重的情况下，东亚各国可能竞相效仿增加军费，进而加剧军备竞赛。

第二，更新武器系统推动地区竞争。安倍政府上台以来，日本采购并加速研发各种新式军备，如采购新型 25 DD 导弹驱逐舰、新型路基反舰导弹、新型 690 吨级远洋型猎扫雷舰等。解禁集体自卫权后，能够在更广阔领域开展军事活动，因此需要更多新型军备，这将促使日本进一步加大研发和采购军备的力度，从而加剧东亚地区的"安全困境"，进而推动地区军备竞赛升级。

第三，海外军售助推地区军备竞赛。由于专守防卫原则的限制，日本的武器出口受到严格限制。2014 年 3 月，安倍政府举行国家安全保障会议，审议通过了"防卫装备转移三原则"草案，取代原有的"武器出口三原则"。这有助于放宽日本对外输出武器和军事技术的限制，虽然这是一种非常规方式。解禁集体自卫权后,日本可根据《国际和平支援法案》向其他国家军队提供支援,包括出口各种武器。因此,新安保法案使日本海外军售正常化与合法化,而大量出口武器将直接加剧东亚各国的军备竞赛。

3. 增加地区冲突风险

解禁集体自卫权使日本自身的战略走向产生重大变化,对地区安全亦具有重要影响。由于东亚地区的安全形势错综复杂,日本加大军事影响和海外军事行动很可能增加地区冲突的风险。

首先,增加了中日冲突的风险。日本在与俄罗斯和韩国的争端中感到难以为所欲为,但认为在中日争端中可以"有所作为"。一方面,日本自恃日美同盟可以压制中国。近年来,美国多次明确表示钓鱼岛属于美国对日防卫义务的《美日安保条约》第五条的适用对象,这极大地"鼓舞"了日本右倾化政客的信心和士气。另一方面,日本对华有一种优越感。历史上日本对华态度经历了从"仰视"到"平视",再到"俯视"的变化过程,中国抗战胜利打掉了日本侵略者的气焰。尽管中国目前在经济上已取得大幅度发展,甚至名义 GDP 超过了日本,但日本仍有相当一部分人对华抱有优越感。在这种情况下,一方是挟美自重的日本,另一方是坚决维护主权的中国,两国发生冲突的可能性增加。

其次,增加了朝鲜半岛局势的不确定性。日本解禁集体自卫权的借口之一是为了应对朝鲜威胁,并宣称将拦截经日本上空飞往美国方向的导弹。在日美同盟不断加强的背景下,安全"敏感性"和"脆弱性"程度更高的朝鲜将受到强烈刺激,从而使半岛局势的不确定性增加。

再次,会增加中美冲突的风险。从理性的角度看,中美都不愿意走向冲突,两国爆发大规模冲突的可能性很低,但在次级争端中的军事冲突并非不可能。在南海，美国加大所谓巡航力度，还一再邀请日本等国参与。美国外交政策专家莱斯利·吉尔贝认为，中美两国在南海的利益分歧易于引发冲突。日本在新修订的《武力攻击事态法修正案》中指出，"与日本关系密切国受到武力攻击，日本的生存处于明确危险境地"时，日本可出动自卫队使用武力。因此，安倍政府解禁集体自卫权在一定程度上分担了美国的军事负担，同时也增加了中美冲突的可能性。

理性看待解禁集体自卫权

安倍政府解禁集体自卫权的目标是加强日美同盟并借此实现"正常国家"的目标，但这一做法在日本国内外遭到普遍质疑和反对。在国际上，各国官方纷纷表达关切，媒体竞相发表评论。在日本国内，反对声音此起彼伏，游行示威规模不断扩大。作为日本军国主义的最大受害国和日本近邻，中国应密切关注日本解禁集体自卫权的动向，做出理性判断与合理反应。

1. 日本"正常化"趋势或难改变

安倍政府解禁集体自卫权引发日本国内外广泛关注和评论。在国际上，韩国外交部表示，影响朝鲜半岛安全及韩国国家利益的日本海外行动须经韩方同意。中国国务委员杨洁篪会见日本国家安全保障局局长谷内正太郎时对此表示"严重关切"。俄罗斯外交人士表示将静观日本解禁集体自卫权的发展动向。此外，中国、韩国、俄罗斯、卡塔尔等亚洲各国媒体纷纷刊登文章，表示质疑、批评和担忧。在日本政界，反对党在讨论新安保法案时不断发出"绝不允许""这是违宪""必须阻止法案获得通过"等反对之声。日本大批抗议者高举"不要战争""不要杀戮""废除新安保法案"等标语游行示威。日本主流媒体纷纷报道民众对解禁集体自卫权的不满和批评。尽管如此,无论国内外各界如何反对,安倍政府推进"国家正常化"的决心和行动没有改变。主要原因包括三点。

第一,解禁集体自卫权符合目前美国的意愿。美国在"亚太再平衡"战略中希望借助盟友特别是日本的力量,在亚太地区牵制中国的快速发展,因此鼓励日本解禁集体自卫权并对安倍政府的做法大加赞赏。第二,解禁集体自卫权顺应了日本的民族主义思潮。日本社会民族主义情绪高涨,"右倾化"现象日益严重,这为安倍政府解禁集体自卫权提供了难得的机遇。第三,解禁集体自卫权符合安倍的个人意愿。安倍继承了其外祖父岸信介的"政治基因",是当前日本典型的民族主义者和右倾化政客,誓将实现修宪和"国家正常化"作为目标。此外,执政党联盟在参议院占半数以上议席,在众议院占2/3以上议席,这确保了安倍政府的提案能够在相关司法程序中顺利过关。

2. 引导舆论和社会约束日本的海外行动

中国需要高度警惕日本解禁集体自卫权可能带来的安全风险,并采取合理方式将这种风险降到最低。鉴于日本民族主义情绪普遍高涨,民众对中国持负面印象的比重高达93%,中国的对日工作需要更加讲究技巧。一方面,对于日本解禁集体自卫权的做法,中国政府需要坚持原则,适时适度地表达合理关切,并避免引起日本国内的抵触和逆反心理。另一方面,充分发挥"二轨外交"的作用。相对于官方的"一轨外交","二轨外交"具有更大灵活性和更少敏感性的特点。中国可以更多地借助学者、退休官员、公众人物、社会活动家、非政府组织等途径,实施多渠道的非官方外交。中日"二轨外交"有利于加强彼此间广泛、深入的交流与理解。当前,日本民众反对安倍政府解禁集体自卫权,主要是担心政府强制征兵,并卷入战争。对于严重老龄化、少子化、低婚育化的许多日本家庭而言，参与战争是不可想象和难以接受的，这一点正是中日民间交流可以大有作为之处。美国是"二战"的战胜国，也是战后世界秩序的主要缔造者和维护者，中国还要加强与美国的"二轨外交"，加强美国民众对"二战"时期东方战场的了解，增进两国维护战后秩序的共识。此外，中国需要与东亚周边国家加大民间外交的力度，以共同的历史记忆加强对军国主义的警惕、对和平局面的维护。

3. 保持中国对日力量优势

历史表明，中日关系与两国力量对比密切相关。"二战"之前，日本对华态度的变化主要取决于对中国实力的认可程度，宋代之前仰慕、仰视中国的先进文化和强大实力，元朝至清末认为自己可与中国抗衡，甲午战争至"二战"结束期间蔑视中国。当前，日本的对华优势逐渐丧失，两国实力对比与1937年日本全面侵华前已大不相同。第一，基础指标发生变化。1937年，日本除本土外，还控制着中国东北三省、朝鲜半岛、库页岛和太平洋地区，掌控的人口与陆地面积均占中国的1/4，如果加上海洋面积，日本控制的范围则超过中国。如今，中国的国土面积是日本的25倍，人口为日本的近11倍。第二，工业化差距不同。1937年日本基本完成工业化，重工业发达，可以建造航母、战机等先进武器；中国是典型的农业国，只能制造单发步枪等轻武器。据统计，1937年日本钢产量为580万吨，拥有飞机2700架、舰艇200余艘；中国钢产量仅为4万吨，购买各式飞机600架，其中作战飞机305架，还有舰艇66艘。现在，中国基本实现工业化，2009年工业产值超过日本，并继续保持快速增长态势。尽管中国的工业化水平与日本仍存在一定差距，但中国至少已经解决了工业化问题，这是质的飞跃。第三，组织动员能力不同。1937年日本国内高度统一，组织能力很强；中国国内军阀林立，中央财政只能在江西、安徽、江苏、浙江等少数省份收税。现在，中国在税收、征兵、动员、部署等各领域的组织能力比较强大。历史可鉴，中日力量对比是决定两国关系的根本因素，也是维护东亚和平的关键。

总之，在抗日战争和世界反法西斯战争胜利70周年之际，解禁集体自卫权体现了安倍政府修改宪法和实现"国家正常化"的最新动向，是日本国内外各种因素综合作用的结果。这一行为虽不代表日本必然重走军国主义道路，却标志着战后日本军事战略的重大调整。2014年7月，日本政府临时内阁会议推翻了历届内阁遵守的"自卫权发动三条件"，提出新的"武力行使三条件"，但这些所谓的限制条件缺乏明确标准和界限，具有很大的操弄空间。在日本民族主义抬头和社会日益"右倾化"的背景下，解禁集体自卫权将对周边国家和地区稳定产生一定程度的负面影响和冲击，使地区形势更加复杂化。面对这一新情况，中国需要冷静观察，理性看待，做出合理反应。

（作者：金灿荣、孙西辉，载于《东北亚学刊》2016年第1期）

小心"亚洲世纪"变成"亚洲悲剧"

冷战结束后，亚洲的战略环境大幅改善，中国与东盟各国建立起牢固的互信与友谊，获得外界广泛赞誉。然而，近段时间以来，这种氛围有所改变。随着美国"重返"亚太，东盟成为美国借力的重要平台，东盟近期无论是从对华姿态上还是行动上，都发生了一些微妙变化。"争吵侵蚀着合作""猜忌淡化了友谊"，若这种状态延续下去，东盟势必会偏离既有发展轨道，不仅会损害中国与东盟的合作，也会对亚洲区域一体化产生负面影响。表面上"风光无限"的东盟内部问题重重、外部暗流汹涌，若不能及时加强治理，调整航线，势必会迷失在新一轮大国博弈浪潮中，而"亚洲的世纪"也将在外部势力的引导下、在亚洲各国的"互乱、互残"中沦为"亚洲的悲剧"。

东盟内部问题主要有三个方面。第一是内部协调能力不足，而且东盟扩容又加剧了内部协调与利益整合的难度。例如，印尼和马来西亚等国之间曾爆发过领土或领海争端，今年泰国、柬埔寨又在柏威夏寺周边发生武装冲突。东盟在解决上述问题时并没有发挥外界所期待的作用，面临"众口难调"的问题，其成员国又奉行"国家利益至上"原则，一体化观念淡薄，缺乏发挥集体合力的协同能力。

第二，东盟核心领导力弱化。20世纪八九十年代，东盟在地区舞台上表现抢眼，其秘诀就在于李光耀、马哈蒂尔、苏哈托三位强势领袖精诚合作，形成了新加坡、马来西亚、印尼"三驾马车"领导核心的政策决断力。不过，这种快捷高效的决策机制在2003年之后就不复存在，东盟这些年来一直没有出现过有这种威信的强人领袖，也没有出现过众望所归的核心领袖集团。

第三，东盟成员国各怀抱负、"同床异梦"，并不专注于东盟的发展。传统的"三驾马车"中，只有新加坡仍对东盟满怀热情，马来西亚在马哈蒂尔离任后对东盟兴趣减淡，印尼加入G20后，对东盟投入减少，但仍需要作为东盟领袖的"政治资本"，不希望东盟走向分散，因而对东盟态度暧昧。"后来者"越南更像一名"投机分子"，虽将东盟视为实现国家利益和大国政治抱负的工具，但实际上更关心与美国、印度、俄罗斯等大国建立关系并从中发挥"大国平衡者"的作用。

东盟的成功根源在于坚持独立自主，专注于发展，并与其他大国之间保持了相对稳定的关系。在过去十年，东盟与诸大国的关系中，中国与东盟关系是最成功的，但东盟近期的一系列表现给外界释放了一些消极信号，显示其已经开始专门针对中国进行"危险的大国平衡游戏"，在这种主动而冒进的战略调整之下，东盟长期避免的"中美选边站"的战略困境已经若隐若现。

若东盟不能保持内部团结又在外部挑唆下冒险介入"大国平衡游戏"，会带来以下风险。第一是东盟走向分裂，东盟各国利益多元，对重大问题的意见不一将使东盟走向分裂。第二是成为区域外某大国的附属物，东盟虽"引狼入室"，但实力远未达到"与狼共舞"的地步，弱势领导的机制被强势国家主导将使其成为大国的附庸。第三是成为大国冲突的牺牲品，东盟作为"大国平衡者"加入大国博弈，非但不会减缓冲突，反会加速大国走向对抗，东盟自身也会成为大国冲突的牺牲品。现在是东盟的政治精英们认真反思，重新选择其政策的时候了。

（载于《环球时报》2011年11月29日版）

告别西方中心主义——对当前国际格局及其走向的反思

过去几百年以来，西方一直是现代国际体系的中心。西方不仅具有发达的政治经济结构、军事组织方式和社会价值观念，而且还塑造着近代以来国际关系的基本面貌和交往方式，在推进人类迈向工业文明、实现世界现代化方面起着主导性作用。自地理大发现开始，西方逐渐取得了对非西方世界在力量、制度和观念层面的全面优势。在力量上，西方的工业能力、科技水平和军事技能处于遥遥领先的位置；在制度上，现代资本主义的制度安排使得传统的生产方式黯然失色；在观念上则体现为以个人理性为核心的现代性启蒙。直到现在，以工业化为表征的文明形态在权力结构上仍然以西方大国为中心，在制度观念上依旧以"盎格鲁—撒克逊模式"为主导。

历史地看，19世纪是西方中心主义的第一个高潮，即现代国际关系的欧洲阶段。作为唯一产生了先进现代工商业文明的地区，欧洲在19世纪末以前的数百年里曾是世界最有活力的权势中心。欧洲列强总合起来左右了世界政治的基本格局——以及规范各种国际相互作用方式的国际法体制——而那些历史作用异常巨大的更广泛的国际关系价值观念和思想也是如此。其结果是，欧洲对非欧国家和地区的全面入侵和支配，美洲、澳洲成为欧洲文明的外部延伸，亚洲、非洲的大部分地区沦为殖民地或附庸国，诸如奥斯曼、中国等古老帝国也未能幸免被半殖民化的命运。随着美国的崛起，国际权力重心经历了从欧洲内部向侧翼边缘的转移，西方中心主义逐渐过渡到以华盛顿为主导的新阶段。不同于霍布斯式的欧洲阶段时期，美国主要通过制度建构、规则设定和议程主导来确立西方的中心主义地位；而美国对自由价值的坚定信仰和强烈推广则为这一时期的西方中心主义刻上了鲜明的意识形态印记。

然而，与西方中心地位确立相伴随的是其内部的分裂，集中体现为"一战""二战"和冷战。同盟国与轴心国的实力火并、德日对国际体系的挑战以及美苏超级大国的竞争很大程度上削弱了西方作为整体的行动能力和政治意志；战争对抗所造成的敌对情绪和毁灭性破坏也使得西方人对自身文明普遍质疑，甚至自我否定。与此同时，西方在对非西方世界进行殖民掠夺和势力拓展的同时也造成了先进技术和现代理念的广泛扩散，构成了后发国家推进现代化的第一动力；西方的内部分裂也为非西方世界的兴起提供了相当空间。因此，当冷战结束以及西方内部分裂重新弥合之时，非西方世界已经通过主动学习积累了强大的现代化能量。正是在这样的背景下，人类步入了后冷战时代。

美国的全球首要地位与西方中心主义的再确立

苏联解体标志着冷战的结束，以美苏对峙为基础的两极格局走向终结。尽管学界就后冷战时代的国际结构是单极还是多极争论不休，但美国确实一度确立了其他竞争者无可匹敌的战略优势和首要地位。事实上，美国享受着一种自现代国家体系产生以来未曾见过的不对称权力。在过去，一些领先的国家会在某一个领域占有优势，但是美国则是现代历史上唯一一个这样的大国，它几乎在每个重要的权力领域都建立了明确的领导地位。

在经济层面，自19世纪80年代中期以来，美国一直是世界最发达和庞大的经济体，GDP占世界的比重一直稳定维持在25%~30%之间，在第二次世界大战后一度跃升至50%。冷战结束后，在新技术革命和金融创新的带动下，美国经历长达十年的经济黄金增长期，与日本的经济衰退、欧洲的发展乏力形成鲜明对比，在生物技术、航空通信、新能源等几乎所有的高科技领域，美国都保持着一马当先的发展势头；美国的教育体系和移民政策鼓励着社会的充分竞争和不断创新；全球化推动的市场整合更为美国企业的全球扩展和商品出口提供了前所未有的机遇。此外，美国经济实力还有着恒定的自然资源、地理条件和地缘位置的优势，国土辽阔，人口总数大而密度低，这些都是俄罗斯以外的国家无法比拟的优越条件。在全球人口急剧膨胀同环境恶化、资源稀缺的矛盾日益激化时，美国这一优势将越来越明显。

如果说美国在经济领域保持着领先地位，那么美国的军事能力则更是令人难以望其项背。虽然冷战结束初期，美国一度压缩军费，减小军事开支，但自 1998 年开始再度增加，并保持了连续 12 年的增长态势。以 2003 年为例，美国当年的防御支出占了全球总额的近 40%，这一数字是位列第二的中国的 7 倍。换句话说，美国在防御上的开支与排在它之后的 13 个国家的总额相等。更为重要的是军事控制和实战能力，美国现在拥有压倒性的核优势、世界上占主导地位的空军力量、唯一真正的蓝水海军和独一无二的全球军事投送能力；美国建立了覆盖全球的军事联盟基地，牢固地控制着世界上主要的战略通道；而丰富的战争实践经验和灵活的军事战略调整则将美国的军事霸权地位进一步抬高。

在地缘政治层面，从 1989 年到现在的 20 年里，美国的权力深刻地影响了国际秩序，美国的政治、经济与外交理念是全球行动的起点。华盛顿俨然成为世界上每个大洲里最强大的外来力量。它控制着整个西半球；在欧洲和东亚，它是最重要的外来平衡力量；在中东、中亚和南亚，它都在扩大着自己的影响力。与此同时，美国的霸权现状并没有催生一个反美集团的出现，西方以外的国家既缺乏实力也没有意愿挑战西方的中心地位，相反都以融入西方主导的现行国际体系为基本战略目标，将改善同美国的关系确立为对外政策的重点。这样，世界上的主要大国大多成为当今美国的盟友。随着新千年的到来，美国已经独自站在世界权力的顶峰。

在国际制度层面，第二次世界大战结束后，美国通过构建各种国际机制和制度安排确立了其在世界事务中的霸权地位。国际货币基金组织、世界银行、关税和贸易总协定所确立的国际经济机制成为美国赖以控制和管理世界经济的得力工具；在安全领域，美国主导促成了联合国的建立以取代国际联盟，并确立联合国安理会的权威和大国决定的原则，从而确保了美国在安全领域的至上地位；在军事领域，美国在"二战"期间及其后在世界各战略要地建立了军事基地，并驻军欧亚，建立了保障自己利益与权力资源的军事战略网。

总体而言，在美苏对抗的全球背景下，美国主导的国际制度网络受到地缘竞争和意识形态对抗的阻碍而难以扩展至全球范围。冷战的结束和全球化进程的迅猛发展使得世界市场真正成为一体，越来越多的后发国家在对外开放和融入世界的政策目标指导下加入了现行国际制度体系。国际制度的全球扩展事实上强化了美国的霸权主导地位。这一时期，美国参与建立、制定、补充的国际组织、国际公约、协定，同各国发表的双边或多边联合声明，其数量和所涵盖的地理范围、专门领域，都是国际政治历史上空前的。美国构筑和巩固国际机制的努力，降低了维持单极霸权的成本，对维护美国战略利益和经济来说，可谓意义深远。

在文化和软实力层面，美国同样具有统治性地位。美国的电视节目和电影大约占世界市场的3/4。美国的通俗音乐居于同样的主导地位。同时，美国的时尚、饮食习惯甚至穿着，也越来越在全世界被模仿。互联网的语言是英语，全球电脑的绝大部分敲击动作出自美国，影响着全球会话的内容。然而，美国文化的吸引力绝不止于此，更是来自这些物化产品所传递出来的价值信仰，如民主、个人自由、经济和社会地位的流动性、公开性等。在世界范围内，美国的生活方式和行为模式正在被疯狂模仿，市场、民主、人权成了全球共享的"普世价值"，"华盛顿共识"被认为是后发国家实现现代化颠扑不破的真理。美国通过大众文化的优势建立起强大的软实力，进而增进了外部世界对美国霸权合法性的认同。

正是上述各个层面美国力量权势的全面领先，使得泛义的西方在美国的领导下实现了统一。西方自近代以来逐渐确立了在现代国际体系中的中心地位，但一直也面临着内外因素的制约和阻碍。在西方文明内部，经历了两次世界大战和冷战对抗；在西方以外，则有世界范围内的民族独立运动和新兴力量崛起。苏联的解体意味着来自内部的分裂得到弥合；面对美国的霸权优势，外部世界大都放弃制衡而选择融入西方主导的现行国际体系。这样，世界历史再次进入了稳固的西方中心主义时代。

变动中的国际结构与西方中心地位的衰落

虽然世界一度进入了以美国霸权定义的单极时刻，但国际力量的互动和消长使得后冷战时代的国际结构正在发生着复杂深刻的变动，展现出远非美国独霸或西方中心所能全景概括的地缘政治图景。从世界政治领导和被领导的角度，我们把当前的国际结构大致划分为西方和非西方。

以美国为首的泛义西方阵营是世界的领导者，在东西和南北关系中占据全面优势，是全球规则的制定者和国际公共物品的主要提供者。西方阵营在人口上占世界的10%，却拥有超过2/3的人类财富和力量。在经济领域，西方在全球经济产值中所占的份额达到60%，几乎垄断了先进技术工业的研究和开发，提供了世界上绝大部分制成品，拥有和操纵着国际金融系统，并主宰了国际资本市场；在军事领域，西方国家在军备数量、武器技术、组织效率等所有领域持续保持着绝对优势，并能够对世界其他地区进行武力威胁和军事干预；在现代知识、互联网使用、新闻报道等层面，西方也占据着主导地位，引导着世界的生活方式和思想观念。

然而，同样明显的事实是西方的中心地位的不断衰落。冷战结束短短十多年的时间，西方尤其是美国在力量结构、国际权威和全球影响上都遭到明显削弱。在力量结构上，步入新世纪的西方经济进入了新一轮的增长乏力期，在发展态势、增长潜力和国际贡献等指标上都表现逊色；国际金融危机的爆发使得西方在金融领域一统天下的局面发生改变，极端信奉市场的发展模式备受质疑。虽然西方仍然保持着军事领域的显著优势，但它们通过武力手段来实现其意志的能力严重下降，美国入侵伊拉克和反恐战争的久拖不决，即是有力佐证。在国际权威上，西方尤其是美国的单边行为和霸道逻辑遭遇到非西方世界的强烈反抗；西方在对外事务中的两面做法和双重标准突显其虚伪本质，导致软实力出现下滑；西方一意孤行和不切实际地推广民主造成了众多后发国家的治理困境和人道主义灾难，其国际形象和道德权威受损严重。在全球影响上，虽然西方在国际秩序和规则上具有垄断性地位，但无论是处理传统的大国关系和国际安全，还是功能性的非传统议题，西方的国际动员能力都受到有力限制。

与西方相对应的则是一个相对分裂和弱势的非西方世界。它们在世界权力结构中处于边缘位置，不仅没有制度决定权和利益分配权，还不时受到西方世界的肆意干涉和战略挤压。具体而言，我们把非西方世界划分为五类国家和国家集团。

第一，新兴市场经济国家。过去20年来，世界经济体系内出现了一大批新兴市场经济国家。这些国家在全球市场开放的战略机遇下从计划经济转为市场经济，从自我封闭走向对外开放，经济效率大大提高，国家实力明显增强，在世界经济中的比重不断上升。在经济总量上，新兴经济体目前在全球GDP中的比重已达43.7%（按购买力评价），到2013年该数字将上升至50.2%；就经济拉动力而言，2008年全球经济增幅的约78%来自新兴经济体，而2009年这一数字可能将升至88%。其中"金砖四国"2008年对全球经济增幅的贡献率超过了45%。在发展态势上，根据国际货币基金组织的最新预测，新兴经济体在2010年的实际GDP增长预计将达到近5%，而发达经济体同期的增速则只有1.3%。新兴经济体经济实力的增强相应提高了其在世界经济和国际政治中的地位，他们在国际和地区层面的影响力开始显现，成为改变和塑造现在国际秩序的重要力量。

第二，俄罗斯。冷战的结束意味着苏维埃社会主义制度在版图上终结，俄罗斯继承了苏联的政治和战略遗产，成为国际政治格局中的重要行为体。辽阔的疆域、丰富的资源及不可忽视的战略核武库支撑着俄罗斯的政治大国地位，但这并不能掩盖俄罗斯的极度虚弱和一定程度上的政治失控。伴随苏联解体而来的是国内经济的全面崩溃、社会动荡以及政治层面复杂而激烈的权力斗争。在对外政策上，俄罗斯极力推行"对西方一边倒"的外交战略，以全面融入西方体系为国家目标。但总体而言，俄罗斯的道路选择并不成功，西方不但不接受俄罗斯作为其文明内部的一员，相反却不断挤压俄罗斯的战略空间。随着经济实力的恢复性增长和政治精英的强势领导，俄罗斯开始通过强硬姿态回应西方在其周围地带的战略进攻。俄罗斯的政策动向成为影响未来国际政治变动的重要因素。

第三，伊斯兰世界。伊斯兰世界共有57个国家，总面积约3214万平方公里，人口约16亿人，在国际上是一支重要的战略力量。由于区域内各国的历史恩怨、领土争端、宗教矛盾和利益纠葛，再加之区域外大国势力的竞相渗透，伊斯兰世界成为当今世界民族宗教关系最为复杂、战略利益冲突最为激烈的地区。冷战结束后，伊斯兰世界都进行了基于现代化取向的内部变革，加快推进国家的经济发展和政治民主，进而提高其整体的国际地位。然而,从传统向现代体制转型过程中出现的发展失衡、思潮碰撞和模式竞争加剧了国家内部的治理难度;各国之间民族宗教矛盾复杂交织,大大加剧了伊斯兰世界的动荡不安;美国的强行改造和战略挤压则强化了西方和伊斯兰世界的意识形态对立。在此背景下,越来越多的伊斯兰国家经历了宗教复兴运动,逐渐放弃了现代化和世俗化的努力和尝试,转而回归到传统的政治结构和思想教义中寻求解决办法。就其地位和前景而言,在内部,转型中的伊斯兰世界仍将是各种政治思潮或"主义"碰撞、激荡、试验和发酵的实验场,也是现代与传统、自由与保守、改良与革命、激进与温和等各派政治力量的"角斗场",它的未来不可能线性发展。就外部而言,伊斯兰世界是各大战略力量保障安全和获取战略优势必须高度关注并进行相应投入的"战略场"。内部发展与外部变迁激烈互动、对冲,伊斯兰世界将由此成为国际格局中一支不可或缺、难以忽略的战略力量。

第四,反美主义国家(Anti-Americanism)。冷战结束后,尤其是"9·11"以来,美国在对外政策领域以维持和扩展霸权地位为目标,奉行单边主义的战略取向,不顾一切地推行民主,肆意干涉他国内政,动辄制裁甚至武力威胁"不听话"的国家。美国的霸道做法引起了世界范围内的强烈反弹,招致声势不断高涨的反美主义浪潮。反美主义是指一种在思想上对特定美国模式的拒斥,在情感上对特定美国价值的抵制,在行动上对美国利益及其行为的袭击。总体而言,反美主义国家都是处于相对弱势的发展中国家,他们通过各种非对称和软制衡的手段来削弱美国的战略地位,打击其国际形象,进而造成美国对外政策的被动窘境。随着奥巴马上台以来美国对外政策的重大调整,全球反美主义的浪潮有所缓解。但基于美国的全球首要地位和扩张性价值观,反美主义不仅在短期内不会消除,相反还可能因美国政策的强硬转变而进一步激化。因此,反美主义国家也构成了国际格局中一支独特的政治力量,牵动着世界形势的发展走向。

第五,"失败国家"(failed states)。"失败国家"作为一种国际现象早已有之,并随着冷战后失败国家的大量增生而成为国际社会关切的热点。"失败国家"主要是集中于非洲、中东和中亚的一些发展中国家,大都经历了殖民统治和民族解放的历史过程,对推进本国现代化和实现民族富强具有强烈的利益诉求。然而,历史遗留难题、政治社会体制虚弱以及不公平的国际秩序使得这些国家的现代化尝试困难重重。冷战结束后,在全球化进程负面效应突显、国际格局转换带来权力真空和内部现代化转型困难等多重背景下,这些国家的治理困境进一步出现了加剧。它们在内部不能为本国公民提供基本的安全与福利,制度软弱无力,法律形同虚设,导致政治腐败丛生,权力斗争激烈和社会秩序的解体;在外部则无法履行基本的国际义务,甚至难以构成独立的国家行为体。前现代、无政府、轻人权和强依附构成了"失败国家"共同的本质属性。"失败国家"引发了大量的人道主义灾难,并破坏了国际秩序的稳定,因而成为影响国际政治变动的重要因素。

通过对西方阵营与非西方世界的分析,我们可以看到虽然西方在世界政治经济格局中占据着主导地位,却出现了不断衰落的趋势。相对集中的国际权力结构正在发生分化和流散,一个更加多元和复杂的地缘政治图景正在形成。

西方中心地位衰落的原因探析

冷战结束之初,西方在美国的领导下重新实现统一,并获得全球领导权力。西方从规则制定、议程塑造到国际动员方面都具有无可争议的支配地位。然而，短短十多年的时间，西方中心主义地位就出现了衰落的趋势。美国的战略失误、西方社会整体能力的下降和非西方世界的全面挑战共同构成了国际结构发生变动的动力机制。

第一，美国的战略失误。冷战的结束奠定了美国在战后的霸权地位，同样也开始了其权力的衰落过程。美国精英层对冷战结束的历史性错误认知构成了其后来一系列战略失误的逻辑起点。冷战结束的直接原因是苏联自动放弃对抗，而非美国战胜苏联；内在机理是苏联的政治和社会体制积重难返，异常僵化，决策者又采取了过于激进的政策措施，致使共产主义意识形态的终结和整个国家的解体。不可否认，美国在这一历史过程中扮演着重要角色，在战略、经济和价值层面施加了多重压力。

但是，从国际比较的视野来看，苏联的最终解体源于其内部治理的失败。从结果上来看，美国确实赢得了冷战，成为苏联解体的最大受益者。不幸的是，美国混淆了冷战结束的原因和结果，将二者都视为"自由世界"的全面胜利。这就导致了美国自信心极度膨胀，傲慢心态无以复加。其集中的体现就是"历史终结论"的提出和对市场原教旨主义的推崇。就前者而言，福山指出冷战的结束意味着人类步入了意识形态一统的时代，自由民主制度已成为人类社会发展的最后历史阶段；后者则强调市场的至高无上和对国家的过度怀疑，相信自由市场的力量可以战胜一切困难，解决一切问题。正是在这样的认知和心态下，美国犯下了一系列战略性错误。在国内，美国大力发展虚拟经济，贬低实体经济的价值，导致了后来的产业泡沫和空心化。同时，政府放松了对市场的监管和约束，导致金融衍生工具泛滥和社会信用丧失，为后来的金融危机爆发埋下了祸根。在外部，美国更是颐指气使，动辄干涉他国内政，随便制造对立威胁，肆意推行美国价值，过度滥用军事力量。这就激起了世界范围内的反美情绪和行动，使美国的国家实力出现透支，国际形象严重受损。"9·11"事件既是外部社会对美国霸权的回应，同时也开启了新一轮的反美主义行动。

美国的战略性失误使得其国际地位与冷战结束初期的情形已显著不同。这表现在三个层面：其一，新经济的外溢效应（Over-spilling effect）不复存在。20世纪90年代以来，以知识和信息为主体的新经济在美国高歌猛进，全世界的资本像梦游般地涌入美国，刺激并支撑着自由市场的繁荣。随着泡沫的破灭，新经济所带来的外溢效应也随之结束。其二，不再享有冷战结束带来的和平红利。美国挟冷战赢家之威一度可以在世界上发号施令，从者如云，以极小成本维持对其有利的国际秩序。但美国进攻性对外政策和面临的困局使得国际社会对其敬畏感正在消失。随着俄罗斯的公开反抗和伊斯兰世界的正面对撞，美国不费力气就行使国际领导权的日子成为历史。其三，霸权的双重成本难题。"9·11"以前，美国霸权的成本在于提供全球公共产品，确保世界市场统一和国际秩序稳定；然而"9·11"以后，美国不得不担负起国土安全的沉重成本。为防止第二个"9·11"的出现，美国投入了大量资源，在外部扩展情报系统，增加军力投送，军费开支急剧上升；在内部加强安全措施，也影响到公民的个人权利和社会自由度。所有这些问题都突显了美国的内外困局，并加剧了西方中心地位的衰落。

第二，西方社会整体行动能力的下降。首先表现为西方社会的内倾化取向。冷战结束后，西方越来越关注其内部问题和需求，其中最为突出的是福利制度和人口难题。实行近半个世纪的西方福利制度在令人羡慕的同时，也造成了政府财政负担加重、经济增长停滞、社会竞争力下降、助长民众懒惰情绪等诸多问题。在人口问题上,年龄结构老龄化与种族关系复杂化的趋势并存。面对非西方世界的巨大人口数量,西方通过技术创新积累起来的微弱优势将难以长期维持;而持续不断的移民浪潮及其由此而带来的文化多样性正在冲击着白人的精英主导地位,以及西方的国家特性建构。"我们是谁"的隐忧因此而变得突出。内部治理的优先性限制了西方在外部世界的行动能力和意愿,推卸国际责任甚至从世界事务中抽身成为许多西方国家的政策选择。

其次是西方联盟的团结问题。冷战时期,基于苏联共同的战略威胁,西方联盟内部虽然分歧不断,但在美国的领导下维持了总体团结的局面。后冷战时代的西方联盟却渐行渐远,日渐松散。一方面,西方在推进核心价值观、维持垄断性的国际规则秩序和应对非西方世界兴起等问题上具有共同的利益需求;但另一方面,西方在更为广泛的国际议题、威胁认知和处理方式上却矛盾重重,甚至分道扬镳。以跨大西洋关系为例,美国关心的是霸权维持问题,欧洲则相信各种抽象和后现代的议题更具优先性;美国仍然处在一个实力至上的丛林世界,感觉到威胁无处不在,欧洲则正在摈弃实力,进入一个以法律、规则、跨国谈判与合作进行自我约束的世界;美国人处理国际事务时表现出更强的单边主义而疏离国际法,而欧洲人则更具耐心,坚持以更细腻和复杂的方式解决问题。此外,美欧在国际货币、金融秩序、全球治理等问题上也充满着竞争性。因此,西方内部的问题虽不至于导致联盟解体但也使得其作为整体的行动能力受到制约,进而危及西方中心地位本身。

第三,非西方世界的全面挑战。西方中心地位的衰落不仅缘于西方内部的问题,更来自非西方世界中他者的崛起和挑战。首先是新兴市场经济国家的挑战。需要指出的是,新兴市场经济国家对现行国际体系持满意态度，并没有意愿推翻现有的制度安排，而是寻求在承认现有体系合理性的前提下寻求渐进增量改革，逐步实现国际权力结构的对等和均衡。但从长期趋势来看，这些国家持续的经济发展在客观上对西方的优势地位构成挑战。在这其中，中国的实力增长无疑具有决定性意义。经过 30 年的经济增长和实力积累，中国的国家能力得到全面提升；国际金融危机进一步提升了中国的战略地位，崛起态势进一步明朗化。基于中国的洲级大国规模、巨大能量和文化特性，中国的崛起不仅将影响世界的经济发展和战略格局走向，更塑造着人类对社会发展模式和现代性的理解。

第四，俄罗斯、伊斯兰世界和反美主义国家出现松散联合，进而从地缘政治层面对西方的中心地位提出了挑战。冷战结束后，俄罗斯的战略空间被不断挤压，在融入西方的幻想破灭后，俄罗斯很快祭起自主独立的大旗，寻求通过强硬姿态来恢复俄罗斯的大国地位；美国在中东地区的民主计划和长期偏袒以色列的行为引起了伊斯兰世界的普遍不满，而随意将恐怖主义与伊斯兰教义等同而论更激起了伊斯兰世界强烈的仇美情绪；美国对朝鲜、古巴和委内瑞拉等国的长期制裁不但没有迫使它们放弃革命主义道路，反而更加鼓励了它们原有的反美主义立场。应当说，一开始，三者之间的联系并不紧密，它们各自反对美国都不具有战略内涵，而是通过对抗性举措来达到与美国改善关系的目的。然而，在战术性手段没能取得理想效果之后，俄罗斯有意识地加强与后两者的紧密联系，一个以反美为目标的地区联盟正在形成。

值得重视的是，美国主导的西方阵营和以俄罗斯为首的反美联盟"有组织、无纪律"，在稳定性、可预期性方面远不如冷战时期的联盟体系。阵营的核心国家对内部成员缺乏有效控制，这些成员虽然实力水平差异甚大，但都具有强烈的独立性，自我约束能力差。因此，在核心国家的边缘地带将充满着频繁的低烈度战争，人类有可能进入一个既非全面性热战又非大国冷战的"温战时代"。虽然国际金融危机使俄罗斯经济遭受重创，向西方展示"肌肉"的心气有所下降；美国新政府的政策调整一定程度上也缓和了世界范围内的反美情绪，但西方占据主导的国际结构以及美国对前三者的政策立场决定了以美俄为核心的战略对抗仍将长期持续，构成对西方中心地位的持久挑战。

国际结构的发展趋势与西方中心主义的未来

不确定性仍然是世界政治发展的常态。当学者们还在为两极还是多极更有利于秩序稳定而争论不休时，苏联的突然崩溃足以让他们跌破眼镜；冷战结束之初，将美国霸权自诩为"新罗马帝国"的政治家们也很难想象到西方今天的战略处境。西方仍然在现有国际结构中具有中心地位，但国际权力正在不可避免地发生着转移。这一趋势能否以和平、渐进的方式实现取决于以下两个关键变量。

第一，西方自身的调适能力。国际环境复杂性与人类认知有限性之间的矛盾意味着国家永远不可能在充分的信息条件下做出决策，同时也不能避免错误决策的可能性。问题的关键在于一国是否具备战略反思和自我调适的能力。面对其中心地位的不断衰落，西方必须在政策和心态上做出调整，以适应新的现实需要。在内部，如前所述，西方面临着经济增长乏力、福利制度困境、种族关系复杂化等一系列问题，唯有进行变革调整，释放社会活力、推动制度创新、确立新的身份认同，才能保持在世界经济和政治中的影响力。而这其中美国的政策调整具有决定性的意义。长期的领先地位已经使美国产生了"霸权依赖症"。对美国而言，霸权的维持不仅关乎利益增减，更是生死攸关的问题。到目前为止，不到世界人口5%的美国人却享受着1/3的世界资源，形成了超优越的生活条件和消费习惯，美国人已经很难接受再回到发展中国家水平的生活标准。因此，美国极力通过联盟领导、制度建构和军事领先保持其霸权统治的合法性。然而，非西方世界的兴起使得美国的霸权维持日益困难，是否能够建立新的制度安排，既适应国际结构的变化，又不影响目前的生活方式对美国来说是一个巨大的挑战。

在外部，西方需要从固有的道德优越感和中心主义话语中走出来，适应国际结构多极化的现实。这首先取决于西方能否释放新的制度空间，真正接纳新兴大国的崛起。在未来的世界经济格局中，新兴大国的经济增长速度将普遍高于西方发达经济体，其实力地位和全球份额将进一步提升。反映到国际政治层面，世界将进入一个新老大国并存的阶段，这意味着发达国家和新兴大国在利益平衡、规则主导和责任分担等问题上的矛盾大为加剧，发达国家对优势丧失的担忧和新兴大国对现状的不满将同时存在，共同构成了对既有秩序的挑战。因此，西方大国能否为新兴大国提供足够的发展空间，进而新老大国能否合作建立一个基于平等地位和广泛协商基础上的全球性体制，将决定着国际政治的未来基调和发展取向。其次，美国能否实现与俄罗斯的战略和解。俄罗斯在内心上还是希望回到西方大家庭之中，但美国能否抓住缓和美俄世纪性矛盾的历史机遇仍是未知之数。如果不能，俄罗斯将继续在"希望—失望"的情绪循环圈中徘徊，这也决定了美俄关系改善的限度。未来美俄关系的最好状况是两国之间维持冷和平的局面，而最差状况则是俄罗斯组成松散联盟与美国进行正面对抗。再次，西方与伊斯兰世界的矛盾能否得到缓解。伊斯兰世界内部弥漫着强烈的反西方情绪，泛伊斯兰教义对美国为首的西方意识形态构成了公开挑战。美国的政策调整一定程度地缓和了西方与伊斯兰世界的对立关系，但二者在地缘上的战略矛盾和价值观上的深刻分歧不会在短期内消除，这也决定了西方与伊斯兰世界关系的不确定性。

第二，非西方世界的发展态势和政策选择。新兴大国虽然能保持高于西方发达经济体的经济增长势头，但在经济结构和创新能力上仍然处于弱势；在目前的国际结构中，新兴大国已经成为一支重要的政治力量，但在国际规则和关键议题上仍缺乏塑造能力；金融危机的爆发进一步突显了新兴大国的战略地位，但这主要缘于西方地位的相对下降，而非自身实力的绝对提升。这些因素决定了新兴大国将潜在实力转换成实际影响力的难度。更为重要的是，新兴大国内部普遍面临着诸如政治转型、贫富差距、腐败滋长等一系列治理挑战。内部的制度变革和国家社会关系调整决定了新兴大国的发展态势和未来政策选择。就伊斯兰世界而言，具有决定性意义的事项在于能否对现有的社会体制结构进行调整，进而在伊斯兰传统和世俗价值、本土文化和西方影响之间达成总体上的平衡。也就是说，伊斯兰世界能否开启内生力量驱动的现代化转型，决定着其未来的前途命运。对反美主义国家来说，对外政策的强硬掩盖不了内部体制的虚弱。这些国家一方面需要在维持自身合法性的同时，渐进推进改革和开放，为社会经济发展注入新的活力；另一方面则需要在对外政策领域保持对抗与合作的张力，争取对其有利的国际环境和政策空间。失败国家面临的首要任务在于建立普遍化和有效的权威结构，维持政权和国土的基本统一。同时，在不同的政治派系和武装势力之间达成妥协、寻求共识，建立一个共同遵守的法律框架，并在此基础上促进经济社会发展、争取国际社会援助。

结语

自近代以来,西方通过制度创新、商业扩张和武力征服逐渐建立起在现代国际体系中的中心地位。500 年来,西方的中心地位经历了从欧洲阶段向美国阶段的转移,并承受着持续不断的内部斗争和分裂。冷战的结束再一次确立了西方的中心地位,却因美国的政策错误和西方的内部问题受到削弱。更为重要的是,非西方世界经过近百年的痛苦学习和适应后,积累了相当的现代化知识。伴随着非西方世界的兴起,西方的中心地位就不可避免地出现衰落了。未来的国际格局走向取决于西方的自我调适、非西方世界的发展态势以及西方与非西方能否实现权力共享。从人类的整体福祉出发,最理想的状况是西方内部的成功转型和非西方世界的平稳发展同时实现。若果真如此,国际结构将从不平等的西方中心主义时代走向更加均衡合理和平等竞争的局面。我们期待这一天的到来!

(作者:金灿荣、刘世强,《国际观察》2010 年第 2 期)

中国与国际秩序转型

2014 年以来,国际格局可谓乱象丛生,种种不稳定因素在各个敏感地区频频出现。乌克兰政局动荡演化为美俄对峙,东欧在冷战过后 20 余年重新出现了两大势力剑拔弩张的危险局面。在中东,极端势力"伊拉克和黎凡特伊斯兰国"转战伊拉克,并在该国北部发展壮大;伊拉克政局随之动荡,成为中东地区新的不稳定因素。在非洲,"阿拉伯之春"的后遗症在埃及、利比亚愈显突出，南苏丹、中非等国也频发内战。在亚太，中越、中日冲突升级，日本解禁集体自卫权，中国的周边安全和地区稳定都受到威胁。虽然冲突乱局年年有之，2014年如此频繁爆发的地区危机仍显得较为反常。这些热点问题反映了国际体系正在进行的结构性调整，而中国在受到外来不稳定因素冲击的同时，能够发挥影响力，获得更大的国际空间。

1. 国际体系的周期性困境。国际格局历来体现"分久必合、合久必分"的周期性变化，不同流派的学者对此多有论述。古典经济学家和自由主义者多着眼于经济活动周期，例如，美籍奥地利政治经济学家熊彼特（Joseph Schumpeter）的经济周期理论也可用于解释世界宏观变局。不少经济学家都指出，当世界经济陷入低迷时，保护主义开始盛行，各国间的相互依赖随之削弱，以跨国经济活动为支撑的国际体系稳定性也因而下降。当然，此类学者往往不会将国家间纠纷上升到暴力的程度。其他政治经济学者则认为周期性的暴力冲突或难以避免。左翼学者卡尔·波兰尼（Karl Polanyi）提出的"双向运动"理论以英国主导体系的兴衰为例，指出以资本扩张为核心的全球化试图打破地方社会的文化和生活方式，将会造成周期性社会反弹，导致乱局。现实主义学者则多将这种不稳定视为国际体系霸主与挑战者的冲突，例如，政治学者多兰（Charles Doran）的权力周期理论悲观地认为，处于上升期的国家与处于衰落期的国家容易发生冲突；国际关系和政治经济学学者吉尔平（Robert Gilpin）的霸权稳定论认为，世界霸主是提供公共品、维持世界秩序的关键，其衰落会导致国际体系动乱；国际政治学者沃尔弗斯（William Wohlforth）更是明确地认为，只有当美国拥有不可动摇的霸权地位时，世界体系才会稳定，因为任何国家都不会冒着邻国与美国结盟的风险对抗世界霸主。

按照现实主义逻辑，当前世界乱象与美国为首的西方国家国力相对衰落有很大联系。

当然，自由主义者也提出了反驳意见，认为暴力冲突会随着国际社会发展而减少。基欧汉（Robert Keohane)）和奈（Joseph Nye）认为，随着国家间更加频繁地往来沟通，跨国公司等非国家行为体会发挥更大的影响力，而这些组织普遍希望和平的经济环境。哈森克莱佛（Andreas Hasenclever）等指出，这些经济、社会组织会促进国际机制的建立。伊肯伯里（G. John Ikenberry）进而认为，当前霸主应利用国际机制规范各国行为，包括挑战者和自己的行为，这可以实现霸主衰落时权力的平稳过渡。美国是国际机制理论的积极践行者，通过将贸易、金融、文化交流、国际仲裁等事务制度化，实现自身长期、有效的领导世界体系。然而在近期乱象中，无论是联合国、阿盟等本应作为调解者出现的国际机制，还是与冲突国有利益牵涉的企业、社会组织，都没有能够有效遏制紧张局势。在中日、中越争端中，跨国企业大受打击；2013年中日贸易额同比下降6.5%，连续两年下滑；近期越南反华暴力活动导致贸易受挫，越南荔枝出口显著受阻。然而这些贸易商的影响力却不足以缓和紧张局势。

2. 中国的影响力。现有乱局是几方面因素共同作用的结果。首先，国际机制固然重要，其权威性仍须主要参与国支持，因为所谓全球治理不同于国家治理，它没有单独的暴力机构可依赖，必须依赖主要国家的共识。在历史上的霸主国中，美国成功、广泛地运用了国际机制，然而其国力下降和参与意愿下降都影响了这些机制的有效性。新兴国家地位上升意味着西方国家地位相对下降，以往能够通过八国集团、北约等组织解决的问题，如今需要取得金砖国家等新生力量的共识和支持才能解决。同时，美国也会为自身利益绕开国际机制，如小布什政府拒绝《京都议定书》、绕开安理会打击萨达姆政权等，使得一些承担重要功能的国际机制变成清谈会。另一方面，发展中国家尚未做好领导国际机制的准备，它们的首要关注点仍然是自身发展，利益诉求相差较大，这也是金砖国家始终未能形成统一政治力量的原因。其次，一些国家和组织有制造不稳定的诉求，因为现有世界体系并未公平地惠及它们。沃勒斯坦（Immanuel Wallerstein）指出，全球化体系分为中心和边缘，中心国家通过进口初级品、出口高附加值产品的剪刀差获得大部分经济利益。葛兰西（Antonio Gramsci）则指出，发达国家通过话语权和制度维持自己的地位。更多经济学家指出，随着信息技术和智力资源的优势持续突显、自然资源与劳动力优势淡化，世界贫富差距将持续扩大。世界银行在金融危机前就指出，西方七国集团11%的人口占据世界GDP的65%；金融危机后，贫富分化进一步加剧。无法从全球化中获益，甚至在竞争中受害的国家，很可能成为波兰尼所言反全球化、反西方的力量。再次，技术进步，特别是互联网的出现在一定程度上成为制造国际冲突的工具。自由主义者通常认为技术进步通过增进交流、加强相互依赖促进世界稳定，然而互联网同时也为暴乱分子提供便利，使得某一地区的问题迅速扩散。

在这些原因之外，中国崛起对国际体系的冲击同样不可忽视，其影响可以与前述三大趋势等量齐观。前述三个趋势都可在中国身上体现：就国力而言，中国是力量相对上升的国家，经济增速高居世界前列，在金融危机后、世界经济环境总体低迷时，美国与国际组织都对中国经济的带动作用怀有期待。就意愿而言，中国希望融入现有国际体系，然而也在多个场合提出过改革现有体系、使之更加公平公正的设想。就技术影响而言，中国在改革开放的过程中越来越与世界接轨，也因为高经济增长率而备受瞩目,任何中国国内的政治事件都可能产生国际影响,中国也无可避免地受到国际潮流和全球性问题的影响。由于社会日趋多元化,中国内部利益集团的诉求也可能影响中国外交,乃至全球局势。

中国正在发生人类历史上前所未有的大规模工业化,这在世界格局变化,甚至人类发展史中都具有重要意义。工业化与现代化紧密相连,是人类社会发展的分水岭,其重要性可以从西方文明当前的领先地位看出。西方国家的GDP因工业革命开始产生质变,并开始资本主义全球扩张;而为工业革命做铺垫的一系列事件,如宗教改革、文艺复兴等,则可追溯至500年以前。工业革命首先出现在英国的原因令学者们众说纷纭,例如,沃特兰德(Nico Voigtlander)和沃思(Hans-Joachim Voth)就认为英国的工业革命具有一定的偶然性。如果没有这次技术革命以及随之而来的工业化,西方文明在物理条件和自然禀赋上并不优于其他文明,先前的改革运动也不能直接导致GDP的突飞猛进。其他国家要想在国际体系中取得话语权、摆脱沃勒斯坦所谓"边缘国家"的不利处境,也应以工业化为主要策略,较为成功的例子包括日本、韩国甚至建国早期的美国。中国目前的经济发展、国际地位提升,是因为中国经过百年探索,最终找到了适合国情的工业化道路。

纵观人类历史,以人口规模划分,工业化大致经历了由易到难的三个阶段:英法等欧洲国家的工业化是千万级别,美国的工业化是过亿级别,未来中国进行的工业化则将在十亿级别。人口在十亿规模的国家有中国与印度,它们都是经济增长迅速的新兴国家;但相对于印度,中国劳动力的基础教育更加到位,工业体系更加系统化,有望首先实现前所未有的大规模工业化。更重要的是,印度社会基本上是前现代的,除非印度发生根本的社会革命,否则不具备进行内生型工业化的能力。

从工业化历史可以看出，英国领导的全球体系受限于霸主国自身经济规模，在"一战"和经济萧条冲击下分崩离析，而美国凭借更为雄厚的工业实力后来居上，并成功抵御了数次危机。当美国体系开始衰落后，在世界范围遭遇"双向运动"所说的反全球化浪潮，以更大规模工业化来促进全球化和世界经济发展的希望就很可能落在中国肩上；同时，主导权的更替也可能伴随着间歇的动荡与冲突。格申克龙（Alexander Gershenkron）指出，后进国家的工业化能够吸取前人经验、集中力量快速发展，这使得其工业化同时也伴随着制度领域的变革；相比起英国，美国政府的权力和干涉范围都更广泛，而后来的工业化国家往往有着更强的政府色彩；当中国在政府干预甚至主导下稳步推进工业化时，作为世界主导思想的自由主义、"华盛顿共识"等都将受到冲击。另外，从世界范围看，中国大规模的工业化也意味着国际财富分配的宏观变化，更多人脱离贫困、进入中产阶级，这也对改良国际经济体系提出了更为迫切的要求。综上所述，中国的工业化可能带来一系列国际变化，现有的权力平衡改变很大程度上与之相关，其成败也直接影响未来国际关系走向。

3. 中国的挑战和机遇。长期以来，中国的国际关系研究侧重于分析外部冲击对中国的影响，以及中国对此的应对策略，而往往忽略了中国行为的外部影响。作为一个正在进行大规模工业化的现代化国家，中国的行动对世界格局产生着巨大影响。在经济层面，随着中国的产业升级，越来越多的发达国家将不同程度地受到中国产品的竞争和冲击。在政治层面，中国的政治影响力持续上升，甚至开始主导某些领域的国际合作，同时也有国家将中国视为潜在威胁。在更抽象的制度文化层面，中国以其不同于西方的政治制度完成工业化，并代表发展中国家争取权益，这些行为都对其他国家有示范作用。因此,中国的内政与外交可能是影响国际事务的"自变量",而非被动接受影响的"因变量"。

如前所述,目前国际体系可能遭遇权力真空困境。急于解决美国内部经济问题、调整战略重心的美国政府在全球治理中收缩;西方影响力在金融危机后相对下降,美国即使试图维持国际秩序,也未免力不从心。应该承认,这些全球范围的动荡威胁着中国的海外利益,也对外交部门提出了层层挑战。然而中国也应将暂时的动荡视作机遇,扩大自身的国际影响力。作为拥有高增长率的发展中大国,中国已经受到世界瞩目,如何使被动的"见招拆招"式外交策略转向积极主动,将是外交研究者和决策者需要思考的迫切问题。

当然,对中国而言,应对复杂国际局势的关键仍然是完成自身的工业化。这就要求中国找到新的经济增长点,优化行政管理,实现经济可持续发展。同时,社会的稳定也是顺利进行工业化的必要条件。

换言之,中国在国际动荡时期需要集中精力解决内部问题,避免被自己从内部击败。在经济继续发展、工业结构升级优化的情况下,中国才能够在国际上"挺直腰板",有效参与国际治理,建立共赢国际秩序。

(作者:金灿荣、金君达,载于《现代国际关系》2014年第7期)

大国未来

机遇与复兴

习总书记指出:"实现中华民族伟大复兴,就是中华民族近代以来最伟大的梦想。""而中国梦与包括美国梦在内的世界各国人民的美好梦想都是相通的。"面对未来,中国要充满自信,为成为超级大国做好准备。首先中国自身的"规模禀赋",使其具有无与伦比的"抗危机"能力。其次,中国的历史厚度、近代和现代的坎坷以及经验、物质积累,为下一步的现代化推进奠定了良好基础。最重要的是,中国社会当前所包含的现代性因素足以确保其现代化进程的不可逆转。

谁解释好中国，该拿诺贝尔奖

一般来说，任何时候准确地认识任何一个国家都很不容易，而正确认识当下迅速变化的中国尤其不容易。夸张一点说，正确认识中国，真正了解中国，可能是全世界社会科学界最大的挑战。谁解释好中国，谁就有资格拿诺贝尔奖级别的奖项。

了解中国很难，主要有如下原因：第一，中国太大了。根据中国内地的粮食消耗，它大概有近14亿人口，而将整个俄罗斯都归入欧洲，欧洲总人口也只有7亿，一个中国大陆等于两个欧洲。人口多，一般来说问题就多。

第二，中国是个转型国家，新老问题并存。国际学界通常认为"转型国家"总方向是走向现代市场经济和现代法治，矛盾比保守型国家复杂一些。

第三，中国的发展层次多，问题的性质复杂。按照学界说法，中国是"共时性社会"，前现代、现代和后现代问题并存。

第四，社会科学对中国的解释比我们历史上老话语系统的解释要好，但是面对中国这样庞大而复杂的存在，其解释能力还不够。现代社会科学起源于西方，而中国相对西方是异质文明，如果简单地套用西方学理来分析中国就容易出现偏差。

第五，过去由于中国地位弱，西方比较了解中国的精英人士在西方影响也不大。近年来，中国崛起，这个群体在西方的话语权增大，但其中一些人并未真正把握中国的脉搏。

第六，在20世纪的中国政治史中，激进主义比例太大，在思想史中，偏激思想比例太大，结果是误导自己，误导国人，误导国际社会。

第七，中国的知识精英是研究中国、解释中国的关键群体，但是这个群体经常受到"权、钱、洋、俗"等多种因素的干扰，从而影响了其研究的质量和解释的效力。

改革开放以来，中国经济经历了长达30多年的高速增长，被公认为世界经济史上最伟大的奇迹之一。中国的迅速崛起是国际格局变化的主要因素，了解中国是把握当前国际格局动向的关键。在一代人之内，也就是30年左右，中国很可能成为世界最强大的国家，成为世界的主导力量，了解中国也就成了透视未来世界的最佳角度。

有两个理由可以使人们对中国的未来看好。

一是中国的纠错能力。国家与个人一样会经常犯错，不犯错误的国家是没有的，关键在于纠错能力。而如果进行国际比较，中国的纠错意志和能力是非常强的，位于世界各国前列。

二是中国的工业能力。工业化是近代西方崛起的关键，当今世界90%的制造业集中在北美、西欧和东亚。过去一百多年的东亚历史证明，儒家文明是适应工业化的，中国是可以实现工业化的，而一旦中国工业化了，由于超大的规模，其力量将是工业时代的巅峰。

随着中国社会的开放和经济的成功，国际社会对中国的兴趣在增加，认识也在深化。越来越多的政治家、商人、青年学生和旅游者来到中国，这有助于他们的认识。与此同时，中国社会的自信心和对自身的认识也在加强。就"了解中国"而言，总的态势是向好的发展。

（载于《环球时报》2015年1月8日版）

中国机遇面临变化之势

我国重要战略机遇期的内涵和条件发生很大变化,但发展仍然具备难得的机遇和有利条件,中央经济工作会议上的这一基本判断,显示出我国新一届领导集体的理性与智慧。事实上,政策正确的关键就在于既要看到挑战也须知晓机遇。

多年来,国外总有一部分思潮唱衰中国,他们总是简单罗列出中国所面临的一系列严峻挑战,著名经济学家加尔布雷斯曾经讽刺说,人类的愚蠢之一就是"将悲观主义等同于智力超群"。

列举我国面临的挑战并不困难,比如,内部经济放缓、地方债务、贫富分化、腐败严重、环境恶化,外部有全球经济震荡、海外市场萎缩、周边安全形势吃紧等。面对这些困难,十八大提出的"挑战与机遇并存、机遇大于挑战",不仅仅是一种政治宣示,也是一种正确判断。

同世界大多数国家相比,中国仍然具备至少三个优势。首先,有自身的"规模禀赋"。广袤的陆地面积、海洋领土,近两倍于全欧洲总人数的13亿多人口规模,中国具有无与伦比的"抗危机"能力。其次,中国的历史厚度、近代现代化的坎坷以及经验、物质积累,给下一步的现代化推进奠定了良好基础。最重要的是,中国社会当前所包含的现代性因素足以确保我国现代化进程的不可逆转。政治上,新中国的成立使中国第一次拥有了有能力维护国内基本统一与团结共识的现代政府,十八大则标志着这一政府政治权力转移的制度化确立,其合法性进一步完善;经济上和科技领域,都有了高速发展。

与此同时，我国至少还有以下四个新的机遇可供把握。

一是城镇化带来经济效率的提高。2011年，中国的城镇人口超过农村人口。城市是现代性的汇集之地，一亩地在城市的产值远高出农村，随着我国城镇化的进一步发展，内需市场会扩大，生产效率会提高。

二是信息化带来社会沟通的强化。我国现拥有5亿多的网民和3亿多的微博用户，从社会发展的战略眼光看，这是中国公民精神兴起和繁荣的基础，无论是民众的生活诉求还是政府的执政反馈渠道，都将进一步通畅。

三是内外部需求增多带动消费与投资的繁荣。从2009年开始，我国出口全球第一，2013年有望贸易总额第一，并可能三年内进口总额第一。在全球生产力过剩的今天，谁有购买力谁就是老大，这意味着中国将拥有比现在优越的国际经贸谈判地位，而我国迅速增加的对外投资则会强化这一地位。

四是外部环境的紧张带动中国外交思路的调整。近年来，我国周边持续吃紧，但频繁的危机个案正好给予了中国外交进行"事件驱动"型改革的最佳动力。我们在每次解决问题的过程当中都能有机会更加完善自己。

中国是世界历史上少数只可能"自己打败自己"的大国。面对新的机遇和挑战，搞好国内仍然是根本。只要充分利用好国内发展中城镇化、网络化及其背后的中产阶级化和教育普及化等几大趋势，就会使中国各方面更上一层，更将使内部政治社会体制运转进一步顺畅，走向真正意义上的可持续发展之路。

（载于《人民日报》2013年1月4日版）

中国与世界:全球视角看未来

未来世界:加速步入后危机时代

在国际金融危机、新兴经济体崛起以及全球性问题空前突显等因素的作用下,世界正加速步入后危机时代。未来十年,世界将在权力结构、问题议程和决策规则三大层面呈现出新的内容和特点。

第一,权力结构的调整。西方与非西方在国际关系中的基本分野为我们理解未来世界的权力结构提供了独特视角。冷战结束以来,世界一度进入了由美国霸权定义的单极时代,以美国为首的西方阵营成为全球规则的制定者和国际公共物品的主要提供者,在东西和南北关系中占据全面的优势。然而,冷战结束短短十多年的时间,西方的中心主义地位就出现了明显动摇,其国际权威和全球影响都受到相当程度的削弱。尤其是西方霸权的核心支柱美国,因对外政策失误和内部经济困难而出现了严重的实力透支。奥巴马的变革措施一定程度上改善了美国的经济状况和国际形象。然而,美国内外面临的问题并没有因此得到缓解。在内部,美国经济长期增长乏力的状态制约着美国重建制造业辉煌的雄心,政治上的极化现象也不利于塑造政治行动所必需的统一意志和战略共识。在外部,反恐战争的久拖不决还将耗费美国相当的实力资源,美国与外部世界的矛盾短期内也没有彻底解决的可能。这些都决定了美国未来的国际地位很难再回到新世纪初期的状态,华盛顿不费力气和低成本行使国际领导权的日子成为历史。作为西方阵营重要成员的日本和欧盟都面临着内部的政治博弈和社会治理难题,难以为西方中心地位的维系提供有力支持。因此，尽管西方在一段时期内仍将处于国际权力结构的中心，但其内部阵营的三大支柱各自都存在众多问题，其未来发展非常不确定，其主导世界的能力总体呈现下降的趋势。

与西方阵营相对应的则是一个相对分化和弱势的非西方世界，包括新兴市场经济国家、俄罗斯、伊斯兰世界、失败国家和反美主义国家，其中前三类国家（群体）在国际结构中的地位和作用尤为重要。首先是新兴市场经济国家，这些国家在过去 20 年来通过对内改革和对外开放，释放出巨大的经济效率和增长潜力，国家实力显著增强，成为世界经济和国际政治中的一支重要力量。未来十年，如果新兴经济体能够继续保持高于发达经济体的发展速度，它们在世界经济和政治版图中的地位将得到实质性提升，它们与现行国际俱乐部的关系决定着未来世界稳定与否。其次，俄罗斯是一个独特的战略存在，不断地游离于西方与非西方之间，试图在融入西方与新兴大国身份之间保持平衡，以增强在国际政治博弈中的砝码。未来俄罗斯的问题在于内部政治稳定的可持续性和市场再改革的成败。最后，从冷战结束到现在，伊斯兰世界的内部现代化尝试并不顺利，进而导致了伊斯兰传统与世俗价值、本土文化与西方影响之间的持久冲突，在外部则与西方世界积累了地缘政治和意识形态层面的深刻矛盾。伊斯兰世界的道路选择将对未来的世界格局产生重要影响。

西方与非西方的发展态势和互动关系意味着世界权力结构从西方一超中心向多强权力共享的格局转变，未来的世界结构将呈现出更加均衡合理和平等竞争的局面。

第二，问题议程的转移。世界的问题议程在保持传统的主权、安全议题的同时将更加突显全球性问题的重要性。气候变化、资源紧张、粮食短缺等一系列全球问题不仅涉及各国的利益增减和竞争态势，更关乎整个人类的生存和长远发展。尽管科学界和经济学界对几乎所有全球问题的起源和后果都没有完全定论，但这些问题已经成为"真问题"，而被纳入各国政府和国际社会的正式议事日程。尽管如此，全球性问题在可预期的一段时间内仍然将在一个没有结果的争吵中前进。理由是在几乎所有的全球问题上，各国在面对共同威胁的同时都存在重大的利益差别，其结果是一方面各国在政治上都很高调，以争取在国际舆论环境中的主动权；另一方面则都以自身的发展需求为基本考量。因此，共同的行动还需要经过相当长时间的政治磋商和利益妥协。

第三，决策规则的变化。长期以来，美日欧是世界经济格局的主导性力量，它们的发展态势及相互间的博弈关系决定了世界经济的基本图景。反映在决策机制上，八国集团、国际货币基金组织以及世界银行等组织主导着世界范围内的规则确立和议程设定。然而，在国际金融危机迅速蔓延的背景下，决策效率和代表性两个层面更加平衡的 G20 受到青睐，并迅速成为应对国际金融危机的主要论坛。G20 的兴起推动了国际政治的集团化趋势，人类因此可能进入一个 "G 时代"。为了占据后金融危机时期的制高点，各国都在积极组建类别繁多的集团。由于不同集团的利益整合和规范塑造能力不同，那些共识稳固、功能强大的集团将在激烈的竞争中得以存活，并成为未来国际规则建立的起点。

未来中国：迎接内部治理挑战

经过改革开放 30 年来的快速发展，中国已经积累了相当的国家实力。

未来十年，中国的总体实力仍将保持快速增长的势头。在经济层面，由于中国的劳动力供给在相当时期内仍然充足，中国不仅有可能而且必须保持经济的平稳较快增长，而大力促使增长方式转变和产业结构升级的努力意味着中国经济的内涵和质量将得到大幅提高；随着创新型国家战略的实施，中国的科技实力和自主创新能力预期将会有实质性的改善；台湾问题的存在，以及中国海外利益的不断拓展要求中国的安全战略必须确保国家边界内外的利益诉求，这也决定了中国的军事现代化步伐不会减缓或停滞；由于中国在经济发展和危机应对中的突出表现，"中国模式"会受到越来越多的关注，中国的软实力将进一步增强。因此，可以说中国在未来十年还将经历一个实力增长的黄金期。

当然，未来十年也是中国内部各种深层矛盾最为突出、发展环境日益复杂的时期。首先，收入分配不均导致贫富差距在扩大，还有资源短缺、环境污染等一系列问题。如何防止这些问题进一步恶化，进而导致各种社会矛盾的"共振"和集中爆发，考验着决策者的政治智慧。其次，随着中国从魅力型领导到常规政治的过渡，领导者的个人威望和意识形态整合能力都不同以往，能否以新的共识加强党内团结是一个不可回避的重大问题。再次，30年来国家与社会关系的变化导致了社会力量的显著成长，这在激发社会活力和彰显个性独立的同时，也带来了国家决策环境的复杂化。政府越来越需要在慎重理性决策与回应民族主义情绪之间保持平衡，以避免出现重大的战略性失误。如果再考虑到2020年前后，中国经济将因人口红利渐趋消失而有所减缓的前景，中国内部治理的挑战将更加突显。这就要求我们必须通过制度调整和社会改革来调解矛盾或降低相关问题带来的冲击效应。唯其如此，中国实力增长的前景才能保持乐观。

"韬晦"与"作为"的新平衡

实力和问题的并存意味着中国是一个双重特性国家，既经历着经济的高速增长和物质财富的迅速积累，又面临着前所未有的内部挑战和国际风险；既需要回应民众对公平正义的权利诉求，建立更加和谐的国内社会，又需要消除外部世界对中国的战略疑虑，维持和平稳定的国际发展环境。

这就决定了中国外交的两个层面：在战略层面，外交仍将保持具有防御姿态的韬光养晦战略，为国内问题的优先解决创造条件；在战术层面则须保持积极的有所作为，以维护不断拓展的国家利益和承担起相应的国际责任。

从对外战略的层面来看，特别需要注意外部世界对中国的心态变化和政策调整。例如，以美国为首的西方对其中心地位和优越感的丧失倍加担忧，对中国的戒备显著加强，在坚持接触交往战略的同时强化了防范制衡的一面，在制衡战略中又特别强调软硬手段并用；新兴国家对中国的竞争意识也在不断上升；周边国家对华心态同样面临着新的调整过程，反映在政策选择上多是拉住美国以平衡中国不断增强的实力影响；发展中国家的心态也很复杂，积极欢迎中国的投资、技术和商品，但又担忧中国的强大竞争优势。

由此可见，中国崛起的"地壳运动"效应正在开始显现，中国所面临的国际舆论环境越来越复杂，很难再坚持独善其身或"搭便车"式的政策选择，而需要国家利益与国际责任、自我发展与他者共赢之间显示更多的平衡和灵活性。这不仅是维护中国核心利益的工具性考量，更涉及中国能否为世界提供解决问题之道的价值性思考。

（作者：金灿荣、刘世强，载于《半月谈》2010年第9期）

告别传统大国冲突的历史"铁律"

"中国崛起后必将挑战现有国际秩序,与美国这一传统大国发生冲突"的论调,目前在国际社会还有一定市场。与之相对应,"修昔底德陷阱"这一古老话题再度被激活,成为各方舆论关注的一个焦点。新兴大国和守成大国必有一战的"修昔底德陷阱"似乎成为历史演进中的一条悲情"铁律",西方历史曾不断重演这一悲剧。在近 500 年来西方大国的激烈争霸以及近现代英德、美苏的剧烈冲突中,都可见其踪影。

对照历史经验,今天中美关系所处的境况与"修昔底德陷阱"存在的条件看起来有些相像。结构上,美国是当今世界唯一的超级大国,主导国际体系,属于守成大国;中国超过日本成为世界第二大经济体,经济发展成就举世瞩目,属于新兴大国。战略上,中美双方的基本面存在矛盾,战略利益冲突远比西方史学意义上的"修昔底德陷阱"还要复杂得多。除了地缘政治和经济竞争,两国还在价值观念、政治制度、意识形态、文明发展等方面存在较大分歧和差异。此外,美国国内某些势力试图操纵中美关系以从中牟利,一定程度上加剧了中美关系的紧张。

那么,中美之间如何避免落入"修昔底德陷阱"?习近平主席提出的构建中美新型大国关系为之提供了解决方案。这个方案本质上是一种战略思路创新,成为中美摆脱"修昔底德陷阱"的崭新范式与必然选择。中美两国关系的未来是开放的,中美应厚植共识、相向而行,控制利益分歧,增扩合作空间,夯实两国关系良性互动发展的基石,朝着"不冲突、不对抗、相互尊重、合作共赢"的方向努力,告别传统大国冲突的历史"铁律",开辟一条新型大国关系之路。

对美国来说,虽然对中美避免冲突是支持的,但其许多做法还停留于旧思维。比如,美国近些年强力推行的"亚太再平衡"战略,突出军事性,强化对抗性,介入争端,在中国周边特别是海上煽风点火,遏制中国之心昭然若揭。总地来看,美国对中国崛起疑虑重重,应对手段原始传统,折射出现实主义的考量,实际上是在将中美两国往"修昔底德陷阱"里推,而不是往外拉,不利于缓和、改善局势。而对中国来说,则要做得更得当、更真诚,从而避免两国间矛盾激化、对抗升级。实现这一新型大国关系模式,还需要更多智慧。

准确判断战略局势。如果大国之间一再发生战略误判,就可能自己给自己造成"修昔底德陷阱"。中美之间固然存在诸多结构性矛盾和摩擦分歧,但更有高度相互依存关系,利益密集交织,往来互动频繁,这使得中美关系已"难解难分",形成了有别于以往新兴大国与守成大国关系的新型大国关系。况且,中国并无意愿与美国进行全面抗衡。美国应全面准确观察中国的发展,客观理性地看待中美关系存在的问题,抛弃二元对立观。

逐步化解矛盾分歧。国家之间存在这样那样的分歧,实属正常。因此,中美之间出现矛盾分歧并不可怕,关键是要正视分歧、开诚布公、防止激化、逐步化解。只要是出于诚意,管控好分歧,中美共同利益还会不断扩大。目前,中美之间各个层级有多种对话机制和沟通渠道,起到了加强交流、增信释疑的作用。通过密切有效的沟通,加强政策协调,以建设性方式管控分歧,有助于把矛盾点转化为合作点。当然,对于涉及我国核心利益的问题,我们一定会坚守底线,理直气壮地维护我国国家利益。

深入推进务实合作。合作共赢是中美新型大国关系的基本原则，也是摆脱"修昔底德陷阱"的根本途径。要开展双边、地区以及全球层面合作，不断扩大中美关系的积极面，持续积累两国发展的正能量。在双边层面，增强经济的相互依存度，推动中美双边投资协定谈判取得实质性进展，加强战略界、军方的互动交往；密切企业、民间人文交往，做到提质增效，夯实两国关系的民心基础。在地区层面，针对朝核问题、阿富汗重建、中东问题等地区热点难点问题，展开建设性合作，努力推动问题解决。在全球层面，面对公共疾病传染、全球贸易、网络安全、反恐、打击海盗、气候变化、新能源开发、消灭贫困、世界经济和国际金融稳定、防核扩散等问题，中美应携手应对解决，共谋人类社会福祉。作为世界上最重要但又最复杂的双边关系之一，中美关系发展走向非一方所能决定，其最终能否摆脱"修昔底德陷阱"，取决于双方的共同努力。

（载于《人民日报》2016年4月17日005版）

周边处理好，大的矛盾就控制住了

新的领导集体上任以来，对外交的重视超出了许多人的预期，对外交工作的目标定得很高，要求把世界的机遇变成中国的机遇，把中国的机遇变成世界的机遇。看起来新领导集体在外交方面总的战略还是延续的，还是坚持和平发展，但在战术层面有很多变化。一是主动性大大加强。二是更加全方位，包括内容上全方位和地理上全方位。三是突出了底线原则，强调"绝不牺牲核心利益"。四是个人色彩，习近平主席和李克强总理的讲话都比较口语化，有个性。战略上延续性强，战术上有变化。能不能这样说:是在坚持"韬光养晦"的前提下,更加突出了"有所作为"? 从 2013 年的外交日程安排上看,可以说是"先外围,后内线;先巩固友谊,后处理问题"。3 月、4 月、5 月是"走亲戚",习近平主席访问了俄罗斯和非洲三国,李克强总理访问了南亚两国和欧洲两国,李源潮副主席访问了拉美的阿根廷和委内瑞拉。6 月、7 月集中处理中美关系,习近平主席与奥巴马加州庄园会(并访问特立尼达和多巴哥、哥斯达黎加、墨西哥三个拉美国家),再加上中美战略经济对话,都非常成功。9 月、10 月是周边外交的发力期,9 月,习近平主席还参加上合组织峰会并访问中亚四国,提出"丝绸之路经济带"设想。10 月更突出,习主席和李总理两位领导人都出去了,访问了五个国家(习主席访问印尼、马来西亚,李总理访问文莱、泰国、越南),参加了两个会(习主席出席亚太经合组织第 21 次领导人非正式会议,李总理出席东亚领导人系列会议),提出了三大设想:第一是"海上丝绸之路",第二是通过建立亚洲基础设施投资银行促进互联互通,第三是东亚地区安全合作框架。在周边外交这么突出的背景下召开周边外交座谈会,就显得特别引人注目。看来周边外交就是未来一段时间我国外交操作上的重点。我们重视周边,有几个理由。一个理由是在周边矛盾最集中。当前中国外交面临的矛盾说起来主要就是两个:一是美国对我们不信任,二是周边一些国家跟我们有具体的纠纷。美国对我们不信任,但是如果它真的要把这种不信任的情绪变成对我们的伤害,还是得在我们周边找麻烦,所以两大矛盾在实践当中变成一大矛盾。对我们来说,把周边处理好了,大的矛盾就控制住了。

第二个理由是真正的独立的周边出现了。周边国家长期以来作为大国的附庸,从严格意义上讲,一个独立的周边的出现是很晚近的事。很多国家原来就不是一个独立的国家，南亚国家在20世纪40年代末独立，东南亚国家在50-60年代独立，中亚国家的独立是90年代的事了。还有日本、韩国等由于跟美国的关系，很长时间内其外交政策是服从于美国的。一个独立周边的出现是亚洲进步的结果。

第三个理由是中国崛起造成的冲击首先表现在周边。如何控制这个冲击？这里可以做一个换位思考。中国将近有14亿人，经济以两位数连续增长30年，这是很大的一个事情，它必定有外溢效应。我们过去忽视了外溢效应，但是别国对中国的冲击做出反应是正常的，尤其是周边的反应更是正常的，反应大就更正常。

第四个理由是中国如果要建立影响范围，还是要从周边着手，别的地方鞭长莫及。换一个说法，中美建立新型大国关系要从亚太做起，这是两国领导人多次讲到的，即使从搞好中美关系的角度来讲，我们也要重视周边。推进周边外交，中国是有一些优势的。

第一是经济优势。目前，我们和大部分周边国家都建立了良好的经贸关系，而且大部分周边国家的第一贸易伙伴就是我们。未来十年，应该讲我们保持7%的增长问题不大。这意味着我们经济的分量在这个地区仍然将是上升的，我们说话的分量当然也会上升。

第二是地理优势。对于周边国家来说，我们是它们的邻居，这是不可变的事实。而且我个人认为中国是东亚的中心国家，环绕着中国存在着四个次区域，分别是东北亚、东南亚、南亚和中亚。这是中国一个天然的优势，就是说我们可以向四个地区同时辐射，而其他国家都很难这样。

第三是军事优势，有军事威慑力，我们现在在任何方向的军事上都是有优势的。

（载于《世界知识》2013年第24期）

南海争端：历史成因与解困之道

近来，南海问题不断升级，先是中国渔船在南沙群岛及其附近海域正常作业时，遭到越南武装舰船的非法驱赶，引发中越两国的外交抗议和相互指责。随后，越南不仅通过实弹演习、颁发最新征兵令等挑衅行为来显示"主权存在"，而且在河内连续爆发数次反华示威游行。紧接着，菲律宾方面计划将南海更名为"西菲律宾海"，并宣布出动海军拆除了中国在南海部分岛礁上"非法设置的标识"。中国则通过派遣"海巡31"穿越南海赴新加坡访问等动作以示回应。与此同时，美国与西太平洋相关国家进行了一系列联合军事演习，进一步加剧了南海地区的紧张局势。那么，南海问题有着怎样的历史成因？新一轮争端由何引起？中国该如何解决当前困局？

中国拥有南沙主权的历史与法理依据

南沙诸岛自古以来就是中国的领土，从历史依据来看：首先，中国人最早发现和记载了南沙诸岛。远在秦汉时代，中国就已经有了大规模的远洋航海通商和渔业生产活动，南海即是重要的海上航路。其后，在不同历史时期还有大量书籍、地图对南海地区有所涉及。其次，中国人最先在南海地区开展经济活动。至迟明初，中国人就开始在南沙群岛从事渔业生产了。清末以来，我国海南岛和雷州半岛各地都有人到南沙群岛捕鱼。形成于明末清初的《更路簿》也记载了中国渔民由海南东部文昌的清澜港和琼海的潭门港航行至西沙、南沙群岛的详细情况。再者，中国最早对南沙诸岛行使管辖权。在元代,越南的整个中部和北部成为中国的一个行省,元朝的舰队经常在南海地区巡逻。在明、清时期,中国政府也将南沙群岛标绘在权威性的地图上,以示对南沙群岛的行政管辖。及至民国时期,南沙群岛相继被法国和日本侵占,遭到中国政府的抗议和抵制。第二次世界大战结束后,时任国民党海军海防第二舰队司令的林遵率"太平""中业"两舰接收了南沙群岛;国民政府当时还委派肖次尹和麦蕴瑜为专员,分别前往西沙群岛和南沙群岛进行接管,并在岛上设立了主权碑。

从法理依据来看,第二次世界大战期间及之后签署了一系列文件确保了南沙群岛作为中国领土的法律地位。1943年12月1日,中、美、英三国首脑发表《开罗宣言》,宗旨之一是"使日本所窃得于中国之领土,例如东北四省、台湾、澎湖群岛等,归还中华民国"。当时的南沙群岛被日本划归台湾地区管辖,《开罗宣言》要求日本归还的中国领土当然包括了南沙群岛。1945年7月26日,美、英、中发表《波茨坦公告》重申《开罗宣言》的条件必须实施。同年8月15日,在日本《无条件投降书》中进一步明确日本接受中、美、英签署的、后来又有苏联参加的1945年7月26日的《波茨坦公告》中的条款。1952年,日本政府正式表示"放弃对台湾、澎湖列岛以及南沙群岛、西沙群岛之一切权力、权利名义与要求",从而将南沙群岛正式交还给中国。

1947年3月,国民政府内政部方域司刊印了《南海诸岛位置略图》,该图在南海海域中标有东沙群岛、西沙群岛、中沙群岛和南沙群岛,并在其四周标定了11条断续国界线,被称之为"传统疆域线"。1948年2月,中华民国内政部公开发行《中华民国行政区域图》,向国际社会正式宣布了中国政府对南海诸岛及其附近海域的主权和管辖权范围,其附图即《南海诸岛位置略图》。中华人民共和国成立后，经政府审定出版的《南海诸岛图》和《中华人民共和国全图》同样标绘了南海断续国境线，只是在1953年将11段断续线去掉北部湾、东京湾2段，改为9段断续线，俗称"九段线"。中国1958年的《领海声明》和1992年的《领海及毗连区法》进一步明确了南海"九段线"的法律地位。

由上分析，中国对南沙诸岛及其附近海域拥有无可争辩的主权，维护南沙群岛的主权权益是中国政府的神圣职责。

南海问题集领土主权、海洋资源、航海自由和对外战略于一体

事实上，在战后相当长的时期内并不存在所谓的"南海问题"。1968年，联合国有关资源机构发表一个报告，称南海地区拥有丰富的石油资源，堪称"第二个波斯湾"。1969年，由美国科学家组成的考察团对此进行了证实。之后，南海周边国家纷纷提出对南海诸岛的主权要求，并采取实际行动抢占岛礁、开采资源，从而产生了与中国的领土纷争。1982年《联合国海洋法公约》生效后，不少国家声称南沙群岛在其大陆架或专属经济区内，并据此主张对南沙群岛的主权。南海争端经过几十年的发展，性质变得更加复杂。

第一，南海问题涉及中国与周边国家严重的主权争议。如前所述，中国政府认为中国最早发现、经营和管辖南沙群岛，因而具有拥有该地区主权的历史性权利；而周边国家则援引《联合国海洋法公约》的大陆架原则，认为南沙群岛是其大陆架的自然延伸。因此造成了中国与南海周边国家的主权争议。

第二，南海问题是海洋世纪背景下各国争夺发展资源的缩影。随着陆地资源日益枯竭，海洋正变成各国博弈的新平台。南海的丰富资源、开采便利以及战略位置,使周边国家纷纷将眼光投入南海这一资源宝库,并实现国家战略向海洋经济的转型;域外大国也加快进入南海地区的步伐,积极介入南海事务。

第三,南海问题关系到国际航海自由和安全。中国和周边国家从来没有阻碍南海地区正常的航运,而美国却认为不断升级的南海争端影响到了美国船只在这一地区的自由航行,对周边沿岸国家进行大规模、高强度的抵近军事侦察活动,还与南海周边的国家进行着持续不断的军事演习,进一步加剧了南海地区的紧张局势,从而威胁到南海地区的正常航行。

第四,南海问题还是考验中国能否和平崛起的试金石。自20世纪90年代以来,中国大力支持和推进东南亚地区的经济一体化进程,实现了中国与东盟国家的双赢。然而,经济的互惠并没有导致战略上的互信,相反东盟国家担心中国运用不断积累的实力使东亚秩序重新回到等级性的朝贡体系中,普遍存在趁中国立足未稳之时寻找某种优势的机会主义心理,纷纷寻求拉拢美国等国际势力以制衡中国的加速崛起。从这个意义上讲,南海问题关系到中国的周边稳定和整体对外战略,成为中国能否通过和平方式崛起的一个重要检验标准。

由此可见,随着时间的推移,南海问题超越了简单的主权之争,而涉及多方面的问题领域和多主体的利益博弈,其趋势朝着多边化、国际化和长期化的方向发展。

新一轮南海争端的原因

近年来,尽管南海地区不时出现争端,但像今年如此频繁、密集的交锋并不多见。究其原因,有如下几个方面。

第一,越南和菲律宾的内部考量。今年以来,越南经济形势持续恶化,老百姓不满情绪上升。出于转移国内民众情绪的考虑,越南在南海问题上不断伸手、动作频频。在政治上,越南2011年1月选举产生了新一届越共中央总书记,领导人上台伊始,在南海问题上的坚定立场有助于巩固其执政地位。菲律宾同样遭遇到经济增长不景气、领导人建树无多的国内困局,也有着通过打民族主义牌转移内部矛盾的盘算。

第二,美国重返亚洲的战略效应。自21世纪以来,亚太地区日益成为全球经济增长的重要引擎,同时,汇聚领土争端、地缘博弈与安全问题。美国为了确保其在经济和安全上的主导权,从去年开始高调回归亚洲,不仅加大了对这一地区的经济投资力度,而且更加强调在军事和安全上的积极介入,在中国与周边国家存在争议的问题上煽风点火,为东盟国家推动南海局势升级撑腰壮胆。随着本拉登被击毙和反恐战争的阶段性结束,美国战略东移的步伐将明显加快,南海问题的域外因素将进一步扩大和长期化。

第三,中国国家能力的显著增强。中国经过长期持续的经济高速增长,已经积累起了相当的实力资源,特别是与南海问题相关的能力建设在近一两年内都取得了突破性进展。对此,周边国家有一种时不我待的紧迫感,企图趁中国崛而未起的阶段加大对南海地区岛礁的占有和资源开发,以既成事实来逼迫中国就范,从而使得本已紧张的南海局势出现了进一步的恶化。

如何突破南海困局

到目前为止,中国在南沙地区有40多个岛礁相继被周边国家瓜分。更重要的是,越来越多的域外势力介入南海事务,在中国与相关国家的争端中拉偏架、谋私利，中国日益陷入战略上的被动局面。那么，中国应该如何突破在南海问题上的困局呢？

第一，战略大局与具体利益的平衡。为了保持国内的经济建设和发展势头，中国在南海问题上不断让利、释放友善信息，周边国家却不断挑战我们的政策底线，其结果是中国提出的搁置争议、和平解决的主张并没有得到善意的回报，反而成为自己单方面的自我约束；周边国家越发大胆地蚕食南海周边海域，进而趁势将侵占行为事实化、"合法化"。从一定意义上说，正是中国避免南海问题升级的战略初衷给周边国家以错误暗示，加剧了南海地区的紧张局势。因此，中国需要在保持和平发展战略方向的同时更加主动、坚决地维护具体利益。一旦出现损害中国利益的行为，中国必须亮出可信的惩罚措施，而不仅仅是简单的外交抗议。只有这样才能杜绝周边国家的机会主义心理，约束其不断突破红线的"违规行为"。

第二，内部政治的协调与平衡。随着现代化进程的不断推进，中国社会利益多元化导致了政治过程的日益复杂，越来越多的主体开始积极发言，影响着决策过程。在南海问题上，中央政府主张有关各方在南海问题上采取克制、冷静和建设性的态度，但地方政府、利益集团和社会舆论却希望采取更加强硬的立场，要求保护南海领土完整、加快油气资源开采。如何保持内部政治的平衡正在成为中国外交新的挑战。

第三，双边谈判与多边战略的平衡。长期以来，中国在南海问题上坚持通过双边谈判来解决与有关国家之间的分歧。然而，这一策略进展并不顺利。一方面，周边国家深知自己力量的弱小，开始摒弃相互之间的争议，并有意识地抱团取暖，构筑在南海问题上针对中国的统一战线；另一方面，周边国家尽可能地邀请国际势力介入，既与西方的石油公司合作建立利益上的纽带关系，又通过渲染"中国威胁"来强化外部大国在本地区的军事存在。在双边问题多边化、地区问题国际化的现实下，中国不得不探寻更具建设性的多边战略，可通过多边磋商的方式将相关共识制度化，成为有关各方具有约束力的行为准则，并以此为基础构建互利共赢的地区秩序。对于国际势力，中国应该持开放态度，欢迎共同维护南海地区稳定的举措，但对于其煽风点火的行为则需要坚决反对、毫不妥协。

第四，解决南海问题与经营周边地区的平衡。近年来，中国与东盟各国之间的关系得到了全面的改善，已经建立起难以动摇的利益共同体格局。因此，我们不宜将南海问题的严重性过于放大，从而使其成为自我证实的预言。中国固然可以通过强硬手段来解决问题，但这将造成东南亚国家对华的敌对倾向和仇恨情绪，同时也将使美国军事力量在东南亚的存在永久"合法化"，不利于中国的和平发展大局。因此，中国需要将南海问题的解决纳入经营周边的战略格局中加以考量，将其视为进一步巩固中国与东盟国家合作关系的契机。具体而言，中国可以在承认各方既得利益的前提下，建立一个油气资源共享的南海能源共同体，并根据投入多少确立合理的利益分配比例。为了保持其正常运转，应对可能的不确定性威胁，建立起某种形式的多边安全合作也成为顺理成章的事情。只有建立起持续的共同开发格局，让各国都从中受益才能真正做到搁置争议，并将经济层面的合作拓展至政治、安全领域。这也为突破中国与东盟经济合作—军事安全的二元对立困境提供启示。

（作者：金灿荣、刘世强，载于《紫光阁》2011年第8期）

未来美国会对中国说，土豪我们做朋友吧

在2016年3月8日的"中国的外交政策和对外关系"记者会上，中国外长王毅妙语连珠，以得体的回答和强硬的姿态再次回应了中外记者的犀利提问。当天的记者会上，总共提出了18个问题，涉及朝核危机、南海局势、中美关系、中日关系等各个热点。在眼下半岛剑拔弩张、南海摩擦不断、中美虎视眈眈、中日冷若冰霜的外交局势下，王毅外长的这次记者招待会可谓给各方亮明了态度，表达了中国的决心。

记者会召开之后，观察者网专访了中国人民大学国际关系学院教授、国际问题专家金灿荣，从热点入手，深度解读王毅外长在记者招待会上的回答。在金灿荣教授看来，中国在处理国际争端时比以前更有底气，更有信心表达自己的利益诉求，未来无论是朝核问题还是南海局势，都会紧张一段时间，但不存在大规模战争的可能性。至于中美关系，美国人对中国依旧有疑虑，甚至怀有种族主义歧视，但随着中国实力的不断强大，秉承实用主义的美国最终会承认中国的大国地位，给予中国应有的尊重。

观察者网：在8日早上的记者招待会上，朝核问题成为关注焦点，王毅外长给出的回答非常明确："不能一味迷信制裁和施压，只要有利于把半岛核问题拉回谈判桌，我们都持开放态度。"这和上次我们采访您时提到的观点是一致的。制裁已经一个星期了，各方的反应还算平稳，这

是不是个好兆头，意味着朝核问题有望得到缓解？

金灿荣：目前还不好说，因为王外长当天上午的讲话是："制裁是必要手段，维稳是当务之急，谈判是根本之道。"联系到 2 月底他在华盛顿 CSIS 的警告，下面两个月可能很紧张。短短两个星期，两次警告，再加上朝鲜这几天的表态非常强硬，可以看出中国对局势会不会失控还是隐隐有担忧的。

目前，制裁已经达成协议了，下面就是逐步实施，在实施过程中还要注意风险控制。上次我们也谈到了，这次朝核危机有三个变量比较突出：第一，北方领导人是个 80 后，他能不能控制局面现在不是很确定；第二，南方"冰公主"朴槿惠能不能保持克制，也是没有把握；第三，美军和白宫的协调会不会有问题。

原来我们一般认为美国制度很成熟，在军政关系上应该是没有问题的，但现在看来不能这么大意。第一次朝鲜战争时，麦克阿瑟将军和美国杜鲁门政府是有矛盾的，最终杜鲁门政府解除了他的职务；越战期间美军前线部队做了很多违反法律的事情，和政府的意见是不一致的；再到 1999 年中国驻南斯拉夫大使馆被炸，很显然也存在着前线指挥官和后方政治家的矛盾。最近在南海问题上也看出来了，军方和白宫的步调也不是完全一致。那么有了这三个变量：北方 80 后的任性、南方"冰公主"的任性、美国军方的任性，同样是强硬对强硬，擦枪走火的可能性比较大一些，这也是王毅外长提出"维稳优先"的原因吧。

观察者网：在回答记者有关朝核问题的提问时，王毅外长回应称："中方不会坐视半岛稳定受到根本破坏，不会坐视中方的安全利益受到无端损害。"这话是讲给谁听的？

金灿荣：应该说这话是讲给相关各方听的。中国的政策和正常大国一样，多数时候当然以国内利益优先。新中国早期意识形态考虑比较重，但今天的中国是一个非常正常的现代国家，凡事都会从国家利益出发。过去我们在表达的时候可能不是那么清楚，这次我们大声说出来了，因为现在中国维护自己利益的能力比以前强了，当然也和现在领导人的执政风格有关，一个力量、一个心态，使得我们能够有底气说出来。这更符合现代国家的风格，也是值得注意的一个新现象。

具体到朝鲜半岛问题，王毅外长的回应当然有针对朝鲜的含义，因为朝鲜做的这一系列动作是不符合国际社会一般原则的，而且从我们中国的角度看，也不符合各方的利益，包括朝鲜本身的利益。朝鲜通过发展核武来寻求各方面的突破，实际上是没有效果的，朝鲜今天的安全形势并不比1992年以前好，国内各种情况反倒更困难，通过拥核来摆脱困境是南辕北辙。而且这也不符合我们的利益，所以我们依据自己的利益要反对朝鲜拥核，但另一方面我们也反对美韩借此过度反应，比如借朝核危机在半岛部署萨德系统。依据我们的利益和我们的价值观，朝鲜的行动不对，美韩过度反应也不对，这大概是这次王毅外长大声说出不允许中国利益受到损害的背后原因。

观察者网：另外有记者提到，一旦发生战争，中国会不会再来一次"抗美援朝"。对此王毅外长回答道："中国既重情义，也讲原则……朝鲜要谋发展、求安全，我们愿意提供支持和帮助。但同时，我们坚持半岛无核化的立场毫不含糊。"您认为会存在再一次抗美援朝的可能性吗？

金灿荣：王毅外长实际上没有正面回答这个问题，他还是强调："无核才能和平，对话才是出路，合作才能共赢。"另外重申了我们的具体思路，弃核谈判、停战协定与和平条约的转换同时进行。因为中国现在看到，朝鲜半岛还是打不起来的，首先朝鲜没有能力打，它打就是自杀行为；

第二，大国一致不愿意打。所以我想不存在大规模战争的可能性，这样好像也没有第二次抗美援朝的必要。但是前面我们也讲了有三个变量，所以小规模擦枪走火的可能性比较大一些，不过就是出现这个情况，各个大国包括中国也会想办法把摩擦控制在一定范围内。中国现在也更有能力来应对危机，真出事了中国肯定不是最后的输家。

目前参与各方都是比较理性的，都在考虑自己的利益，只不过现在各方利益要求差距比较大，因此协调难度也比较大。再加上现在半岛双方的游戏方式不是经济摩擦，比如像美国制裁中国那样，或者在人权问题上指责我们，或者派军舰到南海上秀一秀。半岛双方的游行形式比较危险，直接是大兵压境互摆pose，基本处于战争边缘，所以危险性比较大一些。总体来讲，双方从利益角度来看没有必要打，大规模战争的可能性基本不存在。

观察者网：8日早上，记者招待会上另一个焦点就是南海问题了。其中CNN记者的提问最引人关注，王毅外长毫不客气地也予了回击。就在"两会"进行的同时，美国在南海依旧动作不断，您之前也提到过，中美在南海问题上分歧依旧，在"非军事化"的问题上，恐怕是中美"各说各话"的局面。中美在南海问题上是否会长期维持这种分歧和对抗的局面？又怎么能打破这个死循环，让彼此不再"各说各话"？

金灿荣：南海问题我估计还会紧张一段时间，但最终会平静下来，中国也将是最后的赢家。王毅外长在记者会上也讲了："历史终将证明，谁只是匆匆过客，谁才是真正的主人。"这话就很霸气。从历史、法理上来看，我们在南海的主张有依据，当然更关键的是，南海在我们身边，我们在物理上最终掌控的可能性是最大的。但一段时间内美国肯定是不服的，必然要闹一闹。所以未来我们会看到南海在一段时间内依旧处于紧张局势，但是可控的。再有个五年，我们在南海的军事存在会比现在强大很多，那个时候美国绝无胜算。所以从理性分析，最后在南海问题上的力量对比对我们应该是有利的，这也是王毅外长讲这个话的底气吧。

但"各说各话"的状态我估计还会持续很长时间，中美之间在接下来几年会有一些冷对抗，美国会不断秀肌肉，挑动东盟国家与中国对抗，但是只要我们这边稳扎稳打，稳步推进我们的军事存在，最后出现的力量对比对中国是有利的。挑战会一直在那儿，还有可能尖锐化，战术上未来五年我们要好好应对，战略上我们要自信。

观察者网：南海冲突的背后是中美关系。王毅外长在回答记者提问时也谈道：中美摩擦产生的根源还是美国总有一些人对中国抱有战略疑虑，担心中国有一天会取代美国。您在和美国学界包括政界人物接触时，有没有感受到美国人对中国的这种疑虑？它产生的根源是什么？

金灿荣：倒是没有人当面向我提到这个问题，但从和美国人的言谈之间能隐隐约约感觉到他们的疑虑，他们现在顶多说到这个程度：中国这个国家好像和美国前面三个对手德国、日本和苏联都不一样，德日块头很小，苏联块头大但没有效率，中国是块头又大效率又高，所以他们非常害怕。还有就是他们不能像过去理解对手一样理解中国，无法把握中国的内部习性。规模很大，又搞不清楚我们的想法，所以美国人心理阴影挺大的，自然怀疑就非常深。

我个人印象是 2010 年之后美国对中国的心态有非常大的变化，这一年根据世界银行和 IMF 的数据，中国 GDP 超过日本成为世界第二，更重要的是，中国的制造业总量在这一年超过了美国，在我看来这个意义更大。美国 20 世纪的三个对手德国、日本、苏联都没有实现制造业总量超过美国，它们国力达到巅峰的时候，制造业只有美国的 70%，然后就被美国全面打压下去，但中国在那一年超过了美国。到了 2015 年，中国的制造业总量大概是美日之和。

我个人特别重视制造业，我认为我们今天的文明本质上还是一个工业文明，工业文明的基础就是制造业，有了强大的制造业，军事上的强大就是迟早的事情，这才有资格去追求世界大国地位。我跟学生讲了，理解 500 年世界近代史，关键就是工业化，知识界把近代史搞得很复杂，提出了很多主义，其实核心就是工业化。在工业化以前，西方的军事效率、经济效率都很一般，多数时候还被东方人打败。可是因为历史机缘，西方较早地进行了工业化，经济、军事效率全面反超东方，占据了绝对优势，这是西方崛起的根本。

西方以工业化之力凌驾于世界各国之上，形成了今天西方主导的世界格局，把全世界强行拉入工业文明。大家都进入工业文明之后比的就是制造业能力，现在全世界 90% 的制造业集中在北温带三个地区，分别是西欧、北美和东亚。中国是东亚的核心国家，原来是亚洲四小龙和日本证明我们东亚文明有发展制造业的能力，现在中国大陆也能进行工业化，这个是新的变化。

而且因为中国实现了工业化，使得整个世界的工业化在规模上达到了新高峰。在英国引领的工业化第一阶段，那时候英国只有一千万人；第二阶段是美国引领的工业化，人口只有一个亿；而今天中国的工业化是 10 亿人口以上的规模，前无古人。未来只有一个国家在人口体量上超过中国，就是印度，可是我认为印度不具备自我工业化的能力。印度的社会结构是前现代的，印度今天所有的工业文明都是外来的，包括民主法治都是殖民者给它的，它自身并不具备产生现代化的能力。

所以我认为工业化的巅峰就在我们中国，美国的战略家应该也清楚这一点，所以他们看重的并不是我们的GDP，而是制造业总量。有了这样一个判断，美国当然就紧张了，而且有些元素又增加了它的紧张。中国的政治体制、意识形态和它不一样，文明的核心不一样。美国是盎格鲁－撒克逊白人新教徒文明，本质上还是个一神教文化，中国文化是依赖人的理性自我管理的世俗文化。所以你的力量如此巨大，你的性格、价值偏好又和我不一样，是美国不熟悉的一个国家，这样就加深了美国人的疑虑。

观察者网：未来中国站上制造业高峰时，会不会像当年英国、美国崛起一样改变世界格局？

金灿荣：这是美国人下一步担心的，他们的习惯思维就是"国强必霸"，它认为中国也脱离不了人性的规律。一神教文化的弊端就在于，喜欢把它独特的意识形态当作普世的、别人也必须尊崇的意识形态，以己之心度他人之腹，一定会以它的历史发展来推演别人，自然就会紧张，所以王毅外长建议他们好好理解中国五千年文明，但这个对美国人来讲太难了。

另外，美国人现在理解中国还有个特殊难题，它内心里还是有点种族主义的，还有点瞧不起中国，无法平等对待中国，觉得它自己是上帝的特殊选民，是山巅之城，是全世界的典范，你向它要平等对待，那不是错误的问题，那是犯罪的问题。中国要跟美国搞新兴大国关系，第二点要求就是相互尊重，美国人认为你跟我要平等待遇，你怎么有这个资格？总之现在美国对中国心理非常矛盾，有瞧不起的一面，总觉得中国要出事，所以才产生章家敦现象，每次都讲中国要崩溃，讲了十几年了，理性人都知道他不对，但是他依然很有市场，说明美国一部分人有这个心态，希望听到这个声音。美国现在对中国充满了恐惧、不了解，又蔑视，是一个很复杂的心态。

在这个心态之下，就产生了亚太再平衡，美国相信总体力量比我们大，它有机会控制我们。当然中国是在推动中美关系往新型大国关系走，这是一个正确的方向，而且我感觉双方还是有可能走出这样一条道路来的。美国这个国家缺点很多，但还是有优点的。它本质上还是个商业社会，很认实力的，相比日本这种国家不是那么执著，日本是一根筋，美国要灵活一些，实用主义是这个国家的基本性格，所以只要中国把家里的事处理好，把深化改革做好，把全面小康做好，我估计发展到一定程度，大概美国还是会承认中国的合法利益的，最后它的态度应该是：土豪我们做朋友吧。中国靠努力、走正道，程序上没有什么问题，形成非常强势的力量，美国实用主义、商业主义的国家性格还是可以接受中国的，也有利于中美最终找到解决问题的办法。

观察者网：8日早上的记者发布会上，记者们共提了18个问题，涉及中美、中朝、中欧、东盟、中非等，可以看到中国外交遍布全球，那么这些关系之中，有没有侧重点，还是说我们要全面开花？

金灿荣：中国外交现在应该是四根支柱，一个是大国外交，具体讲还是三强，稳定与美国、俄国、欧盟的关系；第二个是周边；第三个是建立全球伙伴网络，原来我们注重和穷朋友打交道，叫发展中外交，现在叫全球伙伴网络；第四个是积极参与全球治理，成为国际公共产品的贡献者，所以中国外交总体是一个世界大国的外交。中美关系仍然是重要的，但和十年前相比，我们外交的范围确实扩大了。

观察者网：说到中国外交很忙，这也是大家有目共睹的。三年来，习近平主席20次出访，相当于环绕地球飞行10圈。中欧、中非、中俄都有了改变，中国积极布局海外的外交战略，对中国的国际地位和国内发展带来了哪些影响？

金灿荣：国内问题解决得好，再加上外交成功，减少外面的阻力，帮助实现中国梦，成为世界的领导者，最终中国老百姓是可以获得好处的，会有很实在的利益。比如，当中国的国际地位进一步提高后，中国护照就能得到更多的免签，大家都可以来一场想走就走的旅行。还有就是使得人民币国际化，以后大家带一张银联卡，就可以刷遍全世界。另外中国成为世界首强，实现超英赶美的抱负，全世界就可以讲中文了，到时候来中国旅游、留学一趟就很有面子；中国也可以广纳世界人才，我们做的产品、品牌会更好一些。

国内现代化建设的成功加上我们外交运作的成功，最终的结果是提高中国的综合国力和国际地位，如果实现这个目标，会在我们现在想象不到的诸多方面有助于中国老百姓生活水平的提高，到一定时候全世界女孩都想嫁中国男孩，中国会成为移民首选地，到中国买房会成为成功人士的标配。当然前提是要成功，中国曾经有率先走进近代化的机会，如果当时郑和下西洋一直做下去，大航海时代由中国人开创，那就不是今天这个局面了。因为当时我们技术条件其实挺好的，郑和的宝船比欧洲造船技术领先好几代，但是后来因为自己的政策、体制，限制了技术的进一步发展，失去了海洋时代。现在中国在外交、技术上，都比过去强，有时候还是不要那么现实，要有一点理想主义，万一理想实现了呢？

（载于"观察者网"2016年3月10日版）

中国要为成为世界级大国做好准备

中国在第二次世界大战中起到的作用至关重要。第二次世界大战期间，美国总统罗斯福曾经在一个演讲中，解释了美国为什么要帮助中国，他说："美国的战略是让中国留在战争中拖住日本。"他反过来推理，说假如说中国像法国那样投降了，那么日本的工业能力和中国巨大的人力资源结合，日本一定进军印度和西伯利亚，苏联的存在就有问题了。而失去了印度，英国也将面临灭亡的风险，一旦日德法西斯在中东会合，那么世界的历史就改变了，正是由于中国坚持抗战，这种局面才没有出现。可见，当年中国在整个反法西斯战争当中作用是很巨大的。

关于我们国家安全形势，我认为未来世界有很多走势，但其中比较重要的是以下几点。

第一，未来十年中国会崛起，中国崛起是 21 世纪最重大的政治事件，导致的结果就是全球政治中心、地缘政治中心、地缘经济中心的转移：从美洲到亚洲，从大西洋到太平洋。这是一个基本的事实。

现在有一个很有意思的现象，全世界否定中国崛起的就是中国人，所有的老外现在都议论"中国威胁论"，怕我们打他，他们认为中国崛起是一个不可阻挡的事实，只有一部分中国人不承认。

第二，中美关系成为决定 21 世纪国际关系最重要的双边关系。21 世纪是合作，还是对抗？是由中美关系所决定的。中美合作，世界就是合作的，中美对抗，世界就是对抗的。

那么未来世界的格局，不是美国希望永远保持的一超多强，也不是中国原来推进的多极化，未来世界的格局叫"G2+G20"，这是第二个趋势。

第三，世界经济本身还会经历一段恢复期，2008年的金融危机影响今天还在，世界经济今天仍然不属于正常的增长，仍然属于大病初愈。所有国家经济还在恢复中。

第四，世界经济的长周期，世界经济处在长周期的下行周期。这是第四个趋势。

第五，学术术语叫做全球治理赤字问题较为突出。现在世界上非传统安全问题越来越多，非常规安全挑战越来越多，恐怖主义、气候变化、公共疾病、金融动荡等，而且中国越来越深受其害。原来中国和世界隔绝，现在我们是世界一部分了，因此外面发生的事情会影响到我们。

截止到今天，全球的治理主要是欧洲和美国，而现在欧洲和美国国内都有事儿，他们心有余而力不足，管不过来了，期待中国多发挥作用，习主席表态我们愿意多承担国际责任，给全球治理多提供公共产品，但是坦率地讲我们中国要有一个学习过程。

第六，全球政治觉醒。现在全世界都在发生四件事：第一件事，就是城市化；第二件事，教育的普及；第三件事，中产阶级扩大；第四件事，网络的普及。这四件事全世界各个地方都在发生，而这个四件事在政治上共同的后果，就是老百姓觉悟的提高，要求的提高，政府受到的压力加剧。

如果政府能力很弱，就可能发生"阿拉伯之春""颜色革命"，政府就倒台了。如果政府能力强，它不会倒，但是麻烦事儿也增加了。比如美国、欧洲，属于西方国家中政府能力很强的，但是它们现在遇到的国内骚乱也在增加，麻烦事儿也在增加。

第七，现在西方问题比较多，在20世纪90年代冷战结束以后，所获得的那种优势地位现在正在消失。

有一个标志，20世纪90年代的时候，实际上当时最重要的国际会议是西方七大国的会议，每年七国集团开会，全世界记者都跑过去。包括NGO都跑到那儿抗议。那个时候，七国集团事实上就像是世界的政治局，日本就是政治局委员，地位似乎比我们高。

但是现在情况变了，现在七国集团发言权没有那么大了。现在协调全球宏观政策的是什么？G20二十国集团。1991年的时候，七国集团占世界GDP78%，到了去年七国集团占世界GDP45%。七国集团必须被G20取代，就是政治局必须改组，必须请中国进去做这个"政治局"中的一个重要角色。西方在20世纪90年代曾经有过一个非常好的时机，我个人认为他们没有抓住，所以到了21世纪以后它们下降非常快。

第八，是中等强国群体崛起。原来在西方占绝对优势的时候，事实上西方以外能够发一两声的，就是中国和俄罗斯两个力量。像土耳其、伊朗、印尼是没有发言权的。

现在，西方虽然弱，但是我们也没有完全崛起，这个时候印尼、越南、土耳其、哈萨克斯坦等中等强国就变得非常的突出。伊朗跟美国叫板，美国拿他们没有办法，所以中等强国群体崛起是一个新现象。这对我们外交的挑战，就是中国必须要抓住中等强国，事实上我们也在这么做。现在我们对印尼、对土耳其特别重视，这都是十年以前没有的。

第九，基于文明冲突的意识形态竞争出现了。冷战时候美苏之间有三种竞争方式：一个是军备竞赛，一个是搞代理人竞争，还有一个就是意识形态战争。

但是美苏两家的竞争是一个文明内的竞争，社会主义、资本主义都是西方文明的产物。它们各执一端，苏联支持社会主义，美国支持资本主义，它们是两个主义的竞争。今天正在出现的文明冲突比冷战复杂，因为这是不同文明间的冲突。现在全球73亿人，大概有20亿人属于美国为首的西方普世价值体系，有16亿人跟他们没有关系，就是穆斯林，16亿穆斯林实际上是不接受美国价值观的。

第三块是我们中国，中国大概14亿人，14亿人当中有几千万年轻人和知识界人士是属于普世价值的，但是绝大部分的中国老百姓是没有意识形态的，坦率地讲这既是问题也是优点，所以我们中国14亿人多数属于逍遥派。另外世界上还有10亿的人口，他们是被世界遗忘的一派，根据联合国粮农组织的说法，今天的世界竟然有9.8亿人，生物学意义上吃不饱肚子，一天吃两顿饭，一个月吃一次肉。我们中国人现在过了这个阶段，我们是吃多了，吃出三高了，所以要保健了。世界上有10亿人，还吃不饱饭，而且没有人管他们。剩下还有10亿，实际上是西方内部的造反派。其中分两拨人，一拨是普京及其小伙伴，一波是拉美。这两波人加起来大致是10个亿，普京及其小伙伴3亿人，拉美是7亿人。

很有意思的就是，普京其实是认同西方的，但是西方不认他，这些人觉得很失望，他们觉得自己是世界的孤儿。拉美是半岛文化，是葡萄牙、西班牙文化和印第安文化的结合。拉美人都认为自己是欧洲人，但是欧美人看不起拉美人，所以他们之间有阶级矛盾。这两拨人加起来，大概合成西方内部的造反派，这就是今天世界意识形态的图解，比我们原来想象得要复杂。

最后一个趋势，我个人认为，未来十年，有可能人类特别是大国之间，要角逐第四次工业革命的领先地位。

我个人认为截止到现在，人类经历了三次革命。一次是1776年詹姆斯·瓦特发明蒸汽机，人类进入蒸气时代；一次是1860年，美国人发现了电力的使用，人类进入电气时代；还有就是1960年代，小型计算机出现，开始进入我们普通人生活，人类进入计算机时代，或者信息革命时代。当然学界有不同看法，有人认为信息革命，构不成工业革命，有人说只有两次工业革命，我采纳的是三次革命说。

这三次工业革命都有一个特点，是一个民族完成的，西方主导天下400年，英美主导其中200多年。但是现在有一个机会来了，因为第三次工业革命，IT革命在过去十年中进展比较缓慢，学界认为已经临近了尾声。如果这个判断成立，就意味着我们人类必须走向第四次工业革命，到底发生在哪儿，我们不知道。纳米技术、生命科学、新能源、新的工程技术都可以导致第四次工业革命，最终是哪个领域不知道，是由市场决定的。

但是跟前三次比有一个不同，就是中国来了，中国这次有机会。根据联合国经济合作与发展组织的数据，去年我们中国的研究与开发投入，位居世界第二，美国第一，美国4000多亿，我们是1900多亿。美国现在在基因、纳米、新能源各方面是领先的。加上投入很多，所以说还会保持一段领先。

但是大家注意这个数字，现在我国跑到第二位去了，投入1900多亿，关键是我们增长速度很快。去年我们投入增长是15.6%，美国增长是0.4%，基本上没增长。如果这个速度不变，到"十三五"末期，中国的研究与开发投入将赶上美国，此后就开始超过。

我个人主张，不管我们以后GDP情况怎么样，财政情况怎么样，一定还是要确保研究与开发投入。我们至少要在第四次工业革命当中，位居第一梯队那个位置。如果我们能够突破，成为第四次工业革命的发起国，那么中华民族复兴就没有问题了，即便不能成为发起国，也应该成为第一梯队的成员之一。

未来十年，中国的外交将面临困难，未来十年我们是世界第二，而国际关系史告诉我们老二是非常难当的，因为老大一定防范老二，老三老四一定嫉妒老二，一定是这样的。

美国永远防范仅次于它的国家，现在它认定中国是老二，而且中国有能力超过它，所以美国要对付我们，我觉得是很正常的，一点不意外。但美国还没有找到对付我们的办法，中国这个国家太复杂了，看不懂。

我觉得中国复兴的指标是，孙中山先生在1915年的《建国纲要》里面提出来的超英赶美。我们一定要成为第一个从老二变老大的国家，不能成为第四个老二，这是我们这一代人的使命。

在今天的这个核武器的时代，我们是不能打的，中美要发生全面的军事冲突，不光是两国的灾难而且是人类的灾难，因为我们都有能力彻底摧毁对方，中美要进行军事冲突，结局是人类没有了。我们外交的第一个任务必须要创新，怎么创新我们不知道，大方向是跟美国既有竞争又有合作，竞争方面实际上美国烦恼的事情很多，想办法让它破产，我们再帮助它一下。如果这个国家搞破产了，没准就能够实现和平的权力转移。

最后，中国老百姓得做好这样的心理准备，中国是先天的世界级大国，想不当都不行，但是坦率地讲中国老百姓现在还没有做好准备，悲情意识很重。我建议我们社会要加速建构大国心态，为成为世界级大国做好应有的准备。

（载于《祖国》2015年第14期）